折田泰彦［著］

天《てん》声《せい》塵《じん》語《ご》

一日一想

いのちのことば社

まえがき

みことばを自分の生き方や日常生活に適用する、これが私自身も含め、キリスト者のあるべき姿であり、同時に問題点でもあります。つまり、多くのキリスト者に信仰と実生活の乖離があるのです。

信徒の信仰生活の確立ができれば、主とともにひとり歩きできるだろうと、十年ほど前からまずリーダークラスの人たちを対象にと、週報の裏に書いてきた勧めや分かち合い、随想をまとめたものです。

読者の皆さんが毎朝一ページに目を通し、（次のページは絶対に！　読まないでください！）日中、それを時々思い巡らしていただければディボーションのための助走路になり、途中からディボーションに走り出してくださるのではないかと思ってまとめることにしました。

現代社会は能率優先の忙しい社会ですので、この本を読まれる読者も、タイトルだけ見て、「あっ、これ知ってる」とか、内容を一読して、「なるほど、わかった」で終わってしまうことを危惧しています。

というのは、神様の御言葉は聞くだけでなく「詰め」が必要で、それを思い巡らし、自分に「適用する」ことこそが、とても重要だからです。そして、これが欠けているのです。

実は、そこに、みことばが私たちの日常生活や人生に具体化し、私たちを感動させ、幸せな毎日にし、私たちを動かし実践させる鍵があるのですから。

もう一つの課題は、用意されている聖日礼拝の雰囲気の中で、だけでなく個人的に私たちの霊を主のご臨在への大路にいざなう（主への畏れをもって御前に出て礼拝モードになれる）訓練が極めて大切なのです。その臨在の中で耳をそばだてれば主は語ってくださいます。

私たちは御霊を宿しています。その御霊が、イエス様の語られたみことばの意味、行われたことの意味、自分との関係を説き明かしてくださいます（ヨハネ一六・一三）。

それが可能となるためには、御霊のご臨在の前に畏れをもってへりくだり、この方に主権を委ね自由に働いていただける臨在の中で、今朝の聖書の一節は自分にとって何を意味しているのだろう？ とか、神様ってなんてすばらしい方だろうとか、自分の弱さ、生き方、日常の問題、人間関係、等々にどう関係するのだろう？ とか、具体化するにはどうすればいいのだろう？ などと仕事の休み時間に思い巡らしてほしいのです。

このくり返しにより、御言葉によって慰めを受け、行いを正し、勧めを実践する習慣が身につき、神様ご自身や神の国がどんなすばらしい方であるか、自分がどんなに神様から愛されているかが実感としてわかってきます。そのような人こそ、主のいのちを宿した生きたキリスト者です。

1月

January

一月一日　主のために聖所を築く

彼らがわたしのために聖所を造るなら、わたしは彼らの中に住む。（出エジプト二五・八）

私たちキリスト者にとって一番の幸せは、神様がともにいてくださることです。

とはいえ、そのことを頭ではわかっていても、信じて間もない頃は、どうすればそれが実現できるか知りません。まして、主がともにいてくださる幸せの実感が乏しいので、主が私たちの中に住み、ともにいてくださるために聖所を築くことが、どれほど重要なことであるかを知りません。

ですから、仕事に、楽しいことに真っ先に飛びつき、あっという間に一日が終わってしまいます。その積み重ねが、ひと月、一年、十年、一生ということになるかもしれません。

神様がくださった永遠のいのちをもらってはいるものの、主にあるその宝のすばらしさを味わいもしないで、宝の持ち腐れに終わってしまいかねません。

主は、聖所を造ることが、私たちの中に主が住まわれる前提条件であると言われます。私たちが主に出会うために聖所を造るなら、そこで主の臨在に触れ素直にされ、霊の耳が開かれて御声が聞こえ、霊の目が開かれ主の御手を見ることができます。

しかし、信じて間もない頃は、神の国や主のみころの全体像が見えず、ジグソーパズルのように、少しずつピースを埋めていくことになります。その積み重ねで、意味のある画像が見えてくるようになり、主の慕わしい御声を聴くことができ、主がともにいてくださることの幸せを感じることができるようになります。

すべての出発点は、御前に日々忠実に主のために聖所を造るということです。そうすれば主のために聖所を造ったように見えても、実は自分のためであったということを悟る時が来ます。

神様は今日、あなたにこの御言葉でどのようなことを語られたでしょうか？

一月二日　慰めと勧めのバランス

神は、どのような苦しみのときにも、私たちを慰めてくださいます。こうして、私たちも、自分自身が神から受ける慰めによって、どのような苦しみの中にいる人をも慰めることができるのです。

（Ⅱコリント一・四）

私たちは、せかせか、ギスギスした競争・管理社会に生きています。キリスト者であっても、現実社会の中で悩み、苦しみながら生きています。

今や右肩上がりの成長社会から、伸《の》び代《しろ》のない超成熟社会に入り、誰もがこれから右肩下がりの時代になると感じ、財布のひもを堅く締めています。ですから景気はますます悪くなり、人心はさらにすさんでいくでしょう。そのような中で、私たちはどこに慰めや希望を見出すことができるのでしょうか？

現実逃避して慰められることを追い求め、天国のことばかり考えて、いたずらに白日夢に耽《ふけ》っているなら、それは考えものです。

パウロは、自分自身も現実の苦闘の中で体験したいつくしみ深い神様を、同じく苦しんでいるコリントの聖徒たちに書き送っています。

たしかに、日々、いのちと力をもって生きていくためには、主のご臨在の中で静かに思いを巡らし神様からの「慰め」を必要とします。けれども、慰められたら信仰を持って行動するように、神様は「勧め」も与えておられます。パウロは現実の信仰の戦いの中で、どのような苦しみの時にも慰めを与えてくださる神様からの慰めを自ら受けるとともに、それを分かち合い、コリントの教会の人たちに行動を促し、同じようにすることを勧めているのです。

私たちは、神様からもっぱら「慰め」を受けるばかりで「勧め」に疎《うと》い者でしょうか。それとも、「慰め」も受けずにもっぱら「勧め」を受け、汲々《きゅうきゅう》とし、不満をかこっている者でしょうか。

私たちの、神様からの「慰め」と「勧め」の受け取り方のバランスはどうでしょう？

一月三日　やり直しはきくのか？

そして、ふたりを外に連れ出して「先生がた。救われるためには、何をしなければなりませんか」と言った。

（使徒一六・三〇）

「過《あやま》つは人の常、赦すは神の業」という西洋のことわざがあります。まさに真理です。

人はとかく失敗するからです。そしてそれを通して学習します。ですから「失敗は成功の母」とも言うとおりです。失敗が許されない環境では、伸び伸びとした大きな器が育ちません。若いうちは「失敗していいから何でもやってごらん」という寛容な環境が必要です。

とは言っても、自分自身の中での過ちは許されても、相手や、社会の安全や利害に影響する過ちは、あってはならないことです。これが現代社会で守られていないことは、ご存じのとおりです。

今日の聖句の看守は賛美を聞きながら寝入ったかもしれません。地震を経験し、「超自然の神」を感じたのでしょう。動転した彼は囚人が逃げたと思い、自害しようとしました。そして、それを思いとどまらせたパウロにすがりついて、救いを求めたのです。

聖書は人に対する罪だけでなく、神に対する罪についても述べています。神のみこころに背くという罪です。むしろ聖書は、こちらに重きを置いています。なぜなら、人を含めて地上のすべてのものを造り、治めておられるのは神だからです。

けれども、人間は神を無視して好き勝手に生活し、今、自ら困り果てています。その姿を見て神様はどう思われるでしょう？　この有様を聖書は〝罪〟と呼んでいます。神を無視し、自らを神とする罪です。社会というより私たち個々人の罪です。

その罪のゆえに、神の裁きを受けることが定められています。しかし、罪を素直に認め、御前にへりくだり、助けを仰ぐ者の罪を、神様は赦してくださいます。キリストの贖い（十字架の身代わりの死）のゆえに、あなたを赦されるのです。

一月四日　ディボーションを年初から

みことばを聞いても行わない人がいるなら、その人は自分の生まれつきの顔を鏡で見る人のようです。自分をながめてから立ち去ると、すぐにそれがどのようであったかを忘れてしまいます。

（ヤコブ一・二三、二四）

キリスト者の一番の問題点は、聖書の御言葉と現実生活が一致していないことです。つまり信仰と現実生活との乖離、行いのない信仰です。

自分の生まれつきの性格を、人間の鏡である聖書の御言葉に照らし合わせて、ここをこう変えようと決心してもその前を立ち去ると、すぐにそのことを忘れてしまうと言うのです。

ディボーションは、それを防いでくれます。日々御前に出て、礼拝の心で、御言葉を通して神の御声を聞き、みこころを悟り、感動し、ある時は決心し、それを日常生活の中で思い巡らします。

それは一日中その人を慰め、力を与え、あるいは示された行動を実践させます。行動の結果がその日のうちに起これば恵みを感謝して分かち合い、後日その結果が現れ、御名をあがめることもあります。主のご臨在の前に、礼拝の心になることが鍵です。

また、それを数年続けると聖書全体に目を通すことになり、みこころの全体像が見えてきます。もっと広い視野から神様や自分自身、ものごとを見ることができるようになるのです。

さらに、聖書の中に描かれている人の様々な状況の中での成功や失敗のケースは、私たちに対する模範や反面教師となり、成功のヒント、失敗の予防につながります。

御言葉から悟らされたこと、感動したこと、決心したこと、実践したこと、働かれた神の御手と恵み、失敗した経験、苦しみ悩みの現実等々は信仰の友と分かち合い、祈り合います。そこに、主は豊かなご臨在を現し、祈りを聞いてくださるからです（マタイ一八・一九、二〇）。

一月五日　燃え尽きを防ぐ

神は、どのような苦しみのときにも、私たちを慰めてくださいます。こうして、私たちも、自分自身が神から受ける慰めによって、どのような苦しみの中にいる人をも慰めることができるのです。

（Ⅱコリント一・四）

ホスピスは、末期がんで苦しむ人とその家族を受け入れ、もてなしの心でケアする病棟です。そこで働く看護師さんの中には、燃え尽きて辞めていく人もいます。真面目な人に多いようです。ホスピスでは、心から患者さんに仕えても、そのほとんどの人は助かりません。本人や家族から感謝されれば看護する側の心は癒されますが、感謝すらないばかりか、鬱憤《うっぷん》を周囲にまき散らす人も少なくありません。

また、最近は患者さんに痛み止めだけでなく向精神薬を使うこともあり、その場合、心から仕えても手応えがありません。それが続くと、いったい、私は何なの？　こんなに仕えているのに、という心の声が大きくなってきます。そのような時に、先輩のスタッフやそのセクションのトップが、その気持ちを共感し、わかってくれれば、燃え尽きないで続けることもできるでしょう。そして今度は、自分が後輩を慰めることができます。

これは信仰生活でも言えます。御言葉に精通すれば、御言葉に従うことは容易ではないと気づきます。真に従おうとすればイエス様と同じように自己犠牲を伴うからです。信仰生活は苦しみだけだと考えると燃え尽きます。それは違います。慰めを伴っており、それが苦難に打ち勝つ力を与えるのです。誰がその苦しみをわかってくれるのでしょうか？

それは苦楽をともにする信仰の友であり、それ以上に苦しみを受けられたイエス様です。私たちの自己犠牲に伴う苦難をわかって、慰めてくださいます。だからこそ、ディボーションや祈りでイエス様とつながることが重要なのです。イエス様は私たちの慰め主であり模範《モデル》です。

一月六日　御国への生ける望み

なぜなら、主はシオンを建て、その栄光のうちに現れ、窮した者の祈りを顧み、彼らの祈りをないがしろにされなかったからです。

（詩篇一〇二・一六、一七）

「枯るとみせ、甦《よみがえ》りたり挿しつつじ」（佐々木洋子）

中学生の頃、結核で闘病生活を送っていた叔母をよく見舞いに行きました。結核は当時「死の病」でした。彼女は生きる意味を問われる経験を通して、キリストを信じていました。叔母は聖書の話をするわけでもないのに、その生き様や物腰から神を信じるならキリスト以外は考えられない、という思いを私の心に刻み付けました。先の句は、その叔母が生前、創ったものです。私の姉が家に咲いていた、療養中の叔母には懐かしい白つつじを持って見舞いに行きました。花瓶に飾って枯れてしまったその花を、花壇の土に挿していたら生き返ったというのです。

彼女は療友の胸部手術の奇跡的な成功を、そのつつじに託して詠ったのですが、同時に、人の罪を背負って十字架にかかり、三日目によみがえられたキリストの復活のいのちをそこに見、さらに自分の手術にもそれを信じていたのでしょう。

事実、手術は成功して叔母は一時退院し、父親（私の祖父）の医院の一室で静かな療養生活を送り、数年後に夭折しました。叔母にできることは、神の恵みを思い返し俳句に詠むことと祈りだけでした。きっと私や親身に世話をした姉（私の母）のことも祈りの課題に上っていたことでしょう。つつじは枯れたかに見えましたが、私に挿芽されたキリストのいのちは再び芽吹いたのです。私が学生時代にキリストを信じることになり、その数十年後に母も入信しました。不思議な神の摂理と祈りの力を感じます。

理不尽なことがまかり通り、正しく生きる者にはつらい世の中です。真の神と神の国への生ける望みなくしては生きていけないと実感します。それにつけ、今、この叔母の信仰を思い返しています。

一月七日　一日の計は朝に

どんなにか私は、あなたのみおしえを愛していることでしょう。これが一日中、私の思いとなっています。
（詩篇一一九・九七）

一年の計は元旦に、一日の計は朝にあります。どこの会社でも朝、それぞれの部署で打ち合わせをし、各人がその日の仕事を割り当てられ、仕事に出て行きます。社員が朝言われたことを忘れたら、仕事になりません。その会社は立ち行かないでしょう。

天国株式会社の社員も同じです。一日の初めに社長から言われたことをどうすれば実現できるだろうか、と一日中思い巡らします。社員の訓練の土台となる基礎的な訓練はこれです。この習慣を身につけなければ、その上にどんな建物を建てても、崩れてしまいます。

ディボーションは、これと同じです。朝の御言葉が自分の思いとなり、その日一日を導くよう主は望んでおられます。そうでなければ、この世の流れに従い、空中の権威を持つ支配者として今も不従順の子らの中に働いている霊（エペソ二・二）に惑わされ一日を流されてしまいます。この世は、神の国とは違った価値観で動いているからです。

朝、簡単にディボーションの時間を持ち、主が私たちに伝えたかった御言葉を聴き、その要点をつかみ、たとえば、詩篇四九篇なら「束の間の栄光」などと一つの要点にまとめて、仕事の合間に自分の人生や日常生活への適用を思い巡らします。それが主と交わる礼拝の時となります。

その毎日の積み重ねが、主の思い（価値観）を次第に自分の思い（価値観）とし、御言葉を自分の人生や実生活に落とし込み、思いや行動をみこころにかなうものに造り変えます。

すでに私たちは、この会社の社員です。ならば、社長の声に聴き耳を立てるのは当たり前です。

一年の初めに自分のディボーションを見直してみませんか？

一月八日　若者にビジョンを

その後、わたしは、わたしの霊をすべての人に注ぐ。……年寄りは夢を見、若い男は幻を見る。

（ヨエル三・一）

この聖句は御霊に満たされる時、年配の者も若者もビジョンを与えられると言うのです。今の日本の教会に、神が望まれることは、まさにこれです。

昨今、若者たちが出番どころか、自分の居り場すら危ういと言われています。

日本というこの超成熟社会、競争・管理社会、格差社会から弾き飛ばされて、若者たちが自分のアイデンティティーを確立しきれないでいます。彼らはもがきながら、一部はドラッグやギャンブル、果ては犯罪に走ったり、自暴自棄に陥ったりしながらも模索しています。

聖書は私たちすべての者に、「福音に生きる」ことのすばらしさを説いています。

若者にとって「福音に生きる」とは、福音のすばらしさを知り、隣人に福音を語り、人が救われる霊的誕生の瞬間に与《あずか》り、福音を伝える喜びを知り、そのビジョンに生かされることです。こうなれば、救われた人たちも、同じビジョンに生きるようになるでしょう。

一方、年配の者は、牧師や若者とビジョンを共有し、若者に権限や役割を委譲し、安全面や金銭面、男女関係には注意しながらも、他のことには少々目をつぶって、このビジョンに生かされながら同じビジョンに生きる次世代を育てるのです。

育った人材は出て行って、連携できる教会で牧師や若者たちとチームを組んで、楽器を使った賛美や礼拝、学びの中で、同じビジョンを持つ仲間を育てる働きを展開します。もちろんそのためには若者も、それを育てる年配の者も訓練される必要があります。

私たちは福音に生きる次世代を育てるというビジョンを共有し、年配の者も若者も協力して働く姿勢が必要です。

一月九日　これはいったい何のため？

私はすべてのことを、福音のためにしています。それは、私も福音の恵みをともに受ける者となるためなのです。……また、闘技をする者は、あらゆることについて自制します。彼らは朽ちる冠を受けるためにそうするのですが、私たちは朽ちない冠を受けるためにそうするのです。ですから、私は決勝点がどこかわからないような走り方はしていません。空を打つような拳闘もしていません。

（Ｉコリント九・二三～二六）

何であっても、マンネリ化すると何のためにしているのか、その目的がわからなくなってしまいます。時には、空《くう》を打つ拳闘をしていることがあります。

私たちの生活にもそのようなものがあるのではないでしょうか？　そうであれば、意味がないばかりか、これほどの時間や精力の無駄遣いはありません。

「これはいったい何のため？」と時々立ち止まって考えてみることは必要です。

習慣的にやっていることには、どんなものがあるでしょう？　皆がそうしているから自分も、と表面だけわかってやっていること。意味や目的を十分に理解しないで引き受けた仕事。よく考えもしないで始めたこと……考え始めたら、きりがありません。

それをやめなさい、と言っているのではありません。そうではなくて、その意味や目的を再確認しましょう。もしわかっていないなら、よく考え、謙虚に学んでみましょう、その目的に合わせて改変してはいかがですか、と自戒の意味も込めて提案しているのです。

それをやるのは、あるいは、やらないのは何のためだろう。パウロは、それをいつも福音と結び付けて考えていました。

「私はすべてのことを、福音のためにしています。」

このパウロの言葉は、あなたや私にどのようなことを気づかせてくれるのでしょう？

一月十日　すべて感謝のゆえに

私は使徒の中では最も小さい者であって、使徒と呼ばれる価値のない者です。なぜなら、私は神の教会を迫害したからです。ところが、神の恵みによって、私は今の私になりました。そして、私に対するこの神の恵みは、むだにはならず、私はほかのすべての使徒たちよりも多く働きました。しかし、それは私ではなく、私にある神の恵みです。（Ⅰコリント一五・九、一〇）

人が良いことをする動機には、大きく分けて、救われたいため善を積む、神への感謝の心、罪への償いの心、功名心などの下心、といろいろあるに違いありません。今、私たちは自分の働きの動機を立ち止まって考えてみる必要があると思います。

イエス様を信じる者は、救われるために何かする必要はありません。イエス様が私たちの贖いとなって、無償で救いを与えてくださったからです。

パウロは、福音のために誰よりも多く働いてきたけれども、それは自分自身ではなく、神の恵みであると述べています。彼の大きな罪への償いの要素もあったかもしれません（九節）。

私たちは、自分の罪の大きさを知れば知るほど、その罪を赦してくださった方の愛と恵みの大きさを知り、この方への感謝の心、愛の心が大きくなり、献身の思いが大きくなります。

私たちに献身の心が乏しいのは、まだ、自分は〝ひとかどの人物〟である、という思いがあるか、あるいは、神に赦していただいた自分の罪の重さを十分に知らないからなのでしょう。

私たちが自分の思いのまま神なしに歩んでいたその状況こそ、死に値する罪です。聖書の基準に照らせば、私たちの罪の重さは測ることができないほどです。時には、その罪を思い出して、罪が赦されている恵みを数えてみることが必要かもしれません。

もちろん、罪のうちに生まれ出てきた罪人《つみびと》なので、そのような罪を犯すのですが……。

一月十一日　私の救いの証し

もし、私たちが自分の罪を言い表すなら、神は真実で正しい方ですから、その罪を赦し、すべての悪から私たちをきよめてくださいます。

（Ⅰヨハネ一・九）

私は、宮崎の田舎の儒教的環境の中で、長幼の序、礼儀、正直さなどを植え付けられて育ちました。それは自分の罪を意識させる一方、罪を忘れようとする自分もありました。

大学では、大学紛争のさ中、デモなどに参加し、また某宗教団体の集会に参加しましたが、いずれにも違和感を覚えました。私は、西洋の学問や文化の背景にあるキリスト教を学び、ドイツ語も学べるバイブルクラスに出席しようと教会の門を叩きました。心の中には、もしや、ここに罪の解決があるかもしれないという思いと、一方では深入りするとまずいかな、という思いとが微妙に交錯していました。今にして思えば、私は「求道者」だったのです。

そこでは天地創造の神、人間の罪とその裁き、キリストの十字架上の贖罪による救いが説かれていました。私は自分の罪を認め、キリストを私の救い主と信じましたが、救われた実感がありません。悶々《もんもん》と半年が過ぎ、もう教会はやめようと思いました。

しかし、その年の夏期キャンプの時、ある伝道者に相談したのです。すると、救いは感覚ではなく、神のなされた贖罪の事実に基づいており、罪を告白し、信じて神に赦しを求めたのなら、あなたの罪は赦されていると、上の聖句を示して一緒に祈ってくださいました。それから数か月、赦され、救われている自分がわかり、救いを確信できました。

宣教師の厳しい薫陶《くんとう》で〝模範的〟信仰生活を送ることに追われ、救いの喜びはなかなか実感できませんでした。しかし、自分の罪深さとそれに対する神の恵みが次第にわかるようになり、赦されているすばらしさを実感するようになりました。主にある幸せを感じる昨今です。

一月十二日　ちりは地に、霊は神に

こうしてついに、銀のひもは切れ、金の器は打ち砕かれ、水がめは泉のかたわらで砕かれ、滑車が井戸のそばでこわされる。ちりはもとあった地に帰り、霊はこれを下さった神に帰る。

（伝道者一二・六、七）

年初から人生最期についての話題ですが、葬儀やお墓を気にして信仰に踏み切れない人が少なくありません。そのような人にも「葬儀は仏式でも、キリストを信じて天国に行けます！」との意味です。

二十五年も前になりますが、私たちの教会の女性が亡くなられました。ご主人は大きな店を数店持っていて、取引先も多かったため、葬儀は仏式の盛大なものでした。その後、当教会でも故人ゆかりの友人や信徒たちでささやかな、しかし、すばらしい追悼記念会を持ちました。

それにさかのぼること十数年、彼女は福岡空港で心筋梗塞を起こして大学のＣＣＵ（冠疾患集中治療室）に入院し、私が主治医となり、彼女はキリストを信じバプテスマを受けられました。その後は毎聖日、信仰の友とともに、喜んで一時間半以上の時間をかけて礼拝に集われました。

話は変わります。先日、ある七十代半ばの男性とお話ししました。奥様がお寺のご出身とのことで、親戚にはその関係の方がたくさんおられるそうです。本人はキリスト教に親近感があり、世界各地の教会堂を写真に納めておられます。信仰の話になり、「妻やその親戚筋のこともあるので……」と言われたので、先の女性のことを持ち出し、「いまわの時にはいつでも呼んでください。駆けつけます。キリストの救いを五分で話し、信じる決心の祈りを導きますよ。洗礼は披露宴のようなもので、その前の神様との契約のほうが大事です」とお話ししました。

これは、信徒の方々にもできます。牧師にあらかじめ話して祈ってもらっておいて、最期の時に呼ばれたら、牧師と一緒に駆けつければよいのですから。

一月十三日　神の言葉を直接聞く

それで、アロンは彼らに言った。「あなたがたの妻や、息子、娘たちの耳にある金の耳輪をはずして、私のところに持って来なさい。」そこで、民はみな、その耳にある金の耳輪をはずして、アロンのところに持って来た。

（出エジプト三二・二、三）

アロンは主の言葉をいとも簡単に破り、神の声ではなく民の声に聞き従い、金の小牛を造りました。モーセとアロンの決定的な違いは何でしょうか。主に対する忠実さと答える人もいるでしょう。そのとおりですが、その忠実さはどこに秘訣があるでしょう?

出エジプト記の中で、「主はモーセに仰せられた」という記述は頻繁に出てきますが、「主はアロンに仰せられた」という記述はどこにもありません。モーセは直接主の御声を聞き、アロンは直接には御声を聞かず、それはいつもモーセを通してでした。人を通しての神の声は、神ではなく人の言葉として聞きがちです。

主ご自身の御声を直接聞く者は主の臨在に震え、畏れおののき、どんな反対、どんな困難があってもその御声に聞き従うでしょう。これがモーセとアロンの違いです。そして、モーセの忠実さはここに根ざしています。

ディボーションの目標は、ご臨在の中で主の御声を直接自分で聞くことです。それを単なる聖書の記述として内容を理解するのでなく、自分に語られた主の御声として畏れをもって聞くなら、主の臨在に触れ、主のいつくしみに癒され、喜んで御声に聞き従うでしょう。

説教や解説などの人づてではなく、御声を直接自分で聞いて慰めを受け、癒され、御言葉を実践するのです。

あなたはモーセ型ですか?　アロン型ですか?

一月十四日　何のために教会へ？

さあ、主の住まいに行き、主の足台のもとにひれ伏そう。
（詩篇一三二・七）

私たちはなぜ教会に集うのでしょう？

キリスト者になりたての頃は、うれしくて教会に通います。しかし、そのうちゲストクリスチャンになってそのまま中だるみとなり、何のため教会に通っているのかわからなくなります。時には足が遠のきます。しかし、この世でつまずくと、また教会に集うようになります。

教会に行くのは、務めだからでしょうか。習慣だからでしょうか。この世にないものがあるからでしょうか。あるとしたら、それは何でしょうか。交わりでしょうか。それは、この世の交わりとどこが違うのでしょうか。交わりが何をもたらしてくれるのでしょうか。癒しがあるからでしょうか。では、なぜ癒されるのでしょう。

単純そうな疑問は、尽きるところがありません。日頃あまり意識してはいませんが、自分が何のために教会に集っているかを、私たちは自問してみなければなりません。

教会に通うのは主に会うため、礼拝のためです。人間本来の目的は神に栄光を帰し、神を喜ぶことです。たとい、教会に集う目的が癒されるためであったとしても、そこに臨在される聖なる主と出会い、御霊により御言葉を通して自分を探られ、自らを教えられ、御前にへりくだり、そのような者をも赦し受け入れてくださる神様の愛に触れ、傷ついた心が癒されるのです。癒しは礼拝の中にあります。

では、何のために癒されるのでしょうか。神の兵士としてまた出て行くために、です。サタンと戦い、主ご自身とそのすばらしさを証しし、傷ついた魂や戦友を助けるために、です。

あなたは傷ついた兵士？　癒された兵士？　それとも、そんなことは考えたこともない？

一月十五日　御言葉に癒される

主はみことばを送って彼らをいやし、その滅びの穴から彼らを助け出された。

（詩篇一〇七・二〇）

ディボーションの全体像は、礼拝の心で御前に出て、聖書のあるくだりから御言葉を霊の耳で聴き取り、教えられ、慰められ、勧めの言葉に襟を正し、神様の語りかけに応答し、日常の生活に適用して、実践して主の助けや恵みを経験し、分かち合い、最終的には御名をあがめ礼拝することです。

その基本は癒されることです。なぜなら、主は癒し主だからです。ディボーションには悟らされる知的部分、実践するという意志的部分も確かにありますが、癒されるという情緒的部分がなければ、人が御言葉に親しむことはないでしょう。

ですから、癒されるディボーションでなければ、ディボーションは長続きしません。

では、癒されるディボーションの秘訣は何でしょうか。それは「臨在の主に出会うことです。罪人《つみびと》の人間が、聖なる主に出会う……それは礼拝そのものです。それには、へりくだり、砕かれた礼拝の心をもってでなければ難しいことです。ディボーションが真の礼拝となるなら、必ず、人は癒されます。癒し主に出会い、素直にされるからです。

その時、御言葉は単なる文字から、神様の言葉となり、語りかけられる慰めや励まし、模範や勧め、命令や警告の言葉となって迫ってくるのです。そのいずれであっても、癒されます。なぜなら、命令や警告さえも礼拝の心があれば詩篇五一篇のダビデのように素直に悔い改め、罪赦され、すがすがしい解放感を持って出てくることができるからです。ディボーションを毎日できない自分を責めず、癒し主に出会える恵みを求めましょう。

筆者自身も忙しい中で、毎日完全な形でできているわけではありません。ご安心を！

一月十六日　キリスト者の情報処理

しかし、助け主、すなわち、父がわたしの名によってお遣わしになる聖霊は、あなたがたにすべてのことを教え、また、わたしがあなたがたに話したすべてのことを思い起こさせてくださいます。

（ヨハネ一四・二六）

今の時代は情報化の時代です。早く情報を手に入れた者が勝ち組となります。人々は自分の会社のために競って情報を収集・解析し、会社の問題解決や発展のために利用します。個人的なことのため、金儲けのため、また節約のため、健康、美容、子育てのため、様々の情報を入手し、役立てようとします。

しかし、情報が氾濫し、どの情報が正しいのかわからないまま、人々は情報に振り回されています。時には手痛い目にあいます。情報は問題解決の鍵ともなり、新たな問題の火種ともなりかねません。情報の解析に問題があるのです。

さて、主の弟子である私たちの情報の宝庫は御言葉です。その情報の解析を助け、自分のまわりに起こる出来事に利用、適用するのを助ける方が聖霊です。聖霊ご自身が、私たちが遭遇するあらゆる問題に対処する情報を御言葉から与え、使い方を導いてくださいます。

天の父は、主に代わって弟子たちを導く名代《みょうだい》として、聖霊をお遣わしになりました。この方は、弟子たちが問題に出くわした時ごとに、それに関連する情報である、主の言葉を思い起こさせ、正しく行動できるように教え、導いてくださいました。

今の時代もそうです。一人の人間として、信仰者として、私たちも様々の問題に遭遇し、判断に迷います。その時、聖霊は情報源である、御言葉を思い起こさせ、あるいはその朝のディボーションの御言葉、あるいは、御言葉全体の中で示されるみこころを教え、導いてくださいます。問題解決の情報の宝庫が御言葉であり、情報解析・判断の助け手が聖霊ご自身です。

一月十七日　主の前に出る、霊性の訓練

サムエルは油の角を取り、兄弟たちの真ん中で彼に油をそそいだ。主の霊がその日以来、ダビデの上に激しく下った。サムエルは立ち上がってラマへ帰った。（Ⅰサムエル一六・一三）

当時、人が神によって祭司、預言者、王として定められる時は、それを本人にも、周りにもわかる形で、聖なる油をその頭に注がれました。イスラエル王国の初代の王はサウルでした。彼は油を注がれ、周囲もそれを認め、実際、それなりの働きをしました。しかし、へりくだりと従順に関しては主の目にかないませんでした（Ⅰサムエル一五・一七〜二三）。

ダビデが油を注がれる前、サムエルもダビデの父も本人も、油注がれるのがダビデとは思っていませんでした。彼は人の目には無視されていたのです。しかし神はそのダビデに油注がれました。

主の基準は何だったのでしょうか。それは主により頼む信仰と従順です。これがあったので、ダビデはあのイスラエル王国の完成者となったのです。しかし、彼はさらに王国を築く（それは人垣を築くこと）ために、人を導くリーダーとしての訓練を受けなければなりませんでした。へりくだって主により頼み、主に従うことを机上の空論ではなく、実際により頼んで主の力を体験し、それを実感するようになるまで主から試みに遭わせられました。

彼は、幼い時から羊を飼いながら、神が造られた自然や生き物に対する感性に溢れていました。感性は霊的感性（神の語りかけに呼応する心）に通じるところがあります。主の臨在の前に礼拝の心をもって出る性質です。これがあったので、ダビデは油を注がれたのです。

私たちも同じ油（聖霊）を注がれていますが、悲しいかな、受け取る側に霊的感覚が乏しいのです。それは訓練で磨くほかありません。できないことも、訓練すればできるようになります。訓練は「主の臨在の前に主を畏れる心で出る訓練」です。

一月十八日　御言葉はむなしく帰らない

そのように、わたしの口から出る、わたしのことばも、むなしく、わたしのところに帰っては来ない。必ず、わたしの望む事を成し遂げ、わたしの言い送った事を成功させる。

（イザヤ五五・一一）

世の多くの人は神の言葉である聖書を座右の書、人生の指針として読んでいます。これらの読み方は、しっかり自分の人生があり、必要に応じて参考に読む方法です。しかし、右の聖句で神が真に望んでおられることはそういうことなのでしょうか？

ここで、預言されている神の言葉イエス様（ヨハネ一章参照）は、人生の参考書的なことのためにこの地上に来られたのでしょうか。否、神が言い送られた、あなたや私の身代わりとなって、救いのわざを成し遂げ、天に帰られました。この方を救い主として信じるなら救いを与えられます。

それだけでなく、信仰によって救われた私たちが、聖書を通して語られる神の言葉、つまり、神のご性質、教訓、慰め、勧め、警告等を聞き取り、日々生きる力を得、主の前に悔い改め、間違いを修正され、言われたことを実践し、幸せな日々、幸せな人生を送るためです。

さらに神が望んでおられることは、神の言葉なるイエス様が、御霊によって、信じる私たちのうち働いておられることを体験することです。それが私たちの生きた証しの力となります。

そして、自分がこのようなすばらしい方の子どもであることを喜び誇り、この方をあがめることです。つまり、人生の規範として聖書を読むことから、さらに進んで、人間の根本的課題である救いを得、この方の偉大な力とすばらしさを知り、その方と人格的に交わり、日常生活の中でこの方と出会い、主の全能の力を実感し、神様をあがめることです。

あなたは今、どのような形で聖書を読んでおられるでしょうか？

一月十九日　俺について来い

兄弟たち。私を見ならう者になってください。また、あなたがたと同じように私たちを手本として歩んでいる人たちに、目を留めてください。
（ピリピ三・一七）

この世では、スポーツの監督、猛烈社長などが選手や職員に対して「俺について来い」とか、「俺を見習え」とかいう言葉を使うことは必ずしも稀ではありません。しかし、信仰の世界では、自分が後輩にそのように言うのは難しいことです。人は、信仰の経験を積めば積むほど、自分が不完全であり、罪人《つみびと》であると知るようになるからです。

また、謙虚な信仰者であればあるほど、キリストや神ではなくて自分があがめられ栄光を受ける危険、足を滑らせる危険性を孕《はら》んでいると知っているからです。

それでも、パウロは自分自身を模範として推薦したのです。私はそれを見て思いました。何を見習うのだろう？　と。そして、その前を読んで知りました。彼は、自分の立派なところを見習えと言ったのではないということを。キリスト・イエスにおいて、上に召してくださる神の栄冠を得るために、目標を目ざして一心に走っている（ピリピ三・一四）自分、キリスト・イエスを知ることのすばらしさを追い求め続けている求道者としての自分を見習えと言ったのではなかろうか、と。

私自身は彼のように「私を見習え」とは、とても言えないけれど、イエス様のすばらしさを追い求めることならできそうだ。その中で私のような者をも造り変えてくださるに違いない。人それぞれに達しているところは違っても（同一六節）、うしろのものを忘れ、ひたむきに前のものに向かって進むパウロのような生涯を送らせてください、ダビデの生涯の後半のように、よもや戦い終えて偉くなり、失敗を犯すことがないように、と祈りました。

一月二十日　神との交わり、人との交わり

私たちの見たこと、聞いたことを、あなたがたにも伝えるのは、あなたがたも私たちと交わりを持つようになるためです。私たちの交わりとは、御父および御子イエス・キリストとの交わりです。（Iヨハネ一・三）

人間は一人では生きていけない存在です。相手を必要とし、一方が相手に言葉や表情、行動で働きかけ、相手はそれに応じ、理解し、感謝もしくは正直な気持ちを表情や言葉、あるいは行動で応答します。このような人格的な交流を通して生きている手応えを感じ、生きる力を与えられます。たとえば、夫婦であっても、妻や夫は単なる仕事の助け手あるいは担い手以上の大きな存在です。

このような人格的な交わりが、効率優先の現代社会、男性中心の社会で失われています。

日本人は大人になると、目的志向で無駄を省き、ゆとりがなくなるのか、感謝の心を素直に「わあ！うれしい、ありがとう！」と、言わなくなります。喜怒哀楽の素直な表現をみっともないと見下したり、たしなめたりする雰囲気が私たちの周囲にあります。その結果、感情は心の中で押し殺され、能面のように表情の乏しい人になってしまいます。そのような顔に接する人はどうでしょう。たとえその人から儀礼的な感謝の言葉が出ても、ちっともうれしくありません。生きた人間同士の交流とは、とても言えたものではありません。

霊的な存在である人間は、神様との間にも生きた人格的交流を必要とします。私たちが、主に近づこうと御前に出る時、主は御言葉により答え、また、祈りに答えてくださいます。では神様からの恵みに対して私たちはどのような応答をするのでしょうか？　真心からの礼拝と、喜びと感謝に溢れた賛美と奉仕、それが神への応答です。

分かち合いは、それらを持ち寄って互いの神様からの恵みを分かち合う交わりです。

一月二十一日　幸いな人生の基盤

力強い信頼は主を恐れることにあり、子たちの避け所となる。
（箴言一四・二六）

人は神（創造主、人間の存在を超えた方）を信じないで生きることができるでしょうか？

もし、神を信じないで生きるとすれば、人は本能的に自分の身を守るためにだけ生きるようになるでしょう。これ以外に人生に意味を見出すことができないからです。

自分のため、人のために何か良いことをしてもそれにいったい何の意味があるでしょう。それを最終的に評価し、栄誉や報いを与えてくださる方がおられないのですから。

また、自分の身を守るためにどんな残虐なことをしても良いことになります。これを公平に裁き、罰する方がおられないのですから。

結果、殺伐とした世の中になっていきます。人は自分のためならどんなことでも行い、人は人に対立し、人が人を殺し、子も親を殺し、親も子を殺すでしょう。国は国に対立し、戦争のうわさが絶えないでしょう。あたかも、現在の世情がそうです。いつ自分が傷つけられ、殺されるかわかりません。人を信用できず、恐れと不安に付きまとわれ、夜も安心して眠れません。これを幸いな人生、幸いな世界と感じることができるでしょうか？

日本は、少しはましです。儒教によって倫理道徳が保たれていたからです。しかし今では、たがが外れてしまって、これから先が思いやられます。

人は神を畏れ、この方を信頼して歩む以外に幸いな人生を送ることはできません。これは他人事でなく、私たちキリスト者にとっても真実です。

私たちはこのように愛の冷えた世の中で、神を真に畏れ、この方を避け所として、互いに神を畏れる者同士が信頼し合い、愛し合っていく、そして、この方を自分の生き方で証言していく、それが幸いな人生です。

一月二十二日　大切にしていることは？

神は、みこころのままに、あなたがたのうちに働いて志を立てさせ、事を行わせてくださるのです。（ピリピ二・一三）

時の人やスポーツ選手へのインタビューで、常套句的に用いられる質問は、「あなたが最も大切にしていることはどんなことですか？」という質問です。大切にしていることとは、志や目標へ向かって、心がけていることです。聞く側としては、成功の秘訣やこれからの取り組みの姿勢を知りたいわけです。それを聞いていると、ああ、なるほど、このようなことがあるから、今のこの人があるのだということがわかってきます。

これは私たちへの問いであり、指導者のなすべき問いでもあります。もちろん、それがもっと早くわかっていれば、今頃、こんな所でくすぶっていなかったはずです。あなたも私も。

目標を追い求めながら人は成長していきます。その時々に応じてそれは変わっていくでしょうが、今のあなたの目標や志に向かって最も大切にしていることはどんなことですか？

これは、大切な自分自身への問いかけです。しかし、普段、それはあまり意識していません。

時々、それを意識の水面上に引き上げてもらうことは極めて重要です。人材教育やコーチングでもよく用いられる古くて新しい質問です。神様も時々それをなさいます。あなたが大切にしているもの、それは、おそらくあなたに生きがいを与えてくれるものです。きっとそれに生かされているか、熱中し、充実していると思うものがそれかもしれません。

それをゆっくり、意識しながら考えたことがあるでしょうか？　その先に何があるでしょう？　それと福音との関係はいかがですか？　それが、人があなたを知るきっかけとなり、あなたのうちにおられる神様を知る／もっと知ることになれば、すばらしいことだと思います。

一月二十三日　主とのスキンシップ

さて、イエスだけになったとき、いつもつき従っている人たちが、十二弟子とともに、これらのたとえのことを尋ねた。そこで、イエスは言われた。「あなたがたには、神の国の奥義が知らされているが、ほかの人たちには、すべてがたとえで言われるのです。」

（マルコ四・一〇、一一）

「謦咳《けいがい》に接する」という言葉があります。日頃使う言葉ではありませんが、（目上の人に）直接お目にかかるという意味です。しかしそのような場合でも、それよりさらに踏み込むことは礼儀上許されず、むしろ、ある距離を保つことが日本では美徳とされています。

旧約（古い契約）の時代には、罪ある者が神に近づくことは死を意味しました。けれども、新約（新しい契約）の時代は、イエス・キリストによって、恵みとまことが実現し、これまで明らかにされていなかった神の国の扉が開かれました。イエス・キリストにつき従っている者には、寝起きをともにするスキンシップの中で、もっと親しく主との人格的な交わりが許され、神の国の奥義が知らされるという、弟子としての特権にあずかり得たのです。

イエス様と弟子たちとの関係は、双方とも虚飾を捨てざるを得ない裸の交わりでした。

私たちとイエス様との交わりの距離はどうでしょう？　親子のスキンシップのような交わりでしょうか。それとも、そこまで踏み込まない／踏み込ませない、ある距離を保った交わりでしょうか？

信仰の手を伸ばしてこの方にさわった人々が癒されたように（マルコ六・五六）、いつも主につき従って、そのご臨在に触れる者は主の癒しを経験するばかりか、神の国の奥義に与《あずか》ります。具体的には、いつも主の臨在の御前に畏れの心で出て主を礼拝し、その恵みに与り、自分の賜物をもって神の国のお役に立てる、生きがいのある生き方です。

一月二十四日　ディボーションの重要性

神のことばは生きていて、力があり、両刃の剣よりも鋭く、たましいと霊、関節と骨髄の分かれ目さえも刺し通し、心のいろいろな考えやはかりごとを判別することができます。

（ヘブル四・一二）

下の図は、信仰生活と教会の働きとを図式化したものです。神様の御言葉に癒され、諭され、聴き従う個人的礼拝の生活、つまりディボーションが、教会を建て上げるためにいかに重要かがわかります。個人の信仰生活の、祈りや集会出席、福音の証し、ひいては御霊の実（私たちの人格）にも影響していることがわかります。

それらは、個人だけでなく教会の聖日礼拝や伝道活動、教育の働きにも影響を与えます。その基礎となるディボーションは、単にノルマを果たせばよいという類のものではなく、教えられ、指導される必要があります。（実線矢印）

それは、聖霊の臨在のもとで心が素直にされ、御言葉が生きて働き、日頃、意識しない古い肉の心が御言葉に試され、御言葉に諭され、癒され、具体的な御言葉の実践に導かれるディボーションです。

指導を受けた私の妻は、数日でコツがわかり楽しくなったようですが、知性や意志（実績）が重要視される現代社会に洗脳され、感性や霊的感覚に乏しく頭の硬い私は、そのようになるまで数か月かかりました。

これは主にある交わりの中で感性や霊的感覚を磨いて身に付けるほかありません。

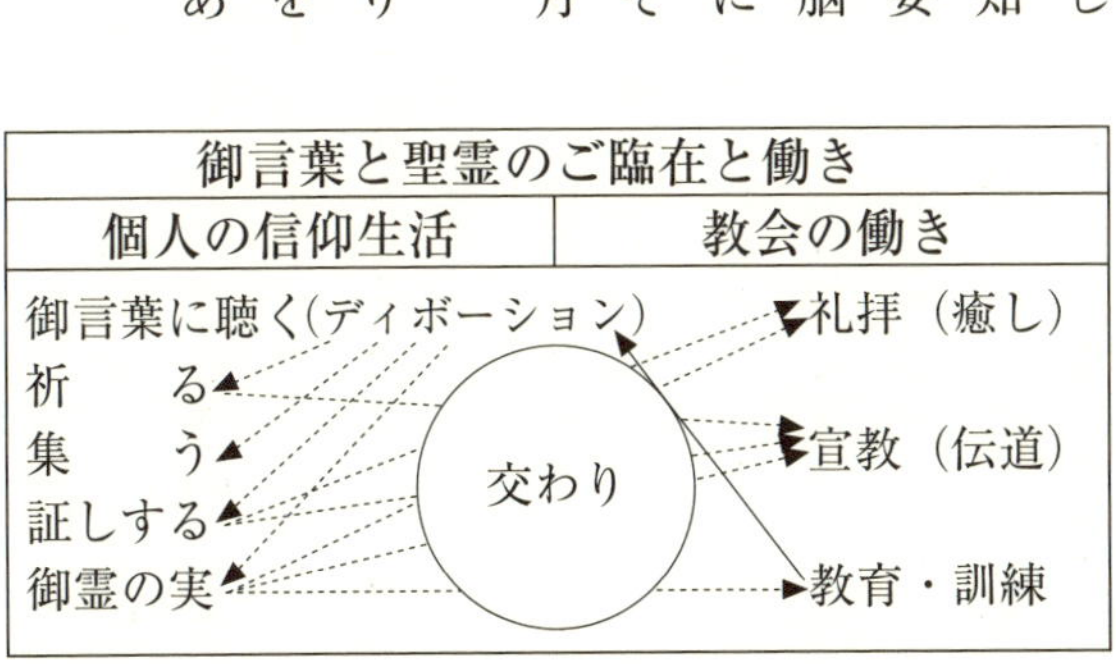

一月二十五日　信仰の原点

「……そうして私たちは立って、ベテルに上って行こう。私はそこで、私の苦難の日に私に答え、私の歩いた道に、いつも私とともにおられた神に祭壇を築こう。」（創世三五・三）

ある人の主との人格的交わり、主の臨在の生きた体験がその人の今を造り上げます。その人は、上の聖句のヤコブのようにその感慨をもって主に感謝し、礼拝するのです。

「主がともにいてくださる」ことは確かに主の約束です。しかし、それは単なる教理ではありません。それがその人にとって単に知識やお題目にとどまっている間は、その人が主の愛によって慰められ、人格的に造り変えられることはありません。その人は素直に主の促しに答えて「神に祭壇を築こう、つまり主を礼拝しよう」という心にはならないのです。

私たちが苦難の中にある時、主は私たちとともにいて、助けようとしておられます。

しかし、悲しいかな、それに気づかない私たちは神様の思いと違った行動を起こし、主を体験し損ねるのです。主に気づかなかったのです。苦難はせっかくの機会なのに……。逆の場合もあります。神様が助けてくださったのを気づかず、自力でできたと思い込んでしまうのです。主の臨在の体験をしたのに気づかないので、主を礼拝することもありません。

人格的交わりとは、苦難の日に祈りに答え、働いてくださる主との生きた交わりの体験です。それは祈りのうちに主の強い臨在を感じる体験であったり、夢や御言葉を通して語られる体験であったり、人や環境を通して教えられ、慰められたりする体験であったり、御言葉から示されたことに従った結果、主が状況を整えてくださる等の知覚できる体験です。

要は、主がともにいてくださることが単なるお題目でなく主の臨在の生きた体験となる時、その人は御前に膝を屈め、本当の幸せを実感し、礼拝する心にされるのです。

一月二十六日　彼らとは誰？

そのとき、イエスはこう言われた。「父よ。彼らをお赦しください。彼らは何をしているのか自分でわからないのです。」彼らは、くじを引いて、イエスの着物を分けた。

（ルカ二三・三四）

私は信じて間もない頃、主が言われた、「彼ら」を自分とは違う第三者と考えていました。優等生的なクリスチャンであるとの自負（誰にも言いませんでしたが）があったのです。

しかし、今から考えると穴があったら入りたいほどです。何と傲慢な……。そのような思いです。人は歳を重ねるにつれ、自分の罪深さを教えられます。

今は、「彼ら」の中に私も入っているのがよくわかります。罪深い本当の自分の姿が当時まだわかっていなかったのです、否、厳密には今もそうです。

今も罪深く、まだそれは氷山の一角にすぎません。まだ、私の気づかない罪がたくさんあるのです。それを承知の上でイエス様は私ごとき者のためにご自分の身を賭して父に執りなし、十字架にかかってくださったのです。そう思った時、イエス様の愛と赦しをただ感謝して受け取り、御名をあがめる私がいます。若い頃にはこのように主をあがめ、礼拝することはありませんでした。自分の罪深さがわかっていなかったのです。ただ感謝するほかありません。

それと同時に、私にとってこの「彼ら」は現代の、私の隣人をも指していると教えられます。自分が委ねられているミナ（おそらく福音を譬えられたのでしょう）やタラント（同じく賜物）を見直し、この主を伝えようと、あらためて思わせられました。

私にとって具体的な対象は、同世代、罪のやましさがわかっており、時間に余裕ができて、貯めたお金では解決できない死後のこともそろそろ視野の中に入ってくる団塊の世代です。その人たちに語ることは、私にもできるかもしれないからです。では、あなたにとって「彼ら」とは誰なのでしょう。

一月二十七日　私が学んだ牧会理念

こうして、キリストご自身が、ある人を使徒、ある人を預言者、ある人を伝道者、ある人を牧師また教師として、お立てになったのです。それは、聖徒たちを整えて奉仕の働きをさせ、キリストのからだを建て上げるためであり、ついに、私たちがみな、信仰の一致と神の御子に関する知識の一致とに達し、完全におとなになって、キリストの満ち満ちた身たけにまで達するためです。

（エペソ四・一一〜一三）

「キリストのからだ」とはもちろん、教会のことです。私どもの教会は二十年前に長老による集団指導制から牧師制を採用し、翌年、私は神様から牧師としての召しを受けました。

牧師の働きに導かれたのに、どう牧会すればよいのか全くわかりませんでした。その翌年、私は韓国サラン教会の指導者セミナーに参加し、まず自分自身が主の弟子として御言葉と御霊によって建て上げられる習慣を身につけるべきことを示されました。

さらに牧師の働きは、教会の働きを一人で担うのでなく聖徒たちを教会の働きに参加させながら御霊に導かれて御言葉に従う訓練を受けさせ、恵みと栄光に与《あずか》らせ、キリストの身たけにまで成長させるような体制を整えることであるという聖書の牧会理念を教えられたのです。

教会は主を礼拝する「聖所」、癒される「解放の場」、養育する「神の家族」、訓練される「学校」、宣教に遣わす「宣教基地」、それを聖徒たちが建て上げるのを牧師は支援します。

人はそこに自分の居り場と出番が保証され、アイデンティティーを確認でき、キリスト者として「御言葉と御霊に導かれる生き方」の訓練を受け、霊性を維持できて、交わりの中で癒され、複数の視点を学び取り、キリストに倣《なら》っている模範《モデル》を身近に見ることができる場です。このような教会を聖徒らとともに目ざすべきことを学んだのです。

一月二十八日　キリスト者の成長

イエスは言われた。私の羊を牧しなさい。

（ヨハネ二一・一六）

生まれつきの人（A）は霊的に誕生し、新生した人（B）になります。しかし、B→C間に厚い壁があり、生きたキリスト者（C）に育つかどうか大きな問題です。というのは、信じてバプテスマを受けても多くの人が聖日礼拝に出席していない現実があります。人を育てるのは主であり、御霊の臨在のもとで御言葉を実生活に適用する訓練（ディボーションそのものです）を通してなされます。この訓練は、主との交わりの期間と深さに深く関係しています。

鉄が熱いうちに小グループに所属し、御言葉に癒され、隣人に福音を証しし、隣人が救われることに関与できる恵みを体験するようになれば、生きたキリスト者になります。その人は訓練により、後輩を世話するキリスト者（D）に育っていきます。

【伝道】とは、「キリストによって罪が赦された感動を証しすること」です。

【養育】とは、ディボーションが習慣化し、御言葉に癒され、神に愛されているとわかり、御霊に導かれて御言葉を実践できるように育てることです。

【訓練】とは、さらに、人を育てる愛の心と教える力を備えた忠実な人に育てることです。

【聖化】とは、主に倣《なら》って、聖さと義と愛に満ちた人に変えられていくことです。

これらは御言葉と御霊の臨在豊かな環境のもと、指導者や互いを通して神がなさることです。

あなたは今、どの段階でしょう。

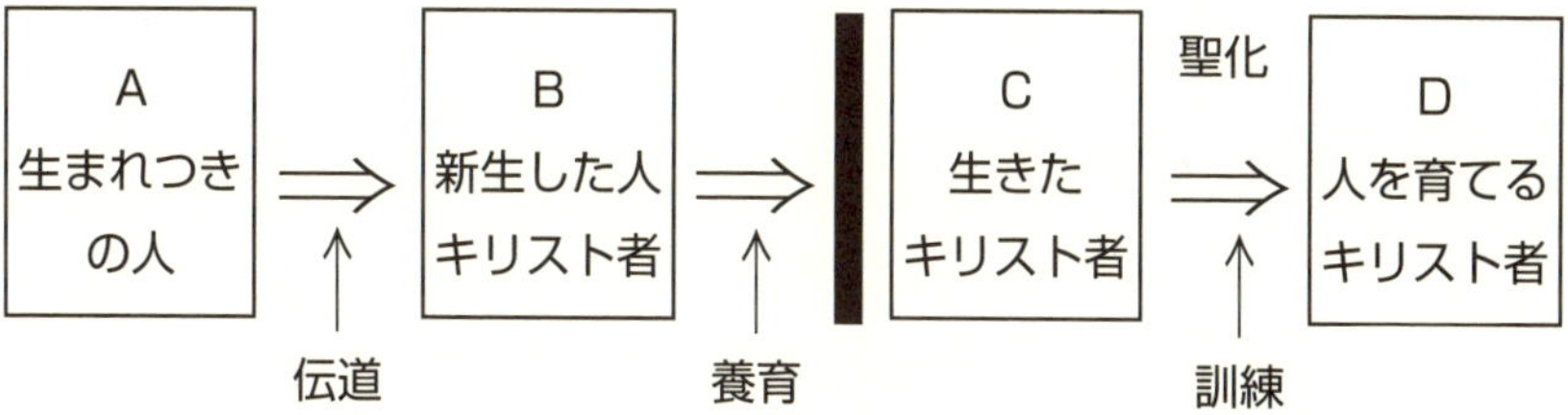

一月二十九日　恵みの信仰のリトマス試験紙

あなたのむちとあなたの杖、それが私の慰めです。

（詩篇二三・四）

皆さんは、この主なる羊飼いのむちを何のための道具とお考えになるでしょうか。

この「神のむち」を想像してみてください。その第一印象はどのようなものでしょうか。その印象がきっとあなたの神様に対するイメージを判定するリトマス試験紙です。

もし「むち」を、自分を矯正する神の恐ろしいむちであると考えれば、その人は神をそのような厳しい方としてイメージし、律法的な神と感じておられるはずです。もし、それが、狼を追っ払ってくださる神のむちであると考えるなら、その方は神様をそのような優しく頼もしい方としてイメージし、恵みの神と感じておられるはずです。

では、どちらが正しい聖書の神のイメージでしょうか？

この終わりの時代に啓示された主の福音の光に照らして、聖書全体を見る時に、神様は決して厳しいだけの方ではなく、むしろ、いつくしみ深い方であると理解することができます。

当時の羊飼いのむちは棒の先に細い皮ひもが付いており、その先端には尖った骨や石が結び付けてあります。どうして羊飼いがこれで大事な自分の羊をむち打ったりするでしょうか？

だとすれば、もし、前者のようにイメージしておられた方々は、神のイメージを今、修正しなければなりません。なぜなら、それによって聖書の受け取り方が全く違ってくるからです。つまり、聖書の最も大切な真理である「恵み」の福音をつかみ損ねてしまいかねません。恵みを理屈ではわかっていても、それが実感となっていないからです。

それでは、私たちが主の恵みを人に伝えようとしても、自分も使ったことがない製品を売ろうとしているセールスマンと同じではありませんか？

一月三十日　聖書の神はどんな神？

神のなさることは、すべて時にかなって美しい。神はまた、人の心に永遠を与えられた。しかし人は、神が行われるみわざを、初めから終わりまで見きわめることができない。

（伝道者三・一一）

「キリスト教の神とはどんな神か？」これは、一般の若い人にとってはピンとこないテーマです。このタイトルに目を留めるのは、よほどキリスト教に興味や憧れのある人か、比較宗教学を習う、人文科学、哲学、宗教学科の学生ぐらいでしょう。

一方、団塊の世代と言われる人たちにとっては興味を惹《ひ》かれるテーマかもしれません。なぜなら、頭はしっかりしていても、少し身体の衰えを感じ、テレビやラジオでの健康教室の話題が他人事とは思えなくなっている自分に気づくからです。身体のことだけではありません。心のどこかに、死んだ後はどうなるのだろう？　神の前に出た時どう裁かれるだろう？　という思いが意識の水面下に潜んでいます。

身近な人が亡くなった時、あるいは「ひょっとしたらこれはがんの症状？」と思われる症状があった時、それが水面に急浮上してきます。神が人の心に永遠への思いを与えられたということはこの時、わかります。神は、人をご自身のかたちに似せてお造りになりました（創世一・二七）。ですから人間には神ご自身しか満たすことができない霊的な必要《スピリチュアル・ニーズ》があり、それを満たされたい思いがあるのです。

団塊の世代の人たちは、親が育ってきた儒教的な教えの中で育ち、罪を自覚しており、一方ではキリスト教（それは多くが立派な宣教師や牧師たちにより確立されたすばらしいイメージのキリスト教）に触れ、心惹かれながらも、近づきがたく、また忙しい高度成長社会の中で目をつぶってきたのです。少し心の余裕が出てきた今、信じるとしたらキリスト教かな？　と思っているのです。

一月三十一日　順境も逆境も神の賜物

順境の日には喜び、逆境の日には反省せよ。これもあれも神のなさること。それは後の事を人にわからせないためである。

（伝道者七・一四）

人生には順境の日もあれば、逆境に苦しむ時もあります。それが人生というものです。神を信じれば、すべて順調に事が運ぶかと言えば、必ずしもそうでもありません。イエス様は弟子たちに、この世にあっては患難があると言われました（ヨハネ一六・三三）。どうして順境だけでなく、逆境もあるのでしょうか？　それは、神には意図があるからです。今日の聖句を通して、順境も逆境も神のなさることであると語っておられます。

逆境とはどんな時でしょう？　自分の力ではどうしてよいかわからなくなり、先が見えなくなった状態です。後のことがわかっていれば、それは逆境ではありません。その時は、まだ余裕があります。逆境とは、出口が見えず、余裕もなくなり、万事休した状態です。神はそのように人を苦しめて、何をなさろうというのでしょうか？

神は、人が音《ね》を上げてご自分に求めるのを待っておられるのです。ちょうど、自由に遊んでいた子どもが危険な目に遭って親の懐に駆け込むように。

人は、逆境の中で初めて謙虚になり、神に助けを求めます。そのため、神は順境だけでなく、逆境も備えられるのです。イスラエルの歴史の中にも順境と逆境の歴史のくり返しを見ることができます。

しかし、これは他人事ではありません。私たち一人ひとりもそうです。私たちの目が、この世の幻想に目を眩《くら》まされている間は、先が見えていると思って錯覚し、余裕があります。しかし、逆境の中で初めて人は自分の本当の姿と無力さを知り、謙虚に神に叫び求めます。

ですから、神の備えられた逆境がチャンスへの第一歩となるのです。

2月

February

二月一日　知らずに犯した罪のために

第二の幕屋には、大祭司だけが年に一度だけ入ります。そのとき、血を携えずに入るようなことはありません。その血は、自分のために、また、民が知らずに犯した罪のためにささげるものです。

（ヘブル九・七）

ヘブル人への手紙の記者は、さらに優れた新しい契約の大祭司キリストを、古い契約の大祭司と対比して描いています。右の聖句のくだりは古い契約の大祭司です。

そこを読んで、新しい契約の大祭司であるイエス様も、私の「知らない」罪のために十字架上でご自分を犠牲としてささげられたと気づかされました。

一年もすると私たちの心のゴミ箱は、罪でいっぱいになります。意識しながら犯す罪、犯してしまって気づく罪、人に言われて気づく罪、言われないので知らぬ罪、真っ赤じゃないがピンクの嘘、これらは人対人の罪ですが、神に対する罪となると、神の前にズルしたり、神以外の偶像（心を奪う物）を創ったり、洗礼の時に神に誓った約束を簡単に破ったり、結婚式で神の前に愛を誓った相手を傷つけたり、これらは神への冒瀆の罪です。

けれども、今朝は御前に出て、もっと自分のこととして、親子、夫婦、教会の兄弟姉妹、職場の親しい人間関係の間で知らずに傷つけたり、パワハラで抑え込んだり……など、具体的に相手を思い浮かべて振り返ってみた時、名前は挙げませんが、確かにそうだと思い当たり、取り返しがつかないとガックリきました。どうか主よ。私の罪を赦してください、全能の御手ですべてを良きに計らってください、と祈る以外はありませんでした。

けれども、それは知らないで犯し、主の前に思い出し、気づかされた罪です。それでも、私の罪のゴミ箱には、もっと膨大な、まだ気づかない罪があるのであろうと思い当たりました。それを赦してくださった主への感謝以外にありません。

二月二日　私は頭《かしら》かしら？

それは、肉に従って歩まず、御霊に従って歩む私たちの中に、律法の要求が全うされるためなのです。

（ローマ八・四）

聖徒の一人ひとりが生ける石としてキリストの身体なる教会を建て上げ、その働きによって成長し、牧師はその支援者、頭《かしら》はキリスト、私たちは肢体です。これが聖書の教会観です。頭なるキリストが牧師や聖徒たちを通してみ旨を行われます。

ですから、自分が肢体でなく頭である間は真の働きができません。したがって信仰の成長もありません。「えーっ、私が頭だなんて」と多くの聖徒たちが言うに違いありません。しかし、御霊（それはキリストの御霊です）によって歩んでいなければ、それは自分を神（頭）とすることです。神の国には臣民が少なく、頭ばかりです。こう言う私も、その例に洩れません。

私たちは神の国の民とされた者ですが、この地上にいる間は地上に再現された神の国、教会の中で神の民なのです。そして忠実な臣民として神の国の価値観である御言葉に従って歩むことを期待されています。それは、救われてもまだ自己中心性が残っている私たちは、御霊によらなければ御言葉を悟ることも、みこころに沿って実践することもできないからです。そのままでは信仰は知識だけで、実生活は御言葉から遊離して形だけの信仰です。

私たち臣民の第一の責務は、「御霊に導かれて御言葉に歩む」ことです。これが常識、習慣となることで、それには御霊に導かれる訓練が必要です。

主の臨在の前に出る訓練、日頃、頭になっている自分を捨て、頭である主の前にへりくだる訓練です。その上で、御言葉を通して神様に悟らされたことを実践するのです。これがディボーションです。

これが常態になれば、一人前の神の国の臣民と言えるでしょう。あなたはいかがですか？

二月三日　御手の中に生かされる

私たちは、神の中に生き、動き、また存在しているのです。
（使徒一七・二八）

聖書は、私たちが生きているこの世界（古い建築物）を神の国（新しい建築物）に建て替えるための設計図です。聖書はこの世界と神の国とは全く違った世界観で動いていると語ります。地上では、建て替えはもうすでに始まっています。設計図を描き、施工されるのは神です。

パウロは当時のアテネの人たちに、あなたがたは気づいていないけれども、私たちは神のうちに生き、動き、また存在していると語りました。

八十六歳の軽い認知症のおばあさんが入院されました。夜間せん妄が起こるのではないか、と皆が心配しました。認知症の方は慣れない場所に移されると、環境も接する人も全く違う雰囲気の中で、いつもと勝手が違い、動揺し、夜眠れなくなり、それが続くとそれこそ「おかしく」なるのです。他人事ではありません。私たちもいずれ歳をとりますから。

しかし、その方は元牧師でした。全く違った環境と雰囲気の中でもそこに神の御手を見つつ、神の国さながらに過ごし、賛美歌を歌い、夜はぐっすりと眠り、ペースメーカーの電池交換術を受け、予定どおり無事退院されました。

神の国の全体像とその隅々まで、その国を統治しておられる方とそのいつくしみがわかっていれば心は平安そのものです。

霊の耳を澄まし、霊の目を凝らせば、自分が神の御手の中にあることを悟り、その御声を聴き、平安と喜びに包まれるはずです。

壊れていく古い建築物に目を留めれば不安で仕方ありませんが、新しい建築物（神の国）を見ることができれば、神のうちに生き、動き、存在している自分を知り、主に感謝し礼拝するはずです。

私たちはどうでしょう？　霊の目が開かれることを祈り求めましょう。

二月四日　あなたの寛容な心

あなたがたの寛容な心を、すべての人に知らせなさい。主は近いのです。（ピリピ四・五）

人には様々なタイプがあります。自分に寛容で他人に厳しい人、自分にも他人にも厳しい人、誰にでも寛容な人等々。あなたはどのタイプですか？

たしかに、キリスト者は人に接する言葉も態度も柔らかで、世間からもそう思われています。

寛容とは広い心で相手を赦し受け入れることです。パウロはそれを勧めています。

とはいっても、犠牲なしに相手を受け入れることは不可能です。たとえば、部下の仕事の期限を延ばしてやれば、その分、上司はさらに上の上司に提出する期限が短くなり、徹夜などして仕上げなければなりません。自己中心的な上司なら部下のためにこのような犠牲は払わないでしょう。寛容には、規格から外れた相手を受け入れるための犠牲を伴います。寛容な人の裏側に、密かに支払われている犠牲をうかがい知ることができます。もちろん、その犠牲は、場合によっては一人で背負い込まないで分かち合うことも必要でしょう。

しかし、基本的には、寛容な心は目先の現実でなく広く遠く俯瞰《ふかん》できる父のような目と、自分を喜んで犠牲にする母のような愛の心がなければ不可能です。それは相手に対する信頼と愛、彼に関わっておられる神に対する信仰にほかなりません。

パウロは、まさにこの書の二章で、ご自分を無にして人間と同じ姿をとり、十字架の死にまで従われたキリストの犠牲について、三章で私たちの国籍である天について語り、私たちに主を仰ぐ信仰の目を喚起しています。さらに四章の冒頭で「そういうわけですから」と語ったパウロは、主は近いと再臨について語り、主を仰ぐ信仰によって寛容な心を持つよう勧めています。

私たちの心は現実のみを見る狭い心でしょうか？主と御国を仰ぐ寛容な心でしょうか？

二月五日　主は焼き尽くす火

あなたの神、主は焼き尽くす火、ねたむ神だからである。（申命四・二四）

あなたの神、主は、あわれみ深い神であるから、……（同三一節）

同じ申命記の、しかも同じ四章に、神様について相反するような記述が出てきます。どちらが本当の神の姿なのでしょう?

勧善懲悪《かんぜんちょうあく》的な神を教え込まれた年輩の人たちは、「悪いことをする者に罰を加えるのが神だ、後者のような神については考えも及ばない」と、敬遠して近づこうとしません。

わけ知り顔のキリスト者は「どちらも真実なのさ!　後者が素顔の神、前者は悪い奴らに対する、作り顔の神なのさ!」と言うに違いありません。確かに一部は当たっています。

しかし、そのような言い方をする人にかぎって、主が「焼き尽くす火、ねたむ神」であり、これも主の素顔であるということを真の意味でわかっておらず、主への畏れがありません。

確かに、「主ご自身が、焼き尽くす火として、あなたの前に進まれ、主が彼らを根絶やしにされる」（申命九・三）と書かれているように、私たちの外側にいる、私たちに敵対する者に対して、主が焼き尽くす火であることは事実です。

しかし、それと同時に、主は、私たちの内側に潜む敵、つまり主に逆らう、かたくななエゴや不純なものを焼き尽くし、きよめる火であることも事実です。否、キリスト者にとっては、こちらのほうが大事だと言えるかもしれません。なぜなら、このような神に「向き合う」ことによって初めて、自分の罪深さがわかり、したがって、それを赦してくださった神様の恵みがわかり、感謝も献身の思いも礼拝も豊かになるからです。キリスト者としての成長も、実はそこにあると言っても過言ではありません。

私たちはどうでしょう?

二月六日　愛と尊敬の関係を築く

それはそうとして、あなたがたも、おのおの自分の妻を自分と同様に愛しなさい。妻もまた自分の夫を敬いなさい。（エペソ五・三三）

平成に入って、日本でも離婚が増えてきています。その理由で一番多いのは「性格の不一致」だそうです。ていの良い言葉で表現されていますが、本当の理由はDVや不倫、経済的な理由に絡む文書上の離婚などが多くを占めているのでしょう。

パウロは夫婦のあるべき関係について、縷々《るる》述べ、最後に右の聖句で結んでいます。

私たちは聖日礼拝直後の壮年男子の小グループで、『愛されたい妻と尊敬されたい夫』（ファミリー・フォーラム・ジャパン）という本をテキストに分かち合いを行っています。著者はエマソン・エグリッチ（米国人男性）で、妻にとって愛が大切なのは認めるけれども、夫には尊敬が必要なことがこれまで見逃されてきたというのです。妻は、自分が愛してほしいので夫もきっとそうだろうと考えながら、夫のプライドを逆なですることには全く無神経で気づかない、と言うのです。

その小グループで、私も「そうだ!、そうだ!」と昔のことを思い出しました。当時、私は車が欲しくてあれこれ新車のカタログを見ていると、中古で十分と妻が言います。そう言われればそうなので、ぐっと我慢して中古の車を探し、目星をつけているうちに、私には相談なしに、彼女は実家の母と相談し、「叔父さんが中古車をただで譲ってくれるってよ!」という話を持ってきたのです。

「あの時は本当に頭にきたよ!」すると皆は「わかる! わかる!」です。きっと、その「わかる! わかる!」がピンとこないで、「でも、そっちのほうが経済的でしょう?」が当時の妻の感覚だったのでしょう。もちろん妻も今は違います。

あなたは、夫を敬うため／妻を愛するためにどのように振る舞いますか?

二月七日　霊の目が開かれる

また、あなたがたの心の目がはっきり見えるようになって、神の召しによって与えられる望みがどのようなものか、聖徒の受け継ぐものがどのように栄光に富んだものか、……。

（エペソ一・一八）

白内障の手術を受けました。左眼の視力〇・三から一・二への改善です。日帰りで、手術時間そのものは十〜十五分程度でした。眼帯を外してびっくり、目の前に鮮やかで繊細な日本画のような新しい世界が現れました。

今まで鏡で見ていた数年来の自分の顔とは様変わりで、シワやシミも遠慮なしにはっきり見えて、がっかりしました。しかし、翌日、眼科の待合室で待っている間にいろいろ思い巡らしました。その中で、右の聖句を思い出しました。

パウロが人生の最期を予期して獄中でエペソの人たちへ手紙を書いた時、自分が与えられた／与えられる恵みや受け継ぐべき栄光を思い巡らしながら書いたに相違ありません。きっとパウロはがっかりではなく、喜びに感動しながら書いたと思います。

そのことに気づいた時、私も次の瞬間には、日本的な無常の世界ではなく、受け継ぐべき天の資産への望みと喜びに目が開かれ心から感謝すると同時に、もうしばらく生きる地上での新たな目標についても考えさせられました。

さらに思い巡らしていると神の国の全体像は見えていたものの、さらに細やかな神様の愛の配慮や過去の具体的な事柄や人たちに目を開かせてくださり、感激してあらためて感謝しました。

一方、自分のシワやシミに気づかせてくださったように、罪についても霊の目を開き、今まで知らずに犯した罪に気づかせてください、と祈りました。今でも罪は十分すぎるのに、そのような私を赦してくださったことへの感謝が深まり、同時に、謙虚になれるように、と。

二月八日　岩塩のあり方

あなたがたは、地の塩です。もし塩が塩けをなくしたら、何によって塩けをつけるのでしょう。もう何の役にも立たず、外に捨てられて、人々に踏みつけられるだけです。

（マタイ五・一三）

主は弟子たちに、彼らが地の塩であり、塩け（本質的部分）を失ってはならないと諭されました。

当時の塩は、海水から造る日本の製法と違って岩塩でした。しかもその岩塩には、主成分である塩化ナトリウム以外に、塩化カリウム（にがり）やカルシウム、その他の不純物を含んでいました。ですから、どうにか形は保ったままで、にがりや塩分だけ溶け出すことがあったのでしょう。しかし、その塩は形だけの抜け殻で塩けを失い、最重要なものが欠けていました。

塩けは人を生かし、きよめる主にある福音に相当するでしょう。私たちも福音を堅持しそれに生かされていなければ、まったく役立たずなのです。もちろん、救われていれば御国には行けるとしても……。

一方、ここで考えたいのは、塩分を包む岩塩の担体としてのあり方です。当時、塩分だけ取り出すのは困難で、運び、流通に乗せるためには掘り出したままの岩塩が便利でした。主が言われたように、塩けを失うことは論外ですが、福音の担体である私たちのあり方も重要です。

洗練されたこの日本で、アーミッシュのように古風であれば福音が伝わりにくく、品格を問われるようでは初めから玄関払いです。時代遅れの伝道法では、今の時代についていけません。

ですから、私たちが塩けを保った岩塩として流通に乗って、文化や流行を通して福音を伝えるにはどうすればよいかと自分のあり方（人から見た自分の姿や言動、賜物、コミュニケーション等々）を自問しつつ、真剣に祈りながら考えなければならないでしょう。

二月九日　少年よ、大志を抱け！

それから、イエスは百人隊長に言われた。「さあ行きなさい。あなたの信じたとおりになるように。」すると、ちょうどその時、そのしもべはいやされた。

（マタイ八・一三）

人は通常、自らが思い描く考えや意識・無意識の思い以上の行動を取ることはありません。裏返せば、人が抱く思いやビジョン、志がその人の人生を決めるということです。もちろん、後から振り返ると主は私たちの思い以上のことをしてくださいます。

歴史上の人物でも、偉大なことを成し遂げた人はそのようなビジョンを持っていたということがはっきりしています。つまり、事はその人のビジョンであり、志なのです。

そうだとすると、私たち神を信じている者はなおさら、自分や人、また、教会という共同体を見る時に広い視野と大きなビジョンをもって見るべきであるということを教えられます。

なぜなら、事は私たちにではなく、天地万物の主、私たちの父なる神にかかっており、神の子ら、またその教会への神の思いやご計画にかかっており、それをどのようにイメージし、この方をどのような方として信じているかによるからです。

そして、私たちに神や神の国に関する理解を与えてくださるのは、キリストの霊、聖霊ご自身であるということがわかります（ヨハネ一六・一三）。

こう考えると、自分自身や人の徳を高めるため、教会の建設のために、この世のものに眩惑されないで、御国に関する壮大なビジョンに御霊によって目が開かれ、それに生かされることがいかに大切であるかがわかります。そのためのディボーションであり、聖日礼拝、小グループ、祈り会なのです。

パウロとバルナバを通して世界宣教に道を開いたのは、実にアンテオケ教会のビジョンであり、その祈りでした（使徒一三・二、三）。

あなたはどのような志を持っておられますか？

二月十日　信仰とは何か？

信仰によって、アブラハムは、相続財産として受け取るべき地に出て行けとの召しを受けたとき、これに従い、どこに行くのかを知らないで、出て行きました。（ヘブル一一・八）

御言葉の勧めに歩まない信仰は知識だけで、実生活と乖離しています。それで幸せになり、成長するはずがありません。御言葉に歩む信仰は御霊によらなければ不可能です。ですから、すべての聖徒に「御霊に示され御言葉に歩む」訓練が必要なのです。まだ見ていない世界へ主がともに働いてくださると信じて歩み出す信仰の訓練です。

それには不安が伴います。何か失うのではなかろうか、失敗したらどうしよう。これが神の御声、みこころなのだろうか？と。

ヨナのように御言葉から逃げてしまえば、主のみわざを見ることはありません。

私たちは肢体、頭は主なのです。部下が上司に最終責任を預けて困難な仕事に挑戦するように、主に下駄を預けて従えば主が責任を取り働いてくださり、予想しなかって恵みを経験し、いのちを預けることのできる方（主）であるとわかってきます。それが信仰生活です。

人は、苦しみや悩みをわかってくれている人がいること、責任を取ってくれる人がいること、さらに自分が誰かの役に立っていることがわかって初めて、明日を生きる力を与えられます。

教会の交わり、特に小グループでの分かち合いはまさしくそのような場です。分かち合いの中で、自分のことをわかってくれるのは、グループのメンバーだけでなく、神様こそ、そのような方であること、そして、その神の手足として自分が役に立っているということも、だんだんわかってきます。

そのようにして、主が現に生きて、ともに働いてくださる方、自分がいのちを預けることのできる方であるとわかってくるのです。それが信仰です。

二月十一日　主の世界福音化戦略

わたしは父にお願いします。そうすれば、父はもうひとりの助け主をあなたがたにお与えになります。その助け主がいつまでもあなたがたと、ともにおられるためにです。

（ヨハネ一四・一六）

主はどんな手段で全世界に、しかも後の時代にまであまねく神の国の福音を宣べ伝えようとされたのでしょうか。つまり、どんな世界福音化戦略を持っておられたのでしょうか。

自分おひとりでの伝道でしょうか。個人伝道でしょうか。大衆伝道でしょうか。もちろん、違います。手始めはそうかもしれません。それによって弟子たち十二人を集められたからです。そして、グループ方式の教育と、寝起きをともにする人材教育の実地訓練がそれだったのです。その中で、彼らが身につけるべき訓練は何だったのでしょうか。

それは、主イエスが、神、救い主であり、この方とともに行けば御国に行き着く、この方に従っていればいつも安心だ、自分はこの方に愛され、受け入れられている、すばらしい！という感覚でした。

しかし、主が十字架につけられた時、彼らはそれを失うことになります。主は予《あらかじ》めそれを知って、もうひとりの助け主を与えるという約束をされました。

これは聖霊降臨の日に成就し、弟子たちは主とともにいる時と同じ臨在の感覚を味わい、聖霊の導きに従い、平安で、神に愛されている実感を持つことができました。そして、聖霊によって、今までわからなかった、主の世界宣教のご計画と、それを自分たちが担うのだという使命に気づき、十二人が七十二人に、それが百二十人にさらに五百人にと、全世界に広がっていったのです。

弟子としての訓練の第一は、聖霊に仰いで御言葉に従って歩む訓練であり、それによって神に愛されているという実感と御言葉を実践する力を得るための訓練です。

二月十二日　あなたの国籍は？

けれども、私たちの国籍は天にあります。……私たちの卑しいからだを、ご自身の栄光のからだと同じ姿に変えてくださるのです。

（ピリピ三・二〇、二一）

幸福度世界一（二〇一一年当時）のブータン国王夫妻が日本を訪問したことがあります。その年、七十八年ぶりに日本人の手によって幻の名蝶「ヒマラヤの貴婦人」とも言われるブータンシボリアゲハが発見されました。

ヒマラヤ奥地の木々の緑の間をひらひらと蜜を求めて優雅に飛びまわる姿をご想像ください。つい数週間前はいも虫だったのです。いも虫は自分の姿に悩むことなく神の時とそのわざに身を任せています。一方、私たちは自分の姿に一喜一憂しています。

私たちは主にあって天に国籍を持つ者です。ですから天国の価値観を自分の日常生活に取り込み、天国の国籍を喜び、試練があっても逃げないで真剣に受け止めて訓練を受け、脱出の道を備えてくださる経験をして慰められ、七転び八起きしながら聖化されていきます。それは御霊によって御言葉を実生活に生かしていく信仰生活によって成り立ちます。

さらに人生の終わりには、天で私たちを受けてくださり、私たちの卑しい身体をご自身と同じ栄光の身体へと変えてくださるのです。ですから、そのことを喜び、福音を伝え、分かち合いましょう。

いも虫が美しい蝶となり、羽根を広げて自由に飛びまわる自然界の営みを通して、神様は御国を連想させてくださいます。あなたの真の国籍は、どちらでしょうか？

ブータンシボリアゲハ（提供・渡辺康之氏）

二月十三日　御姿を伝える

また、イエスは大声で言われた。「わたしを信じる者は、わたしではなく、わたしを遣わした方を信じるのです。また、わたしを見る者は、わたしを遣わした方を見るのです。

（ヨハネ一二・四四、四五）

当時小学二年の孫娘がある日、妻に三十一枚もの日めくりカレンダーを作ってくれました。その中にこんなのがありました。「おばあちゃんがおいのりしてくれると、すっきりする」というものです（絵）。

妻は、孫を悲しみや鬱憤があるこの世界から、神の御前に伴います。そしてともに祈る時、孫は主に出会い素直にされ、自分の非を認め、相手を赦し、慰めといやしを与えられるのです。

では、自分が出会う神様を孫はどう見、イメージするのでしょうか。おそらくは、妻がイメージしている神様です。孫は、妻の人柄や妻との交わりや読み聞かせを通して神様やイエス様を見、イメージするようになるのです。弟子たちがイエス様との交わりによりそのご人格を知り、父なる神を知り、イメージできるようになったのと同様な役割を、私たちキリスト者が担っていることに気づきます。

それはとても重要な役割です。世人は私たちを通して神様を見ているからです。私たちの交わりが親密であればあるほど、親しく神様を見、イメージするようになります。私たちがイメージしている神様やイエス様が生き生きとした姿でその人に映るかどうかは極めて大切です。

ここに、私たちがなぜ聖書を読むだけでなく、これに聴き、歩み、できない時に祈り、主の助けに仰ぎ、主とともに歩むことの意味があります。

二月十四日　好き嫌い

それればかりではなく、患難さえも喜んでいます。それは、患難が忍耐を生み出し、忍耐が練られた品性を生み出し、練られた品性が希望を生み出すと知っているからです。

（ローマ五・三、四）

生き物は成長します。人間も例外ではありません。いつまでも子どものようでは自分も困り、周囲も困ります。もっと困ったことは、そのような自分に気づいていないことです。

さらに困ったことは、このような厳しい文章や聖書の勧め・警告の言葉に無意識に耳を塞いでしまい、成長のチャンスを自ら摘み取っていることです。

私はニンジンが大嫌いですが、子どもがそうならないよう、嫌いなそぶりも見せないで食べていました。健全な成長のためには、好き嫌いは良くないからです。子どもたちが大人になってからそのことを明かすと、「えーっ！　それは知らなかった」と大笑いです。

パウロは、「神の栄光を望んで大いに喜んでいます」と書き、そして、今日の聖句を続けています。神様は私たちの成長を願い、好きな／苦手の人や物をも用意されました。

本来は世の中で揉《も》まれて社会性や忍耐やスキルを学べるはずなのに、厳しい言葉を謙虚に受け止め、未熟な自分と向き合わずにいると、せっかくの成長の機会を失ってしまいます。苦労を肥やしに成長し、その経験をもとに、後輩の指導を神様から期待されているのに……。

偉そうなことを言いますが、このようなことを書くのも自分でそういう経験をしてきたからであり、そのような人をたくさん見かけるからです。

私たちは、以上のことを自分のことと考えているでしょうか。それとも他人事と？　それとも「それはそうだが、自分は今のままでいい」と。それでは周囲と神様が困ってしまわれます。

二月十五日　御言葉と御霊と

神はこれを、御霊によって私たちに啓示されたのです。御霊はすべてのことを探り、神の深みにまで及ばれるからです。

（Ｉコリント二・一〇）

私たちキリスト者にとって、「御言葉と御霊」とは一番大切な二つのものです。

イエス様は世を去る時に、残された使命を弟子たちに託して「御言葉」を残し、もうひとりの助け主「御霊」を約束されました（ヨハネ一四・一六）。

御言葉には、神が私たちに期待されるご自分と私たち（神と人）の関係、私たち同士（人と人）との関係のあるべき姿が記されています。

御言葉には、神が永遠の昔から計画しておられた、世界の救いのご計画が描かれています。御言葉は世界の救いのご計画の青写真です。イエス様はそれに従って十字架の御わざを成就し、御言葉を残し、後のことを御霊と弟子たちに委ねられました。

御霊は、救いの福音を教会が全世界に宣べ伝える働きのために遣わされた、頼もしい助け主、キリストを代行して働かれるキリストの「御霊」（ローマ八・九）なのです。

この方を知らず、締め出す信仰や雰囲気の中では、御言葉に込められた神様の思い、そのご計画、私たちへの愛や慰め、警告や勧め等々を悟り知ることができません。

御言葉と御霊とは車の両輪です。御言葉の確たる土台やコンテキスト（御言葉を通して描かれた神の御国の全体像、その世界観）からかけ離れた、おどろおどろしい霊力や世俗的な風潮に振り回されるようなことがあるなら、御言葉にもっと学ぶ必要があるでしょう。

一方、「御霊」は、私たちが青写真である「御言葉」に従って歩み、教会建設の働きを継続しようとする時に慰めてくださり、判断や助けを仰ぐ身近な現場監督なのです。

二月十六日　ディボーションは何のため？

あなたはイスラエル人に命じて、燈火用に上質の純粋なオリーブ油を持って来させ、ともしびを絶えずともしておかなければならない。アロンとその子らは、あかしの箱の前の垂れ幕の外側にある会見の天幕で夕方から朝まで、主の前にそのともしびを整えなければならない。

（出エジプト二七・二〇、二一）

ディボーションは何のためにするのでしょう？　神の御声を聴くためです。聖書の御言葉（ロゴス）を自分に語られる神様の御声（レーマ）として聴き取り、それに癒され、それに答えるためです。

ディボーションは、自分が真《まこと》の神様の臨在の前に出ているのだという意識がなければなりません。さもないと、神の御言葉を単なる聖書の学びとして片付けかねないからです。

旧約時代の幕屋には、主の臨在がいつもありました。アロンとその子らはその臨在に与《あずか》るため、朝な夕なに上質の油をもってともしびを整える必要がありました。

ディボーションも、朝夕に御霊の油で満たされ御前に出て、そのご臨在に照らされるものでなくてはなりません。そうして初めて主の御声を聴き取り、癒され、応答できるからです。

それには訓練が必要です。訓練によっていつも主の臨在を体験できるようになれば、ディボーションの時だけでなく聖日礼拝の時も、ふたりまたは三人が主の名において集まっている交わりの時も、そこに臨在しておられる主（マタイ一八・二〇）を意識し、仕事をしている時も主の御前に素直にされ、心から主を礼拝することができるようになります。

ディボーションの訓練の目的はここにあります。ご臨在は私たちの心を素直にし、礼拝する心にします。そのようにして満たされた会衆が集まった主日礼拝を臨在に満ちた主をあがめる礼拝にします。

私たちのディボーションはどうでしょうか？

二月十七日　酸っぱいぶどう

しかし、主は、「わたしの恵みは、あなたに十分である。というのは、わたしの力は、弱さのうちに完全に現れるからである」と言われたのです。ですから、私は、キリストの力が私をおおうために、むしろ大いに喜んで私の弱さを誇りましょう。

（Ⅱコリント一二・九）

人はありのままの（弱い）自分を認めたくないものです。その心理を、イソップは見事に童話で表現しています。ある日キツネが歩いていると、美味しそうなぶどうが枝もたわわにぶら下がっています。キツネは、「美味しそうなぶどうだ」と思って跳び上がり、取ろうとしますが取れません。何度か試みて取れないと知ると、忌々《いまいま》しそうに「どうせ、酸っぱいぶどうなのさ！」と捨てぜりふを残して立ち去ります。もし、彼が自分の非力を認めれば、「そうだ！　あの木をはしごにして登れば取れる」とよいアイデアを思いつくかもしれないのです。

人はこのキツネと同じようにプライドが邪魔して弱い自分を認めたくないのです。ですから、人や神に頼ることを思いつきません。まして、神の御力に与《あずか》ることもありません。

一方、もし私たちが自分の弱さを素直に認めるなら、私たちの心は神様に向き、今まで自分の力を信じて歩んでいたプライドは、神の御力を頼る謙虚な祈り心に変えられます。

あれほどの博学と実行力を備え、「自分こそが神のために働くのだ」と思っていたパウロのプライドは、神によって粉々に打ち砕かれました（使徒九章）。しかしパウロは、その後の伝道者としての人生の中でも、時々プライドと弱さが同居している自分を知らされ、同時に弱さのうちに御力を現される神を彼は知っていったのです。

自我が生きている間は、御霊によって私たちのうちにおられる主は御姿を現されません。鍵は弱さを認める自分です。あなたはいかがですか？

二月十八日　自らをささげる、それが礼拝

そういうわけですから、兄弟たち。私は、神のあわれみのゆえに、あなたがたにお願いします。あなたがたのからだを、神に受け入れられる、聖い、生きた供え物としてささげなさい。それこそ、あなたがたの霊的な礼拝です。

（ローマ一二・一）

右の御言葉を「ああ、本当にこの御言葉は真理だ」と心からそう感じても、それを単なる感想や観念的な知識に終わらせるだけなら、せっかくのすばらしい神の御言葉も空振りに終わってしまいます。なぜなら、御言葉は、それを通して神が何かを人間に語りかけておられるのですから、それに対して、こちらからの応答がなければ意味がありません。

では、神が一番に望んでおられる応答は何でしょうか？　それは礼拝です。ここでパウロは、礼拝とは献身であると書いています。私たちの献身（自分をささげる行為）とは具体的には何でしょうか？　ある人の場合それは人によって様々だと思います。ある人は自分は宣教師になることかもしれません。ある人は自分のなけなしのお金をささげることかもしれません。

しかし、親が子どもに一番に望むことは親との親密な「交わり」です。とすると、誰にでもできて、それほど大切で、しかし、誰もしようとしないこと……それは、私たちが神様との人格的交わりのために時間をささげることです。

具体的には、まずディボーションであり、祈りであり、聖日礼拝であり、祈り会であり、小グループの集まりです。神様との交わりのために時間を割き、そのご臨在の前に出て、素直な心にされ、御名をあがめ、御言葉に聞き入り、語られていることの意味を悟り、その愛に癒され、その勧めに信仰をもって従い、必要な助けのために祈り、主の助けを実際に体験し、感謝し、御名をあがめます。ディボーションは礼拝であり、それにより人は神様をあがめ、癒され、育《はぐく》まれるのです。

二月十九日　神の恵みの十全性

「ある金貸しから、ふたりの者が金を借りていた。ひとりは五百デナリ、ほかのひとりは五十デナリ借りていた。彼らは返すことができなかったので、金貸しはふたりとも赦してやった。では、ふたりのうちどちらがよけいに金貸しを愛するようになるでしょうか。」シモンが、「よけいに赦してもらったほうだと思います」と答えると、イエスは、「あなたの判断は当たっています」と言われた。（ルカ七・四一〜四三）

キリスト教にしかないすばらしい真理は何でしょう。それは「恵み」です。聖書の神は恵みの神です。今日の聖句で、「赦してやった」と訳されている言葉は、「恵んでやった」という言葉が使われています。これは俗っぽく言えば、「くれてやった」ということです。

ですから、神の「赦し」を受けた者は、もらったことに対する感謝はあっても、「神に借りがある」という感覚は、本来ないはずです。

見返りや代償を求めない神の愛と赦しが「恵み」だと、誰でも頭の中ではわかっています。

しかし筆者の若い頃、主の十字架の贖いを信じ、救われている確信はあっても、個々の罪に気づく時、まだ「借り」があるように感じていました。そして感謝は二の次で、完璧《かんぺき》で優等生的信仰生活を送ることによって、その「借り」を埋め合わせようとしていた気がします。

「恵みの十全性」を台無しにするその考えは、どこに起因しているのでしょう？　それは、人様に対して迷惑や借りがあれば返すか償わなければならない。裏返せば、罪は償えるという心理が働いていたのではないかと思います。

思えば、自分の罪がそれほどに重大なものだとは感じていなかったのです。今は、死に値する自分の罪を御子キリストの死によって赦してくださった救いの恵みを心から感謝しています。

二月二十日　真の礼拝者

しかし、真の礼拝者たちが霊とまことによって父を礼拝する時が来ます。今がその時です。父はこのような人々を礼拝者として求めておられるからです。

（ヨハネ四・二三）

自分はどのような礼拝者だろうか？　私たちは自分に向かって、そのような質問をしたことがあるでしょうか。礼拝とはどのような行為でしょうか。礼拝は何をすることでしょうか。

礼拝とは天地万物の主の前に畏れの心で出て、この方をあがめることです。もし、私たちが真の神に出会い、その臨在ときよさに触れるならば、自分の罪深さを知り、その自分をも憐れんでくださる天の父の愛がわかり、傲慢や不平・不満は吹き飛び、憎しみ、嫉みは消え去り、感謝と賛美の心が湧き上がり、神様をあがめるに違いありません。

それが真の礼拝です。そのために教会にやって来ます。そのような真の礼拝者が一人二人と増えてくると、そこには心からの礼拝と賛美、喜びと感謝があります。その賛美は、たとい拙《つたな》くても隣の人の心を動かすものがあります。喜びと感謝の心は人に伝わります。それは隣人をも巻き込んで真の礼拝者にします。礼拝の心は伝染するからです。

そのような礼拝がなされるためには、一人ひとりがその意識で礼拝に来るか、日々の礼拝の生活の中で数々の恵みを受け、感謝のいけにえを携えて礼拝に来るか、試練とその悩みの中で癒しと慰めを受けるために礼拝に来るか……、その理由は何であれ、漫然とではなく、礼拝するために来る真の礼拝者によって、真の礼拝が営まれます。そのような礼拝がなされる時に、そこに来る人は誰でも、ここに主がおられると感じて、神をあがめるのです。

それが真の礼拝、真の教会です。ですから、真の礼拝者によって教会は形作られます。

あなたは何を求めて、あるいは何を携えて聖日礼拝に来られますか？

二月二十一日　わたしの荷は軽い

すべて、疲れた人、重荷を負っている人は、わたしのところに来なさい。わたしがあなたがたを休ませてあげます。わたしは心優しく、へりくだっているから、あなたがたもわたしのくびきを負って、わたしから学びなさい。そうすればたましいに安らぎがきます。わたしのくびきは負いやすく、わたしの荷は軽いからです。

（マタイ一一・二八〜三〇）

私たちの人生は、ある見方をすれば徳川家康が言ったように、重荷を負って坂道を登るようなものです。確かに、キリスト者にとっても人生は生やさしいものではありません。

しかし、私たちが感じる荷の重さは、それをどう思っているかによって重くも軽くもなります。人から負わされたと思っている荷は重くなくても重荷と感じ耐え難くなり、背負うのをやめてしまいます。

一方、はっきりとした目的や意味がわかって自ら背負った荷は、重くても耐えることができます。

私たちは自分が負っている様々の重荷をどう処しているでしょうか？　イエス様は、わたしのくびきは負いやすく、その荷は軽いから、わたしのくびきを負って学びなさいと言われます。

それが本当に神からのものであるとわかり、神様がその重荷を日々担ってくださっている（詩篇六八・一九）と信じていれば、重荷も重くありません。ですから、私たちの人生のくびきや重荷について具体的に主に祈り、問いかける必要があります。すなわち、救われる信仰からもう一歩進んだ、御言葉を日常生活に生かす信仰の訓練です。その辺があやふやだと重荷に音をあげたり、自分の思い込みで能力以上に重荷をしょい込んで倒れたりしてしまいます。

ここに、信仰（神様を自分の人生の頼もしい主として受け入れ生きている）者とそうでない者との違いがあります。あなたは人生の重荷をどう処しておられるでしょうか？

二月二十二日　癒される礼拝

彼女は、「はしためが、あなたのご好意にあずかることができますように」と言った。それからこの女は帰って食事をした。彼女の顔は、もはや以前のようではなかった。

（Ｉサムエル一・一八）

エルカナの一家は、毎年、主の宮のあるシロに上り、主を礼拝するのを常としていました。彼の妻ハンナは子どもがないため、彼のもう一人の妻から虐《しえた》げられていました。彼女は主の宮で、「子どもを授けてください」と神にすがりつくような祈りをささげていました。祈り終えた時、「彼女の顔は、もはや以前のようではなかった」と記されています。

涙は人の目からでなく、打ちひしがれた、あるいは解放された心の奥から流れて出てきます。涙を流すと癒されます。しかし、この厳しい現代の管理社会で、ＳＯＳを出すこともせず、涙を見せることもなく、人は心を閉じ、黙々と働き生きています。これが、人間のあるべき真の姿でしょうか。

以前、ある兄弟が外国の地で教会を訪ねて礼拝に出席した時、賛美の最中に涙が溢れて止まらなかったという話をしてくれました。その後、彼は続いてそこに出席するようになったというのです。このような体験を多くの人が必要としています。癒されるためです。

癒しは現代の傷ついた多くの人たちに必要です。神は傷ついた人を礼拝の中で包み込み、その心を開いてくださいます。開かれた心に初めて、真理の言葉、慰めの言葉、勧めの言葉がしみ込んでいきます。礼拝はこのようでなければなりません。主の臨在に満ちた礼拝なら、主を求め、主に出会うために礼拝に来る人は癒され、再び来会するはずです。

主は主の宮に臨在を約束しておられます。右のような礼拝は、真の礼拝者（二月二十日参照）により造り出されます。

あなたもその一員でしょうか？

二月二十三日　蒔かぬ種は生えぬ！

また言われた。「あかりを持って来るのは、枡の下や寝台の下に置くためでしょうか。燭台の上に置くためではありませんか。」

（マルコ四・二一）

イエス様は弟子たちに種まきの譬えをこの前のくだりで語り、今日の箇所でその解説をなさいました。福音を聞いた四種類の人の心についてです。

私は、私の心の石を取り除き、いばらを刈り取ってくださった農夫（天の父なる神）に心から感謝しました。そうでなければ、こだわりの強かった私に福音の種は生えなかったでしょう。

そのすぐ後のくだりで、右の聖句を語られました。読みながら私は、おや？　昨日読んだ種まきの箇所ではあかりのことは語られなかったのに！　と思いました。主は、聞く耳のある者は聞きなさい、と、種（福音）をまく大切さに注意を喚起されたのです。農夫は二十倍、三十倍に実った実りに与《あずか》りますが、一部は種まきに使います。

あかりは福音です。それを枡や寝台の下に置き忘れてないか、注意しなさいと私に語られたのです。そして、古い日本のことわざを思い出しました。「蒔かぬ種は生えぬ」と。

そう言えば、私は牧師として、教会の皆が福音を宣べ伝えるようにと旗振り役をしているつもりですが、今年は体調を壊したことを理由に旗振り役を休んでいたことを教えられました。そして様々なことを考えさせられました。どのようにして旗を振ろうか？　個人的にはどのような形で誰に証しをしようか？　信徒の皆さんがあかりを寝台の下に置いたままにしないためにはどう勧めればよいか？　口で語る証し以外に、他に方法はないのか……等々、これは御言葉を通してのイエス様の警告です。「あかりは、枡の下や寝台の下に置くためでしょうか？」

あなたは自分のこととしてどのようにこの注意を聞かれますか？

二月二十四日　分かち合いが盛り上がるのは

見よ。兄弟たちが一つになって共に住むことは、なんというしあわせ、なんという楽しさであろう。
（詩篇一三三・一）

キリスト者の成長はディボーション、しかもそれを継続するかどうかにかかっています。そして継続できるポイントは、共通の聖書日課と分かち合いの場があるかどうかです。

さらには分かち合いが打ち解けた雰囲気で、各人の考えだけでなく気持ちも自由に分かち合えて盛り上がり、帰る時に「今日は楽しかった」と言えるものであることが重要です。

男性にとって分かち合いは学びであり、真理や教訓を含んでいるべきだと思われています。ですから、砕けて脈絡のない分かち合いは鼻から馬鹿にされます。たとい楽しくても、何か不全感を持ったまま帰途につきます。牧師である私もそう思っていました。

しかし、立派なことを言わなければとか、他人に弱さを見せたくないとか思っていると、緊張して心を開けません。その上、何を発表しようかと思っていると他人の分かち合いに耳を傾ける余裕はありません。これでは分かち合いになりません。

分かち合いは、受容的な雰囲気の中で臨在される神の前に心を開くこと、また、自分が神に愛されているという基本的なことを自然に教えられる場です。真理や教訓は他人の分かち合いに気づかされて学び取ります。むしろ、そこでは喜怒哀楽の気持ちを分かち合うのです。むろん、個人情報はその場だけに留めておかなければならないことは言うまでもありません。

リーダーが弱さも見せ心を開けば、皆も安心して心を開き、自分の喜びや悲しみを分かち合い、その場は満たされます。そのようなリーダーの賜物はテクニックだけの問題ではないので、広い心で誰をも受容された主から学ぶしかありません。

二月二十五日　キリスト者のアイデンティティー

けれども、私が自分の走るべき行程を走り尽くし、主イエスから受けた、神の恵みの福音をあかしする任務を果たし終えることができるなら、私のいのちは少しも惜しいとは思いません。

（使徒二〇・二四）

人は皆、物心がつくと自分探しの旅を始めます。ある人ははっきり意識し、ある人は意識しないで。

つまり、自分という存在はいったい何者なのか、何のためにこの地上に生まれ落ち、今、生きているのか、そしてどこに行くのか……。そして、ある人は人間の存在を超えた方、神を意識するようになり、自分が創造の神と被造物という関係にあり、救い主イエス・キリストによる救いを必要とする罪人《つみびと》であることを知り、救い主を信じ、キリスト者になります。ついにその人は自分の、人間としてのあるべき所を探し当てたと言うことができます。

しかし、またすぐにキリスト者としての自分探しの旅に出ます。つまり、キリスト者のあるべき姿はどうなのかと。それはキリスト者の生きがい、デンティティーとも言えるでしょう。

それは神に創造された人間が、造り主である神をあがめ、その御名をほめたたえ、その栄光を現すことです。つまり、神の臨在の前に出てこの方に出会い、そのすばらしさに触れ、その栄光をほめたたえ、自分が御国の民とされ、この方を父、自分の救い主として持つことのすばらしさを喜び、それにとどまらず、その喜びと感謝を自分の全存在をもって現すことです。初めはそれがわからないこともありますが、そのうち実感できるようになります。

つまり、キリスト者のアイデンティティーとは、神を「礼拝」し、自分に与えられている賜物をもってこの方を「宣べ伝え」、教会建設（人を建て上げること）の様々な「働き」に自分の生きがいを見出し、それに捕らえられ、生かされることである、と言うことができます。

二月二十六日　自分の前に主を置く

私はいつも、私の前に主を置いた。主が私の右におられるので、私はゆるぐことがない。

（詩篇一六・八）

ダビデは、主がいつも自分の右におられると知っていたので、その毎日、そして、積み重ねである一週間、ひと月、一年、そして一生、つまりダビデの人生は、外目には戦いに満ちた人生であったと見えても、心の根底には、揺るぎない主への信頼がありました。その秘訣を彼はさりげなく語っています。つまりダビデは、いつも主のご臨在の前にいる自分を意識していたのです。それによって神様からの慰めと励まし、平安と確信、時には指示と勧めを得、それがいつもの習慣となり、自分の右におられる主を信頼して歩む彼の信仰となったのです。

私自身、自分の思うに任せない事柄に焦ったり、苛々したりすることが今でもあります。そのような時は、決まって、主の前にそのことを持ち出し、相談したり、委ねたりすることをしないで、自分であれこれ考えている時です。つまり、自分の前に主を置くことを忘れているのです。

なまじ、人生を経験していろいろなことがわかり、様々な人生の課題をみこころに沿って、右に左にと切り分けることができるようになったので、つい、自分の力でできると錯覚してしまうのです。信仰生活が長いほど、むしろ気をつけなければならないと自戒しています。

しかし、今、この御言葉を前に、ダビデほどの人でも、主により頼んでいたことを教えられ、もう一度、信頼するに足る主に相談し、委ね、下駄を預けること、主に触れてほしくないことでも明け渡すべきことを、ダビデを通して教えられます。

主がいつも右におられ、私たちの持っている、不安、苦悩、時には罪深い思いをもすべてをお見通しなのですから……。

二月二十七日　心の闇を照らす光

「光が、やみの中から輝き出よ」と言われた神は、私たちの心を照らし、キリストの御顔にある神の栄光を知る知識を輝かせてくださったのです。

（Ⅱコリント四・六）

遠くの光は、闇の中を行く者に進むべき方向を示し、近くの光は足元を照らしてくれます。現在は、ほとんどの船がＧＰＳ（全地球測位システム）を装備しています。しかし、それが開発されるまでは、灯台の光は夜の暗闇の中を航行する船にとって、進むべき方向を知らせてくれる重要な手段でした。

光はまた、闇の中を進む者の足元を照らしてくれます。進む方向はわかっても迂闊《うかつ》に動くと大けがをするかもしれません。しかし、周りを照らす光があればその危険から守られます。

詩篇には、「あなたのみことばは、私の足のともしび、私の道の光です」と記されています。御言葉は、私たちを人生の進むべき道を示し、また足元を照らしてくれる大きな助けです。

けれども、御言葉の光のもう一つの、しかも最も大切な役割は、私たちの心の中を照らしてくれることです。ある人は、「それは助かる」と思い、ある人は、「まずい」と思うでしょう。前者は自分の心が真っ暗で、不安に感じている人、後者は自分の罪の暗闇を自覚し、照らされては困ると思っている人です。皆さんはいかがですか？

私たちの心は、生まれつき霊的なことに関しては暗闇です。つまり、神のこと、自分の生きている意味、地上の生涯の向こうの永遠の世界のこと等々。

しかし、御前に膝を屈める者には、神はその心の闇を照らし、キリストの御顔にある神の栄光に与《あずか》る者としてくださいます。その時には、暗闇の不安や、罪の暗闇は神の栄光に照らし出されて消えてしまうのです。

あなたはどのような光を望まれますか？

二月二十八日　青年なしには明日はない

まことに、まことに、あなたがたに告げます。わたしの遣わす者を受け入れる者は、わたしを受け入れるのです。わたしを受け入れる者は、わたしを遣わした方を受け入れるのです。

（ヨハネ一三・二〇）

日本はかつてない、ポストモダンの成熟社会に突入しています。その特徴は完成度が高いことです。それ自体は決して悪くありませんが、落とし穴があります。

人が学校を卒業して社会に参入するのに完成度の高いたくさんのことを要求され、それに応えられない多くの青年たちがいます。成果を認めてもらえないどころか、少しの不備でも責められます。私たちはそのような社会に生きています。

青年たちは、それを何となく肌で感じて将来に希望を見出せないでいます。

一方、先輩の私たち自身も青年たちのものの考え方や言動に「今時の若い者は……」とあら捜しはしても、彼らのエネルギーをこの社会に組み込む術《すべ》を見出し得ません。

ここに、鍵があります。このような青年たちに対して、福音は力がないのでしょうか？　否、ないのは、我々の福音の力に対する肯定的信仰、時代の要請に応える教会の知恵です。

青年にはビジョンが必要です。青年が育たなければ、日本の教会に明日はありません。教会こそ、そのような日本の青年たちに、ビジョンとそれを実現する現場を提供できます。

教会に青年が来たら、眉をひそめ、こちらの価値観を押し付けないで、愛をもって、イエス様が遣わされたという信仰で受け入れるのです。

もし、減点方式でなく彼らにビジョンを抱かせ、モチベーションを尊重して、現場を与え、一人前のキリスト者に育て上げるなら、二十年後に彼らは教会の柱になるでしょう。

二月二十九日　御言葉を実行する人に！

また、みことばを実行する人になりなさい。自分を欺いて、ただ聞くだけの者であってはいけません。
（ヤコブ一・二二）

福音は恵みであり、「信じることが大切で、行いは大事ではない」ということを聞きかじりのキリスト者が言うことがあります。私も救われた頃はそうでした。

確かに、行いを積み重ねることによって人が救われることはありません。人の罪は善行を積んで赦されるほど軽々しいものではないからです。そのためには神の御子キリストが裁かれ、殺されなければならないほどの重大な出来事が必要だったのです。

しかし、ヤコブがここで指摘するのは、救いの原点であるその信仰の初歩から、さらに進んで救われた後の信仰生活のことを言っているのです。ですから、御言葉を実行する時こそ信仰が試されます。ですから、行いのない信仰は、信仰そのものもないと言われても仕方がありません。

「信仰生活」と言うように、信仰を生活の中に適用し、生かしてこそ信仰の意味があります。それが生きた信仰です。そうでなければ信仰は観念的でむなしい宗教にしかすぎません。

御言葉に真に従おうとする時には、信仰が試されます。自分は何を信じて生きてきたのか、信じて一歩でも踏み出したら、いったいこれからどうなるだろうか、などが問われます。

しかし、信じて実行すれば、思ってもみなかった世界が展開されます。「神が働かれる世界」です。その人は神が生きていて、実際に働かれることを体験によって知るのです。体験や驚きによって得た信仰はその人のものとなります。その信仰は増し加わり、次の同様な信仰の試みも信じて行うことができます。こうして、神の恵みと祝福を経験します。

このような信仰により、神の国は前進します。これが信仰生活、生きた信仰です。

3月

March

三月一日　主の栄光のために

わたしの名で呼ばれるすべての者は、わたしの栄光のために、わたしがこれを創造し、これを形造り、これを造った。（イザヤ四三・七）

私がバプテスマを受けてしばらくたった頃、信仰の先輩から、人間の生きる目的は神の栄光のためであると聞きました。

もちろんそのとおりですが、私は信仰の初心者の頃には、この意味がよくわかりませんでした。聖書の世界を学び始めたとはいえ、当時の思考の範囲は、この世の人の持つ世界観と同じ世界観の域を出なかったのです。つまり、自分が招き入れられた神の国という世界が、どのようなものかよくわかっていなかったのです。その後、様々な体験を通してその広がりを学んでいくことになります。

当初は、自分のために生きるという思いはなかったものの、自分が選んだ仕事で世のため人のために働くこと、それが人間の生きる目的だと思っていました。それも神の栄光につながることですが、神の栄光ということがもっとわかるようになると、自分は神様のために、もっとがんばって主の栄光を現したいと思うようになりました。

しかし、それも神の栄光につながることではあっても、どこか無理があり、その分、神にではなく自分に栄光を帰すようなところがあって、しかも、それに気がつきませんでした。

神様についてもっと知り、その栄光ということがもう少しわかるようになると、自分が受けた神の恵みを感謝し主をほめたたえ、主の御名をあがめることこそ栄光を主にお返しすることだということがわかって、肩肘張っていた自分に気がつきました。

今も神様が私たちに備えておられるすばらしい恵みの広がりを極めるには及びもつきませんが、少しずつ私の中で神の御国が広がっています。

三月二日　聖書が語る罪

立って、父のところに行って、こう言おう。「お父さん。私は天に対して罪を犯し、またあなたの前に罪を犯しました。」（ルカ一五・一八）

この聖句は「放蕩息子」の中の一節です。ご覧のように、聖書は厳として、神に対する罪を人に対する罪と同列、否、それ以上に取り扱っています。

聖書によれば、人に両親を与え、愛をもって育てるようにされたのは神であり、その両親を敬うように定められたのも神です。その父に半ば反抗し、身を持ち崩したのは父に対する罪である以上に神への重大な罪であると言うのです。息子はユダヤ人ですから、それをよくわかってはいたのですが、食べる物にも窮して初めて神の前に膝を屈める気になったのです。

日本人には漠とした自然神や、神社仏閣を参拝した時、そこを支配する神々しい雰囲気はあっても、聖書の語る「人格神」や「創造主」という神概念（神観）はありません。ですから、「神に対する罪」という感覚やその重大性は日本人にはピンときません。つまり、自分の罪が神の前にそれほどに重大なものだとは感じていないのです。

しかし、聖書の神がそこに書かれているとおり、私たち人類と世界の万物とを造り、その管理を人の手に託されたのだとすれば、日本人のようにその神を知らないどころか無視して振る舞っていること自体が重大な罪であると言えないでしょうか？　いや、聖書はそう語っています。

それがよくわかるには、今生きているこの地上の罪に対する考え方と、聖書の語る罪に対する考え方がどのように違うかという視点で、聖書とその世界観を学んでいく必要があります。

その時、人に対する罪とその赦しだけでなく、神に対する罪とその赦しがなぜ必要なのか、罪の赦しがどんなに人を解放し、その人を造り変えるものであるかを体験します。

三月三日　我がうちにある罪

すなわち、私は、内なる人としては、神の律法を喜んでいるのに、私のからだの中には異なった律法があって、それが私の心の律法に対して戦いをいどみ、私を、からだの中にある罪の律法のとりこにしているのを見いだすのです。

（ローマ七・二二、二三）

イエス様は、心と思いと知力を尽くして神を愛し、自分自身のように隣人を愛する、この二つに律法は要約されると言われました（マタイ二二・三三～四〇）。

罪とは、この律法に反する、「神を恐れず、人を人とも思わない」（ルカ一八・二）性質のことです。拭いても拭いても取れないしみのように、私たちの心にしみついていています。

パウロは律法を喜び、文字どおり、心と思いと知力を尽くして神を愛そうと思いながらも、罪のとりこにされている自分を正直に語っています。想像を逞《たくま》しくすれば、十二使徒への劣等感や競争心、誇り（Iコリント一五・八～一〇）、自分を捨てた者への思い（IIテモテ四・一〇）、また、異性に対する思い等との戦い（Iコリント七・八、九）もあったのです。

夏目漱石も、『こころ』の中で、きよさや真理を目指しながらも心の内に頭をもたげてくる抗しがたい性質を描いています。彼はそれが自分の内にもあると他の文書で述懐しているそうです。多くの小説家や学者などが自分の弱さにはなかなか触れない中、漱石が聖書の言う罪の性質に迫り、それが他人事でないと自覚し、偉ぶらないでそれを開示しているのは、パウロの場合同様、驚きです。残念ながら、漱石ほどの人でも、福音には行き着きませんでした。

けれども、そのようなことはめったにないので、私たちは、日常生活の中で罪をあまり意識していません。自分の考えを優先させ、隣人を愛しようとしても、ギリギリになると自分のほうが可愛いのです。

しかし、御言葉に忠実に歩もうとする時、罪深い自分に気づき福音の偉大さがわかってきます。

三月四日　武士は食わねど……

またある役人が、イエスに質問して言った。「尊い先生。私は何をしたら、永遠のいのちを自分のものとして受けることができるでしょうか。」イエスは彼に言われた。「……戒めはあなたもよく知っているはずです。『姦淫してはならない。殺してはならない。……』」すると彼は言った。「そのようなことはみな、小さい時から守っております。」イエスはこれを聞いて、その人に言われた。「あなたには、まだ一つだけ欠けたものがあります。あなたの持ち物を全部売り払い、貧しい人々に分けてやりなさい。……」すると彼は、これを聞いて、非常に悲しんだ。大変な金持ちだったからである。

（ルカ一八・一八～二三）

「武士は食わねど高楊枝《たかようじ》」とは、気位の高さが邪魔して、空腹なのに食事は済んだふりしてやせ我慢する窮屈な武士の美学を風刺したことわざです。

しかし、私たちも似たような愚を犯すかもしれません。プライドが邪魔して、神が無代価で与えてくださる救いの恵みを「感謝します」と素直に受け取れないからです。そこには、そこまで人様や、まして神様にご迷惑をかけてはいけない、救いは自力で達成するものだ、との日本人的美学と罪や救いの真の意味、神の恵みへの無理解があります。

今日の箇所に登場する役人は、そこまで気位が高くなかったかもしれませんが、神のみこころの本旨である、律法を守っているという思いが、永遠のいのちという神の恵みを受け取る妨げとなっていました。イエス様の質問で、彼は律法遵守が形だけであったことを思い知らされます。

ある人は「お返し」で借りを返して気位を保ちたいという日本人独特のものの考え方をします。お返しは、それに相応しいものをお返しすることです。神の救いの恵みはとてつもないレベルなので、お返しできないのに……。

三月五日　人の尊厳

神は人をご自身のかたちとして創造された。神のかたちとして彼を創造し、男と女に彼らを創造された。
（創世一・二七）

人の尊厳、それは人間にだけ生まれつき備わっている性質です。それは神が自らに似せて造られたすべての人間に賦与されている神からの性質だと言うことができます。

尊厳などと、日頃あまり意識しませんが、それが損なわれる経験をすると、初めて意識します。たとえば、お腹が痛くて病院に行った時、そのことしか考えていませんが、説明もなく散々待たされた揚句、医師にぞんざいな診察と口の利き方をされると、鈍感な人でないかぎり、ムッとします。その時初めて自分の尊厳が損なわれたと感じるのです。そのような扱いを受ける時、初めて気づきますが、逆の立場の時には、その医師のように全く気づかないのです。

イエス様は、私の兄弟たち、しかも、最も小さい者たちの一人にしたのは私にしたのです、と言われました（マタイ二五・四〇）。そのように、いつそのようなことをしましたか／しませんでしたか、と尋ね、主に指摘されるまで、人はそのことに気づかないのです。

私たちの大半は守られており、尊厳を傷つけられることも、傷つけることもないでしょう。しかし効率を重んじるゆとりのない現代の競争社会で多くの人の尊厳が蹂躙《じゅうりん》されながら格差社会が形作られているのに気づきます。反対運動の先頭に立つようにと勧めているのではありません。私や私たち教会にできることは何だろうかと問いかけているのです。

私たちが人の尊厳を尊ぶとはどういうことかを知り、イエス様がされたように傷ついた魂に接することができれば、色づいて刈り入れを待っている畑はまさに今の時代だと実感するに違いありません。多くの魂が愛と癒しを必要としている時代ですから。

三月六日　プライドが礼拝を阻害

しかし、真の礼拝者たちが霊とまことによって父を礼拝する時が来ます。今がその時です。

（ヨハネ四・二三）

礼拝の心で御前に出る時、人は主のご臨在に触れ素直にされて心が開かれ、真実な心で父なる神をあがめ、礼拝します。それが真の礼拝です。

しかし神の国と異なる価値観で動いているこの世にいるかぎり、注意しないと霊的感覚を失い、自己中心、効率優先の考えに走り、知らない内に礼拝の心を失わせる可能性があります。

一方、信仰に立っていると思って、弱音を吐かずに試練の中でがんばることもあります。

それは、自分の考えと力に頼り、生ける神とその御心に従わないで事を行う可能性があります。この世はそのような考えとやり方で動いています。うまくいかない時は助けてくれなかった他者や神を恨み、達成した時は自分を誇り、他者を見下し（ルカ一八・一一）ます。そのうち、神様のことを意識しなくなり、神への感謝の心、礼拝の心を失います。

何でも上手にできる人はそれだけでも、無意識のうちに、自分を誇り、他者を侮ってしまいます。また、何でも知っていると自信のある人は、他者の未熟な考え方ややり方を侮り、受け入れることができません。

その心で、真心から神様を礼拝できるでしょうか。私たちはそのような世の中に生きています。私たちの心はそのようなこととは無縁でしょうか。

これが、真の礼拝ができず、神様に触れられて癒されず、造り変えられない一つの要因かもしれません。ですからよほど注意しないと、礼拝の心が麻痺させられてしまいます。

むしろ、自分の弱さや罪深さを知って、へりくだり、弱音を吐いて神様に助けを求める時、みこころを悟り、恵みを体験し、癒され、造り変えられるのではないでしょうか。それが真の礼拝では？

三月七日　憐れみ、悲しむ神

エフライムよ。わたしはどうしてあなたを引き渡すことができようか。イスラエルよ。どうしてあなたを見捨てることができようか。……わたしの心はわたしのうちで沸き返り、わたしはあわれみで胸が熱くなっている。

（ホセア一一・八）

筆者は二十七歳の時、進行胃がんを患い、主治医に代わって、先輩の下稲葉医師（現・栄光会理事長）からがんの告知を受けました。当時は手術で治る時には本人に上手に告知し、そうでなければ家族に告知するのが常識でした。私は余命半年と悟りました。

血便も脱毛も（抗がん剤のせい）、級友がどっと見舞いに来たのも、家族がまともに目を合わせなかったのもそのせいだったのです。でも、救いの確信もあってその晩はぐっすり眠り、翌日はすばらしい小春日和でした。

医師として若かった私は、それを母親に話すことがどんなことを意味するのか知りませんでした。私は母にも自分と同じ天国に来てほしかったので、神様の話を聞いてほしいと考え、本当のことを話したのです。母は、三日三晩泣き通しました。そして、そのことで頭が一杯になり、私の話は全く頭に入りませんでした。むしろ、自分のひとり息子をそのような目に合わせた神を恨みました。

それもそのはず、戦争未亡人として姉と妹と私を女手一つで育てた母にとって、私は死んだ夫の忘れ形見だったのです。それが、ようやく医者になって婚約したのに、胃がんでいつ死ぬかもしれないのですから。ご安心ください。母も後々入信しました。

ところで、神はご自分の民イスラエルが自分中心の生き方で自らみじめな状態に陥っているのを見るに忍びない思いで見つめ、その胸はあわれみで熱くなっていると語られます。

あなたはそのような神の一面をご存じでしたか。その愛に触れられたでしょうか。

三月八日　安息日は誰のため

人の子は安息日の主です。（マタイ一二・八）

イエス様は人が安息日のためにあるのでなく、安息日が人のためにあることを、言葉と行動で示されました。当時のユダヤ社会は、いわば律法に拘束されていたのです。しかし、イエス様の言われたことを正しく理解しないと、振り子が反対方向に振れ、人間の自由によって安息日の真の目的である「神を礼拝する」ことがないがしろにされかねません。

パウロは、「兄弟たち。あなたがたは、自由を与えられるために召されたのです。ただ、その自由を肉の働く機会としないで、愛をもって互いに仕えなさい」（ガラテヤ五・一三）と書いています。

律法は、「神と人とに愛し仕える」ことであると要約できます。それには、自分が救われたすばらしさがわかり、それをお与えくださった神に感謝し、礼拝することが出発点です。

神のみこころは主に「呼び出された」（教会の語源）者たちがともに集い、神を心から礼拝し、互いに仕え合い、新しい人を群れに招き、彼らも神を礼拝するようになることです。

では、どうすれば互いに仕え合うようになれるのでしょうか。それには、神様にささげる礼拝が真の礼拝になることによってです。私たち各人が、心からの礼拝をささげる思いで安息日に集うなら、そこで神様はご臨在を現し、私たちに会ってくださいます。その人は神様から受けた癒しと愛によって、人に仕えることができます。

そのような人が、一人、二人と増えてくるなら、礼拝に集う人はそこに神ご自身の臨在を認めて膝をかがめ、まことの神を礼拝するでしょう。そのような礼拝によって自分自身が癒され、恵まれます。その神の愛と癒しの中で、人は造り変えられ、人に仕える成熟した人に成長していきます。

あなたはどのような思いで礼拝に出席されているでしょうか。

三月九日　キリストに見ならう模範

私がキリストを見ならっているように、あなたがたも私を見ならってください。

（Ⅰコリント一一・一）

子どもは「親の背中を見て育つ」とはよく言われます。子どもが小さいうちはすべて親の言うとおりに従いますが、子どもに自我が育ってくると、自分の意に沿わないことには従いません。自分の意向を聞かないで親が勝手に決めていると感じれば、なおさら反抗的になり、反抗期が確立します。

けれども、さらに成長すると彼のうちに定着したある価値観が生まれてきます。それは何と！　基本的には親の価値観と同じだというのです。やはり、反抗はしているように見えても、親の基本的な生き方を見ながら育ってきたのです。

親でなくても、一般的に、「俺について来い」とは言うことができても、「俺を見ならえ」とはなかなか言えません。自分の様々な欠点をよく知っているからです。

パウロも、自分の足りなさをよく知っていたはずですが、自分がキリストを見ならっているという姿勢だけは誰にも譲れない、という自負心を持っていました。おそらくパウロは、この姿勢を見ならえと言っていたと思われます。

けれども、人がキリストに見ならう生き方をしていれば、それはその人の立ち居振る舞い、その言葉にも自然に現れてきます。そのことも含めて、パウロは言っていると信じたいのです。パウロはこれをコリントの人たちに書きましたが、他にも同じことを所々に書いています。

私たちもある者は、後輩のキリスト者として、先輩の細かな欠点に目を注いでつまずくのでなく、キリストに見ならおうとしている生き方に目を留めて見ならうべきですし、先輩として後輩の模範になるように、パウロと同じ心境に立つべきではないでしょうか？

三月十日　私を日々生かす力

イエスは彼らに言われた。「わたしを遣わした方のみこころを行い、そのみわざを成し遂げることが、私の食物です。（ヨハネ四・三四）

食物、それは私たちの身体に日々生きる力を与えるエネルギー源です。

では、私たちを精神的、霊的に生かす力は何なのでしょうか。つまり、私たちが自分の人生の日々を意欲と目的意識をもって生きていく力は、何なのでしょうか。

イエス様は明確に、自分を生かす力の源は自分を遣わした父なる神のみこころを行い、そのみわざを成し遂げることである、と言われます。

人が自分の行うことに意味を見出すことができるか、そうでないかは、その人の取り組む意欲に大きな影響を与え、その成否にも関わってきます。

これが人生の場合にはもっと重大です。人が自分の人生にはっきりとした目的と意味を見出すことができるか、そうでないかは、その人の人生を大きく左右することになります。

私たちはイエス・キリストに出会って、自分の人生の目的を自分の考えに従ってではなく、神のみこころに従って、このキリストの生き方に倣《なら》って生きる者となりました。

私たちがイエス様の弟子なら、私たちを生かす力も同様に「神のみこころを行い、そのみわざを成し遂げる働きに貢献すること」であり、それが私たちの生きる力であるはずです。

私たちも、イエス様のように、それがいつも念頭にある常識となっているでしょうか。

御言葉の意味があいまいにしかわからないのでしょうか。それはなぜなのでしょう？

それとも、言われた時はわかるけど、つい忘れて自分の人生の毎日はあらぬ方向に動いてしまう、というのでしょうか。それを解決するためにどうすればいいのでしょう？

三月十一日　心のふるさと

彼は豚の食べるいなご豆で腹を満たしたいほどであったが、だれひとり彼に与えようとはしなかった。しかし、我に返ったとき彼は、こう言った。「父のところには、パンのあり余っている雇い人が大ぜいいるではないか。それなのに、私はここで、飢え死にしそうだ。」

（ルカ一五・一六、一七）

人は何かの時にふと、ふるさとに想いを馳せます。父や母と歩いたあの道、いろんな魚を捕ったあの川、草花を摘んだあの野原、おじいちゃんやおばあちゃん、皆、懐かしく思い出されます。

不幸にも父母やふるさとの思い出のない人でも、もの心ついた頃、自分を優しく受け入れてくれたおばあちゃん、おじさんやおばさん、その町、人は皆、心のふるさとを持っています。

今日の箇所で、放蕩息子が一緒に飲み食いした大勢の友は、彼が無一文になった途端に、どこへともなく姿を消しました。彼らを結んでいた絆はお金であり、愛や友情ではなかったのです。

経済的あるいは健康上の、あるいは社会的地位や立場の変化で肩身の狭い思いをする時、初めて人の心がどこにあったのかを知ります。その時、ふるさとの父母を思い出すのです。

放蕩息子の場合、父はまだ存命中だったからよかったのですが、私たちの場合はどうでしょう。

私たちの郷愁を受け止めてくれる心のふるさとは多くの場合、もはやありません。人の善意もないわけではありませんが、あくまで地上のことに限られています。こと、天のふるさとへの備えは、自分で探さなければなりません。

あなたやあなたのご家族はいかがですか。心のふるさとへの郷愁や天のふるさとへの備えに答えてくださる方がおられます。それをイエス様は譬《たと》えを通してお語りになったのです。それが天におられる父なる神様なのです。

三月十二日　霊性の訓練は祝福への通り道

ですから、私たちは、あわれみを受け、また恵みをいただいて、おりにかなった助けを受けるために、大胆に恵みの御座に近づこうではありませんか。
（ヘブル四・一六）

自分の内面を変化させるのは私たちがすることではなく、神のなさることです。内的変化はただ神だけがなさるわざなのです。私たちは、自分自身の力によって神の義に到達することはできません。ただ恵みによってのみ、それを得ることができるのです。

この驚くべき真理を知った瞬間、私たちはその逆の過ちを犯す危険性があります。すなわち、私たちができることは何もないという勘違いです。もし、人間の努力がすべてむなしく終わってしまうなら、そして、義が神様の一方的なプレゼントであるなら、神様が私たちを変えてくださるのを、ただ口を開けて待っていればいいのでしょうか。人間の努力はあくまで不十分なものであり、義は神様のプレゼントです。

しかしだからといって、人間にできることは何もないと考えるのは間違いです。神様は恵みを受け取る方法として、霊的生活の訓練を与えてくださいました。この訓練が、私たちを神様の臨在の前に出られるようにし、神様が私たちを変えてくださるようにするのです。

霊性の訓練とは神様が私たちの中で働いて、私たちを内側から変えてくださる場所へと私たちを置くことです。霊的に立派になろうという訓練だけでは何も起こりません。それは単に、何かを達成できるところに私たちを連れて行くだけです。霊性の訓練は神様の祝福への通り道です（R・フォスター）。

私たちが追求する内的な義は、自動的に注がれるものではありません。神様は霊性の訓練を祝福への通り道として定めておられ、私たちはそれを通して祝福を受けることができるのです。

（R・フォスター）

三月十三日　幼児の霊的感性

ハンナは夫に、「この子が乳離れし、私がこの子を連れて行き、この子が主の御顔を拝し、いつまでも、そこにとどまるようになるまでは」と言って、上って行かなかった。

（Ｉサムエル一・二二）

スマートフォンを操作しながら、子どもの手を引いて歩いているお母さんをどう感じますか。「別に」と感じたら常識を疑われます。危険だからです。でも、「もったいない」とは感じませんか？

不妊のゆえに夫のもうひとりの妻からのいじめでつらい思いをしていたハンナはエルサレムに上った時、もし子どもを与えてくださるなら、その子の一生を主にささげます、と涙ながら主に祈りました。その祈りの実が将来の大預言者サムエルだったのです。

彼女は子どもが乳離れし、主の宮にとどまることができるようになるまで手許《てもと》に置いて育てました。その間に主を畏れ敬う心、感謝の心、祈りの心、神様のイメージ等はきっとサムエルの心に無意識のうちにも伝わったに違いありません。それは霊的な感性です。その短い間に霊的に豊かな心が育まれたのです。冒頭の「もったいない」の意味が今おわかりと思います。

その霊的な感性が整えられていたので、その後の祭司エリのもとでの主に仕える修行も、単なる知識やマニュアル的な修行ではありませんでした。エリの息子たちが悪徳な祭司に育ったのに、サムエルは幼い頃から直接主の御声を聴き、後にイスラエル王国建設に貢献したのですから。

モーセやアウグスティヌス、リンカーン等の陰に母の祈りがあったとはよく言われます。母たちの霊的感性や御国の広がりが問われているのです。母の持っているものが伝わるからです。

母親や日等学校教師の霊的な感性が豊かにされ、それが子どもに伝わるふれあいの時が大切です。

三月十四日　信じるとはどういうこと？

信仰がなくては、神に喜ばれることはできません。神に近づく者は、神がおられることと、神を求める者には報いてくださる方であることとを、信じなければならないのです。

（ヘブル一一・六）

信仰は、初めはぼんやりとした信仰から、次第に神様との関係に生きる動かない信仰にまで、信仰の歩みに従って完成され、高められていきます。つまり、信仰のステップです。

信仰とは「神がおられることを信じる」ことがその第一歩です。しかし、それだけでは十分ではないことが右の御言葉からわかります。その方が自分にとってどういう方であるかが重要です。「思いを神様に向ける」ことが、次のステップなのです。

さらに次のステップは、神が求める者に報いてくださる方であると知り、この「神様と自分との関係」の重要性を知ります。しかし、神様が自分を創造し自分をどれほど愛しておられるかが、罪のためにわからなくなっています。ですから、多くの人は、信じるとストイックな生き方を強いられると思い込み、あまり近づきたくないのです。

しかし、この「思い込みを訂正すること」が重要な次の信仰のステップです。

けれども、それほどに自分を愛してくださる神の御前でも罪は罪です。しかもその罪は、キリストの死の代価ではじめて償われる次元のもので、「人間的な善行では償い得ないと悟り」、「キリストが十字架で自分の身代わりになられたことを信じる」ことが次の重要な信仰のステップです。

これで、救いが約束され、初めて神様との幸せな関係がスタートします。それより先は、「求める者に報いてくださる神を体験により確かめていく」信仰により神様を身近に実感できるようになるステップ、と信仰のステップを登っていきます。

あなたは今どのステップでしょうか？

三月十五日　霊的感性や体験で知る神

御霊も同じようにして、弱い私たちを助けてくださいます。私たちは、どのように祈ったらよいかわからないのですが、御霊ご自身が、言いようもない深いうめきによって、私たちのためにとりなしてくださいます。

（ローマ八・二六）

小さい頃、山の端《は》に沈む美しい夕日、里芋の葉っぱの上の真珠のような水玉の動き、みかんの木にひらひらと舞うナガサキアゲハの華麗さに見とれていた自分を、懐かしく思い出します。『クオレ物語』や『ああ無情』に心を動かされる少年時代でした。

しかし、社会に出て感性をどこかに置き忘れ、知的仕事に忙しく振り回され、鼻先の人参を追いかける馬よろしく、仕事の達成感を餌に生きていた自分に、ある時、気づかされました。その頃の私のディボーションは聖書の知的解釈だけで「なるほどわかった」と納得し、感性が癒されることなく、御言葉を日常生活で実践して神様を体験することも少ない毎日でした。御言葉に涙を流す人の姿を見ても、女々しいことと思っていました。

しかし、ある時、神様が私のうちに住まわせられた御霊により、御言葉を通して私と全人格的な交わりを持ってくださるという、ディボーションの手ほどきを受けました。言われたように、聖霊のご臨在の前にという意識を持って御前に出ることを続けているうちに、神様は聖書の中の出来事や頭の中の出来事だけでなく、御霊により私の霊的感性に働きかけ、私の心のうちにも日常生活の中にも働いておられることを、体験を通して教えられたのです。

私は知性だけでなく、感性を通しても神様を知るようになり、私の日常生活の中で働いておられる神様を体験するようになりました。そして、心からこの方を礼拝するようになっていったのです。

神様は御霊により、私たちに全人格的に、しかも実生活の中で働きかけてくださる方です。

三月十六日　神様とのコミュニケーション

わたしの羊はわたしの声を聞き分けます。またわたしは彼らを知っています。そして彼らは私について来ます。わたしは彼らに永遠のいのちを与えます。彼らは決して滅びることがなく、また、だれもわたしの手から彼らを奪い去るようなことはありません。

（ヨハネ一〇・二七、二八）

勘当《かんどう》し、音信不通だった息子さんと和解できたという友人の報に接しました。愚息が海外の教会や友人と連絡をつけ、お父さんが重病で会いたがっていると息子さんに伝わったのです。

息子さんは妻子とともに帰国し、父親と涙の対面をしたそうです。彼の帰国を心待ちにしていた重病の父を前に心が素直になれたのです。

「コミュニケーションとは情報を伝達すること」と言ってしまえば、身も蓋もありせんが、それは一方から他方へ情報を伝えるだけの上意下達や報告ではなく双方向性があり、さらに、素直にものが言える雰囲気の中での知的情報、意見、感情表現など、言葉や表情などによるやり取りです。そのやり取りの中で、互いは癒され、あいまいであった考えや感情が整理され、新しい関係が出来上がります。

神様とのコミュニケーションもそうです。上の聖句の「わたし」はイエス様、「わたしの羊」は私たちのことです。羊は自分の名を呼ぶ羊飼いの声を聞き分け、ついて行きます（それがイスラエルの牧羊の方法です）。羊が困った時、悲鳴を聞きつけ、彼は一匹のために命をかけます。羊たちのすべてを知り尽くし、頼もしくも優しい声を聞き分け、ついて行く全く信頼しきった羊。このような交わりを神様は望んでおられます。それは可能なのでしょうか。

神を畏れる心で御前に出て御言葉を通して御声を聴こうとするなら、一人の時でも、また、ご臨在を約束された（マタイ一八・一九、二〇）礼拝の中でも心の耳を開くなら可能です。

三月十七日　人間的信仰

そこで、マリヤのところに来ていて、イエスがなさったことを見た多くのユダヤ人が、イエスを信じた。

（ヨハネ一一・四五）

ラザロのことでお悔やみに来ていた人々、イエスを見に野次馬根性で来ていた人々、様々な思いの人々がマルタとマリヤの家に来ていたと思われます。イエスは墓に出向き、死んで四日も経っていたラザロを蘇えらせられました。これを見た「多くのユダヤ人が、イエスを信じた」と書かれています。イエス様をどのような方として彼らは信じたのでしょうか。一方、これがもとで、パリサイ人たちはイエスを殺すための計画を開始しました（同五三節）。

これを理解するには、旧約聖書の預言と時代的な背景を知る必要があります。ユダヤ民族には、彼らの民族の中から救い主が出るという「神に選ばれた選民」としての旧約聖書の約束がありました。ところが現実はどうかと言えば、ローマ帝国という異邦人の国の一属州に落ちぶれ、貢（税）を納めなければなりませんでした。救世主待望論が起こってくるのは必然です。

その中には、ニコデモ（ヨハネ三章）のように純粋に宗教的な背景から、救世主をイエスの中に求める者がいました。一方、政治的立場から、ユダヤ民族をローマの圧政から救ってくれる国家的救世主としてイエスに期待する者もいました。イエス様の言葉としるしには力があり、その人気はいやが上にも盛り上がってきていました。しかし、彼らは、支配者としての救世主の預言（ミカ五・二他）は見ることができても、僕《しもべ》としての救世主の預言（イザヤ五三章他）を見ることはできなかったのです。彼らは自分たちに理解できる、都合の良い救世主を求め、自分たちの考えに合致しない救世主を拒んだのです（ヨハネ六・六六）。

私たちが、もし自分に都合の良いイエス様を期待しているなら彼らと同じ人間的信仰です。

三月十八日　求めよ、さらば与えられん

神のなさることは、すべて時にかなって美しい。神はまた、人の心に永遠を与えられた。

（伝道者三・一一）

私たちの人生はどのような基準で、いつ、誰から評価されるのでしょうか？

聖書をよく読むと、究極的には、地上の生涯は各人にとって、なくてはならない方を捜し求める、一回きりの求道の人生であると告げています。

Mさんは司法試験を目指している女性でした。両親を亡くし経済的基盤を失い、悪臭を放つ難治性の両下肢のびらんを患い、周囲の人や家族に嫌がられ、教会の女性たちの助けを得ながら、求道の心で教会に来られました。彼女は何かを求めながらも、それが何であるかはわからなかったようです。筆者がそれを説明しようと試みたことがあります。人間は創造主に造られたので、創造主と親子の対面と感激の和解をするまでは、心に満たされない思いを持ち続け、その原因は心の中の罪であるとお話しました。

そして、イエス・キリストという方の十字架の身代わりの死により人の罪が赦され、勘当を受けた神との断絶を解かれ、和解を受けるとお話ししたのです。それをわかってはくれましたが、「急には信じられません」と彼女は答えました。

それから数年、両足は治ったものの、心の病の治療中に末期がんが発見されました。彼女は私の勤める病院の、まず一般病棟に紹介入院されました。

筆者はその告知を担当しました。受け止められるかどうか探るため、キリストについて尋ねたところ、「イエス様はいつもともにいて、いろいろな人たちを通して私を支えてくださいました」との答えを得て、これなら告知できると判断し、告知しました。彼女はその晩もぐっすり眠ったそうです。

それから二か月、彼女はホスピス病棟で賛美歌を聴きながら、眠るように天国に凱旋しました。

三月十九日　人を造り変えるものは何か？

私たちはみな、顔のおおいを取りのけられて、鏡のように主の栄光を反映させながら、栄光から栄光へと、主と同じかたちに姿を変えられて行きます。これはまさに、御霊なる主の働きによるのです。

（Ⅱコリント三・一八）

私たちのうち多くの者が今の自分に満足せず、どうにかして変わりたいと望んでいます。

でも、どうしたら変えられるのでしょうか。私たちキリスト者は『王子とこじき』ではありませんが、「こじき」の子が王の養子にされたのに譬《たと》えることができます。つまり赦された罪人《つみびと》ですが、立場としては王の養子、すなわち、れっきとした王子様です。

しかし、当初は戸惑いがあります。その言動はと言えば、初めのうちは以前のケチな物の考え方で心が占められ、つい、こすい癖が出てしまいます。その感じる感覚はと言えば、幸福感よりもむしろ、「窮屈だなあ」という感覚です。人は誰でも、今までやってきた自分の経験と考えとの延長線上でしか、ものを感じ、考え、行動できないからです。

けれども、いつもお城にいて王家の大事な王子として遇され、侍従長に王家の物の考え方やしきたりを指導され、その環境の中で過ごすうちに、王子に与えられたすばらしい栄光、権威、富に気づき、王子としての当事者意識に目覚め、その立場にふさわしい人に自然に育っていきます。彼はその栄光と特権とやりがいに幸せを感じるようになるに違いありません。

私たちにとって、この侍従長とは御霊ご自身であり、このお城とは聖霊が働かれ、私たちが幸せを感じ、素直に御言葉の真理に耳を傾け従える環境、つまり神の主権と栄光が支配している所、神の国、言い換えると真の礼拝の場です。特定の場所ではなく、家庭や職場、日常、自分が居る場所もそうです。そこで御言葉を思い巡らし、御霊の働かれる礼拝の場になれば私たちは自然に変えられていきます。

三月二十日　人が造り変えられるためには？

もし、私たちが自分の罪を言い表すなら、神は真実で正しい方ですから、その罪を赦し、すべての悪から私たちをきよめてくださいます。

（Ｉヨハネ一・九）

昨日は人が造り変えられるために、日常生活が礼拝になる必要があると書きました。これこそ、私を含め多くのキリスト者が救われた後、悪戦苦闘している大きな課題です。神の御言葉が頭の中だけで、生活の中に生きて現れていないのです。すなわち、御言葉は御言葉、日常生活は日常生活と割り切り、神の御言葉と日常の生活が乖離し、二重構造となっているのです。これは他人事ではありません。

しかも、厄介なのは、御言葉に従順でない自分を人前に粉飾、偽装し、キリスト者らしい自分を見せようという無意識の心が働くことです。人間相手には一応これは通用します。

こう書くからには、私にもそのような心が潜んでいることを示しています。人間の間でそれが習慣化すると、つい無意識にすべてをご存じの神の御前にも出てしまう可能性があります。心の中を人にも神様にも見せないことが習慣化するのです。これでは、神様に心を開き、私たちの魂が主に出会うこともないので、この世の戦いの中で傷ついた魂が癒され、造り変えられることがありません。

日常生活が礼拝になるとは必ずしも立派な信仰生活を意味しません。むしろ、そのままの姿で御前に出、そのままの願いを祈り、交わりの中でもありのままの自分を互いに打ち明け、祈り合う。その中で癒され、御言葉を聴き、新たな力を与えられ、その時、そうしてくださった神をあがめ感謝する。それが真の礼拝、それが粉飾しない本当の自分の姿ではないでしょうか。そのような日常的な毎日の営みが人を主に似る者へと造り変えていきます。

主の前でのあなたは、どのようなあなたですか？皆の前ではいかがですか？

三月二十一日　私の神はどんな神だろう？

「わたしは、アブラハムの神、イサクの神、ヤコブの神である」とあります。神は死んだ者の神ではありません。生きている者の神です。

（マタイ二二・三二）

神を信じるとはどういうことでしょう？

アブラハム、イサク、ヤコブ、彼らは人間的に見て全く異なった性格の持ち主でした。しかし、ひとつの共通点があります。それは、神が彼らに語りかけ、約束をしてくださったということです。

神は、一人ひとりに現れ、「わたしはあなたとともにいて、あなたを祝福しよう」と言われました。彼らは波乱万丈の生涯を送り、自分自身の罪の本性と戦いながらも、いつもこの神様を信じ、頼りました。神様も彼らの人生の節目節目に現れて助け、彼らもその助けと慰めを体験しました。

彼らの人生にとって、神様は頭の片隅にある方ではなく、その約束のとおり、ともにいて、ともに歩んでくださる方でした。ですから、信仰は彼らの人生の一部ではなく、地上の人生そのものだったのです。いいえ、彼らは、地上だけでなく復活して神の国で神様を礼拝し、神様との生きた関係の中に今も生きているのです。

イエス様はこのことを取り上げ、「神は生きている者の神である」と言って、復活はないと考え、生きた信仰を持っていなかったサドカイ人たちの思い違いを訂正されました。

復活はないと考えると、この地上がすべてとなり、世俗的、刹那的な生き方になります。実際、サドカイ人たちは、パリサイ人と並んでユダヤ人の指導者層でありながら、彼らにとって、神は必要な時の神、人間以下の神、この世限りの神だったのです。

しかし、これは他人事ではありません。イエス様はサドカイ人たちを通して私たちの生き方について、考えさせようとされたのです。

あなたの神はどんな神様ですか？

三月二十二日　神様に下駄を預ける

私たちの中でだれひとりとして、自分のために生きている者はなく、また自分のために死ぬ者もありません。もし生きるなら、主のために生き、もし死ぬなら、主のために死ぬのです。ですから、生きるにしても、死ぬにしても、私たちは主のものです。（ローマ一四・八）

神は、私たち各人がその人生をどのように織りなすかを私たちの自由裁量に任せておられます。これは私たちにとって都合の良いことでもあり、同時に厳しいことでもあります。

なぜなら、いつの時代でも、子どもは別として、一人の大人にとって、自分の責任で自分の人生を生きていくことはとても大変なことだからです。

しかし、神様をよく知る人は、人生が自分と神様との共同作業であり、神様に下駄を預けたほうが得策であり、楽であるということを知っています。ではどうして、キリスト者の多くの人が神様に下駄を預けないのでしょうか。

それは、自分がキリストを信じた時、キリストの死の代価を払って買い取られ、神のものになった（Ⅰコリント六・一九、二〇）という事実を悟らないか、頭ではわかっていても実感がないからです。ですから、「自分のいのちを愛する者はそれを失い、この世でそのいのちを憎むものはそれを保って永遠のいのちに至るのです」（ヨハネ一二・二五）というイエス様の言葉をそのままそっくりとは信じ難いのです。下駄を預けると自由を奪われると思っているのです。

私たちが神のものであれば、私たちの人生の最終的な責任は神様にあります。ですから、人生の分岐点が来たら、自分でその責任を負わなくてもいいように、ことごとく神のみこころに沿って選び取り、歩むのです。そうすれば、責任は神様が取ってくださいます。

あなたが、最後まで神様に預けていない心の宝は何でしょうか？

三月二十三日　信じ踏み出す者に働く神の力

また、神の全能の力の働きによって私たち信じる者に働く神のすぐれた力がどのように偉大なものであるかを、あなたがたが知ることができますように。（エペソ一・一九）

何のために人は聖書を開くのでしょう？　座右の書、人生の規範としてでしょうか。

困った時、人生の指針、道しるべを見つけるために読むのでしょうか。悩みの時、慰めを得るために読むのでしょうか。これらの読み方は、しっかり「自分」の人生があり、自分の埒外《らちがい》にある聖書を必要に応じて、あるいは参考として読むという読み方です。多くの人がこのように読んでいます。

しかし、もう少し進んだ読み方は、信仰によって主にある人生を選び取った私たちが、聖書を通して語られる神様のメッセージ、つまり、主なる方から弟子である私たちへの教訓、慰め、勧め、警告等を聞き取り、慰められて毎日の生きる力を得、主の前に悔い改め、間違いを修正され、御言葉に歩み、幸せな毎日と幸せな人生をかち取るためです。

しかし、さらに神様が望んでおられることは、語られる真理や勧めを日々の生活の中で信仰をもって一歩踏み出す中で、この方が思いも及ばない全能の力を私たちの上に働かせられる方であることを体験することです。つまり、私たちの中で働かれる主の御手を見ることです。

そして、自分がこのようなすばらしい方の民、いや子どもであることを喜び、それを誇り、この方をあがめるようになることです。つまり、人生の助けとして聖書を読むことから、さらに進んで、この方の偉大な力とすばらしさ、この方と自分との関係を知り、その方と人格的に交わり、日常生活の中で主と出会い、主の全能の力を体験し、神様をあがめるためです。

あなたはどのように聖書を読み、その中からどんな主を発見されているでしょうか？

三月二十四日　本当の弟子

こういうわけで、弟子たちのうちの多くの者が離れ去って行き、もはやイエスとともに歩かなかった。そこで、イエスは十二弟子に言われた。「まさか、あなたがたも離れたいと思うのではないでしょう。」　（ヨハネ六・六六、六七）

人間がいかに自己中心的であるかがここでわかります。しかも、「弟子たち」でもです。つまり、真の主の弟子はイエス様とともに歩きます。イエス様のみこころに従って歩むのです。

イエス様のみこころとは父なる神のみこころです。そして、主は遣わされたこの世で、父なる神のみこころに従われました（ヨハネ五・三〇）。

ある人は、「では、神のみこころとは何ですか」と言うでしょう。それは聖書の御言葉に盛られています。なぜ、私たちは聖書を学ぶのでしょうか。聖書に詳しくなるため？　上を目指すため？　とんでもない！　神様は聖書の御言葉を通して、主に従おうとする者に対する主のみこころを語っておられるからです。そしてそれを知り、平安を得、歩むべき勧めを日常生活で実践するためです。そうでなければ聖書の御言葉は絵に描いた餅にすぎません。

多くの者が主の弟子になろうと歩み始め、その餅を見るだけで食べることがありません。ある人は、「確かにそうです。動かない平安を得ることができません。晴れの日は良くても、雨や嵐の時は不安でたまりません。また、御言葉の勧めを実行する力がありません」と。

そう言う人は、自分に正直な人だと思います。それは筆者の以前の、いや今の経験でもあります。

主の弟子でも、不安から逃れるため自分や友人の人間的な力にのみ頼り、御言葉を行おうとがんばって自分の力で歩もうとする間は、主は助けることがおできになりません。

真の弟子は主（御霊）に従い、ともに歩もうとする人です。その時、主が働かれます。

三月二十五日　厳しさといつくしみ

むしろ、愛をもって真理を語り、……

（エペソ四・一五）

医者が、可哀想だからと、がんの患者さんに真実を告げないでいると、大したことはないと思い込んで来なくなり、連絡が取れなくなって手術で助かる人を死なせてしまいます。相手には厳しい真理でも、それを告げることが真に愛することです。

しかし、真理を語って、敵になることもあります（ガラテヤ四・一六参照）。それはその愛が伝わらない時です。真の関係ができていないのです。

真理を語るだけでなく、語ったゆえに相手が背負い込む重荷をともにする、犠牲的で忍耐強い愛が伝わると、相手は逃げずにその真理に向き合う気持ちになります。愛の関係です。

理想的な人間関係は互いに愛をもって真理を語り合える関係です。つまり、真理と愛が渾然一体《こんぜんいったい》となった関係です。厳しい真理から逃げずに、みこころに沿って、真理に従うがゆえの重荷を負い合う関係です。これは口で言うのは簡単ですが、生身の人間にはとてもできません。このような理想的な人間関係の起源は、イエス様と神様との関係です。

聖書の御言葉を厳しい真理だとして、逃げたり、真理に向き合う重荷を自力で背負いこんだりする時、ともに重荷を負ってくださるイエス様の忍耐強い愛を忘れているのです。神の峻厳といつくしみ双方を見なければなりません。

神様ご自身が聖書を通して、「愛をもって真理を語り」人間との関係を取り戻そうとしておられます。厳しい真理を語りながらも、そのゆえに人間が負うすべての重荷をともに負う犠牲的で忍耐強い愛と慰めをもって！　そしてディボーションは、その神様との語り合いです。

あなたは神様の厳しくも慰めに満ちた言葉をどう受け取り、どう返事しておられますか？

三月二十六日　ＷＷＪＤ

彼を黙らせようとして、先頭にいた人々がたしなめたが、盲人は、ますます「ダビデの子よ。私をあわれんでください」と叫び立てた。イエスは立ち止まって、彼をそばに連れて来るように言いつけられた。　（ルカ一八・三九、四〇）

ＷＷＪＤとは、What Would Jesus Do? の頭文字を取ったものです。「イエス様ならどうなさるだろうか?」という意味です。

十数年前に、この頭文字をつけたリストバンドが若者の間で流行《はや》ったことがあります。海外のクリスチャンスポーツ選手がつけていたからです。私自身はそのリストバンドをつけようとは思いませんが、その精神は見習いたいと思います。「キリストに倣《なら》う」ことですから。

私が救われてしばらくの間、「イエス様の十字架の死」が私にとって金科玉条の真理でした。私はこの真理だけで、級友や知人、親にも救いを伝えようとし、救われた者もいます。

しばらくして、キリストの復活とその意味（今も生きて働いておられる主）が私を動かす力となりました。生きておられる主を知るようになったのです。初めは復活の主という教理だと思っていたのが、いつしか体験と実感となっていきました。

これがキリスト教の大きな二つの真理であることには変わりませんが、神の国建設のために、どうすれば救いが隣人に伝わるだろうか、人に仕える人になるにはどうすればよいだろうかと考えるようになり、ＷＷＪＤの真意に次第に目が開かれていきました。しかし、これは難しいことです。日々、しかも時に臨んで、御霊に満たされていなければできることではありません。

それには、どんな時でも御前に出て礼拝モードになれる習慣を身につけなければなりません。イエス様はいつも礼拝モードだったからです。しかし、我々凡人には訓練を要します。

三月二十七日　老舗《しにせ》が倒産する理由《わけ》

これらのことが彼らに起こったのは、戒めのためであり、それが書かれたのは、世の終わりに臨んでいる私たちへの教訓とするためです。ですから、立っていると思う者は、倒れないように気をつけなさい。

（Ⅰコリント一〇・一一、一二）

何十年の伝統を誇る老舗が倒産する時代です。なぜ倒産するのでしょう？　漫然とした今までどおりのやり方に満足していたからです。自転車は走っていれば倒れませんが、走らないと倒れてしまいます。これは、個人の信仰のあり方にも言えます。

パウロは、コリントの聖徒たちに警告しています。「人のふり見て、わがふり直せ」と。というのは、イスラエルの民も、エジプトの奴隷の状態から救われたのに、罪に耽《ふけ》り、偶像礼拝に陥り、姦淫をして主を試みる罪を犯し、そして滅ぼされたのです。

救われて、それで目標を達成してしまったと勘違いし、また、元の罪の世界に戻ってしまえば、信仰は後退してしまいます。救いは永遠のいのちへの着地点でなく、出発点なのです。信仰とは、永遠のいのちをこの地上で生きることです。そして、その行き着く先は天の御国です。

私たちには、この地上で神様に与えられた使命があり、その使命を全うすることが目標なのです。神様は特別な預言などを除いては、信仰の幼子に大《おお》仰《ぎょう》な目標を示されるはずがありません。一歩一歩、その時点でその人に与えられた目標があり、それをクリアすれば次の目標が与えられます。

これは、神様との生きた関係の中で与えられていくものです。それが永遠のいのちを生きることです。神の御旨を問い、それに対する応答があります。応答は感謝の応答だけでなく、行動を伴う応答もあります。たとえ小さくてもそれを神様は喜ばれ、それが私たちの永遠のいのちを刻んで成長していく日々、年月、人生ということになります。

三月二十八日　ディボーションと聖書研究

群衆を帰したあとで、祈るために、ひとりで山に登られた。夕方になったが、まだそこに、ひとりでおられた。しかし、舟は、陸からもう何キロメートルも離れていたが、向かい風なので、波に悩まされていた。

（マタイ一四・二三、二四）

聖書研究の目的は聖書をもっと知るためです。さらに言えば、神様やイエス様とそのみこころ、また時代ごとの政治的、宗教的、文化的背景、風俗習慣、聖書の登場人物の信仰等々を知り、それによって自分と神様やイエス様との距離がもっと近くなるためです。決してそれによって知識が増え、頭でっかちになるためではありません。むしろその逆です。

右の聖句を読む時、気象学や人文地理学を学んだ人は陸風、海風、つまり、昼は暖まった陸に向かって風が吹き、夜は冷えた陸から海に向かって風が吹くことを知っているので、弟子たちが向かい風に漕ぎ悩んでいた理由がよくわかります。

聖書研究でイスラエル人やイエス様の住んでおられたパレスチナの地形やその気候を調べるともっと深くイエス様やその世界に迫ることができます。

しかし、聖書研究を始めると面白いのでつい深入りし、ディボーションの時間を台無しにしてしまいます。『チェーン式聖書』（いのちのことば社）を用いると、聖書日課のその日のくだりの周辺の情報もすぐ同じページにあるので、それを見ながら御言葉の内容にもっと深くアクセスできます。

ディボーションも、霊的な聖書研究と言うことができます。御言葉を思い巡らすと、なぜ弟子たちは主と遠く離れ、困難に立ち至ったか、その霊的理由（主なしでは、人は弱い存在であること）を教えられ、いつも主とともに歩むこと、当面している問題にいつも主の御助けを仰ぐことを諭され、さらに主は、困った時にはいつも助けに来てくださるいつくしみの方であると教えられ、慰められます。

三月二十九日　御言葉の情景を想像する

イエスは深くあわれみ、手を伸ばして、彼にさわって言われた。「わたしの心だ。きよくなれ。」

（マルコ一・四一）

御言葉は要点だけ読み取るだけでは、その中にご自分を現し、語りかけておられる神様やイエス様の思いを感じ取り、その語りかけを聴き取ることはできません。結果はどうでしょう。私たちが御国の真理を悟り、主の愛に癒され、主の御言葉に従うことがありません。

自分があたかもそこにいるように、この時の天候はどうだったろうかとその場の日差しや風を想像し、匂いや雰囲気を感じ取り、イエス様が語りかけられた人の境遇や気持ちに思いを馳せるのです。その時、私たちにもイエス様のお心が感じ取られ、傷ついてすさんだ私たちの心が慰められ癒されるのです。互いに傷つきながら働かざるを得ない今日のストレス社会で、癒しは私たちが霊的感覚や優しさを取り戻すために大切な事柄です。

とは言っても、私たちを取り巻く社会は、効率優先主義の忙しい社会です。ですから、本を読む時にも、要点と結論がわかれば、それ以上時間をかけるのは無駄だという思いがあります。次にしたいこと、しなければならないことが待っているからです。上に書いたような読み方でディボーションすることには慣れていないのです。感性を排除して社会で忙しく働く男性は特にそのようです。ですから、訓練が必要です。訓練をして、上のような感性も働くディボーションの仕方に慣れてくれれば、私たちも主の愛といつくしみに触れ、癒されるのです。

イエス様は私たちの心の悲しみや苦しみを知っておられます。ですから、礼拝の心で御前に出て、情景や雰囲気を感じ取り、登場人物の境遇や心に思いを馳せ、主の一挙手一投足とその意味に思いを巡らす時に、御言葉を通して主は語りかけてくださいます。

三月三十日　キリスト者の使命、いや特権

これらのことはすべて、神から出ているのです。神は、キリストによって、私たちをご自分と和解させ、また和解の務めを私たちに与えてくださいました。（Ⅱコリント五・一八）

この御言葉は誰に向けられた言葉でしょう？　あの堕落したコリント教会に、です。堕落の程度は四通もの手紙を要するほどでした。なぜか神様はそのうち二通をお隠しになりました。

パウロは彼らの罪を第一の手紙で激しく糾弾《きゅうだん》しましたが、その手紙でも、この第二の手紙でも彼らを「聖徒」（Ⅱコリント一・一）と呼び、彼らの当事者意識に訴えています。私たちは、自分の経験を証しするすばらしい使命を与えられているのです、と。

私たちはあることを他人事と思っている間は、決してそれに本気で取り組むことはありません。本気で取り組まなければ問題にぶち当たることもありません。問題にぶち当たらなければ、それに取り組んで解決の道を考えることもありません。当然、解決した時の喜びも知らないのでそれに取り組もうとしません。堂々巡りで、いつまで経っても進歩がありません。では、当事者意識を持つとはどういうことでしょうか。

逃げないで、その問題と向き合い、責任を引き受けることです。イエス様の態度と全く同じです。イエス様の弟子なら、それに見習わなければなりません。でもそれは自分には重すぎるという声が聞こえてきそうです。しかし、神様は私たちが解決できないような試練に会わせられることはなく、脱出の道も備えてくださいます（Ⅰコリント一〇・一三）。

この信仰の態度は神様の主権を認め、目の前の課題に従順に取り組む体験を通して築き上げられます。逃げずに取り組み、謙虚に人に、また主に助けを求め、解決の道を探る時、主の恵みと助けを体験するのです。その暁に、証しは責任でなく使命、いや特権であると気づきます。

三月三十一日　物ではなくて心

私が求めているのは、あなたがたの持ち物ではなく、あなたがた自身だからです。

（Ⅱコリント一二・一四）

人は相手を求めています。物ではありません。これは、人生をある程度生きてきた人は誰でも知っています。

物はなくても人は生きていけますが、自分が愛し愛され、自分とつながりの深い人がいなくなると、生きる力を失います。自分の気持ちをわかってくれて、やっていることを認めてくれる相手をを失い、また、自分が愛を注いできた対象を失うからです。

父に反発し、異郷の地で身を持ち崩した放蕩息子でさえ、心は父親とつながっていました。それが生きる希望となり、父親の許に帰る決心をさせたのです（ルカ一五章）。

親子の関係は特にそうです。子どもは親の愛に育まれて育ちますが、親も子どもによって生きがいを与えられ、その人生を支えられています。このことは、自分が子どもである時分にはよくわかりませんが、親になるとよくわかってきます。

パウロとコリント教会との関係も、親と子の関係のようであったと思われます。必ずしも、ピリピ教会との関係のように睦まじい関係ではなく、むしろ、厳しい指導を必要とする関係であったにもかかわらず、苦労をかける子どもを愛する親のように、両者のうちには、キリストにあって互いを必要とする、深いつながりができていたのです。コリント教会の一つ一つの出来事が、パウロの悲しみであり、喜び、慰めであったのです。

神様と私たちのつながりも同様です。神が求めておられるのは私たちのささげ物ではなく、私たち自身であり、私たちの心であり、私たちとのつながりなのです。神様にとって、私たちの一挙手一投足が最大の関心事なのです。あなたはそのことを考えたことがおありでしょうか。

4月

April

四月一日　大人になるとは?

私たちはひとりひとり、隣人を喜ばせ、その徳を高め、その人の益となるようにすべきです。
（ローマ一五・二）

春は卒業式・入学式のシーズンです。人は成長して大人になります。大人とは何でしょう?

自分中心な物の考え方を卒業し、相手のことも考え、さらに人の世話もできる人間関係を築けるようになることです。しかし、まずは自立し、自分の世話ができなくてはなりません。現代のような管理的で厳しい競争社会の波にもまれて、人はなかなか、そのことすら難しいのが現状です。

心身ともに自立できるためには、まずその社会の中で傷ついた心が癒され、次にアイデンティティー（自分の歩いている今の道が正しく、その自分の価値がすばらしいとわかり、生きる確信が持てること）が確立し、そして最後に共同社会の中でふさわしい人間関係を築けるようになり、将来へ向けての自分としてのビジョンを持つことが必要です。

神様を知り、神様との正しい関係を回復すれば、これらのことは誰にも可能となります。

人は礼拝の中で癒されます。ディボーションや聖日礼拝、さらに主にある交わりの中で人は癒されます。そこに主がおられ、主に出会うからです。さらに、自分を無条件で引き受けてくださる方を知り、神様や神の国の価値観の全体像がわかるようになり、それが彼のアイデンティティーを確立させ、自分の周りを見る余裕とビジョンが与えられるようになります。そうして初めて、広い心で人を受け入れ、その世話もできる大人となっていきます。

人の世話ができるためには、まず、自分が寄りかかることのできる方が必要で、それはイエス様です。その方から受け入れられているという確信と余裕ができると、自分もこの方のようになりたい、と人を広い心で受け入れ、喜びと苦しみを分かち合い、ともに担う者となっていきます。

四月二日　主がお入用なのです

彼らがろばの子をほどいていると、その持ち主が、「なぜ、このろばの子をほどくのか」と彼らに言った。弟子たちは、「主がお入用なのです」と言った。そしてふたりは、それをイエスのもとに連れて来た。そして、そのろばの子の上に自分たちの上着を敷いて、イエスをお乗せした。

（ルカ一九・三三〜三五）

ロシアだったか一番重い刑は地面に穴を掘らせ、また埋め戻させ、また掘らせるという作業を延々と続けさせる刑だそうです。やることに意味を見出せないので、過酷な刑なのです。裏返せば、人は何かするのに意味や目的を必要とするということです。

人生にも生きる意味、生きがいを必要とします。お腹が満たされるだけでは満足できません。「人はパンだけで生きるのではない」と言われるとおりです。そのように神に造られているからです。

誰かが喜んでくれるから額に汗して働きます。それが日々を生きる力となります。その人間関係の中で人は互いに支えられています。それが人と人との絆です。

神はさらに嵩高な人生の意味を見出すように人をお造りになりました。それは「主のお入用に答える」喜びです。神の愛に感じ入り、喜んでそれに答えるという神と人との絆、愛の関係です。十二弟子やパウロを動かしたのも神の愛に生かされるこの喜びだったのです。

「人はパンだけで生きるのではなく、神の口から出る一つ一つのことばによる」と言われた真の意味はここにあります。「主のお入用、その言葉、その愛に答える」人生です。

この恵みに、神は私たちを、また私たちとの関わりを通して、この世の失われた魂をも招いておられます。福音を伝える働きです。それは、主のお入用に気づき、それに答える簡単なことから始まり、福音に生かされる人生に至ります。

四月三日　若者へのまなざし

イエスは彼を見つめ、その人をいつくしんで言われた。「あなたには、欠けたことが一つあります。帰って、あなたの持ち物をみな売り払い、貧しい人たちに与えなさい。そうすれば、あなたは天に宝を積むことになります。そのうえで、わたしについて来なさい。」

（マルコ一〇・二一）

人は、自分の属する家族、会社、学校、教会の交わり等々（精神的・霊的風土）の生き方や考え方（価値観）に影響されつつ、無意識にそれを自分の価値観として育っていきます。

おおらかでなく、少しの不備でも責められ、一〇〇点でなければ通用しないギスギスした価値観と、万事が八方塞がりの日本の社会で、若者たちは満たされない思い（不全感）を持ちながら、自分でもそれが何であるのかわからないで育っていきます。周囲の期待に応えられない無力感、劣等感、あるいはそれを強要する周囲への恨みかもしれません。それがうまく昇華しきれないで、いろいろな形で現れています。いじめ、暴走族、薬物濫用……。

若者に必要なのは先輩が平安と喜び、ビジョンを持って生きている模範と、寛大な心で見守ってくれるまなざしです。ですから、私たち教会が対人関係などの目先の小さなこだわりで消耗するのでなく、福音によって永遠のいのちに生かされ、心の平安と明日への望みを持って生きることが重要です。私たち先輩の心の平安は私たち自身に余裕を持たせ、それは次代を担う若者を育てるビジョンとまなざしとなり、それが、若者たちに平安とビジョンを育みます。神の愛は大人たちを癒し、さらに大人たちを通して流れ、若者たちを癒し、育っていく若者を見て大人たちも癒されるのです。

そしてその模範を見て、彼らもいつか後輩をそのように育てる者へと成長していきます。

四月四日　キリスト者のしるし

この方にあって私たちは御国を受け継ぐ者ともなりました。みこころによりご計画のままをみな行う方の目的に従って、私たちはあらかじめこのように定められていたのです。それは、前からキリストに望みを置いていた私たちが、神の栄光をほめたたえるためです。

（エペソ一・一一、一二）

キリスト者と他とを区別するしるしは何でしょう？　キリストに望みを置いている者です。

最も違うのは、神を神、創造主としてあがめ、礼拝する者であることです。彼は、自分が被造物であることを謙虚に認め、神に栄光をお返しし、この方をほめたたえる者です。

次に、彼は地上の生涯の向こうに御国を望み見ています。それは、キリストの贖いにより救われ、神との関係を正常な関係に回復しているからです。もし、この御国の確信と喜び、希望が明確なら、たとい困難や試練があっても、倒れることはありません。逆に、この御国の確信と喜び、希望があやふやなら、苦しい信仰生活になります。自分はどうだろうかと考え直してみる必要があります。

三番目に違うのは、自分の人生や日常生活の中に神（聖霊）を主人として迎え入れていることです。つまり、神を自分の人生の主権者として認めているかどうかです。言い換えれば、いわば社長である神の考えのもとで動いている「世界の救いの事業計画」の一翼を担う社員として、当事者意識を持って生きているかどうかです。社長は教会によって、この一大事業を展開されます。そして、御言葉と御霊によって私たちを導こうとしておられます。私たちが社員として社長の指示に従い、当事者意識とモチベーションをもって働く時、みこころが実現され、神をほめたたえることになります。

あなたの当事者意識はいかがでしょうか？

四月五日　仮の姿の主イエス

すると、王は彼らに答えて言います。「まことに、あなたがたに告げます。あなたがたが、これらのわたしの兄弟たち、しかも最も小さい者たちのひとりにしたのは、わたしにしたのです。」

（マタイ二五・四〇）

人の子（主ご自身）が栄光を帯びて、王として再臨される時のことを主は語られました。

王は、地上で仮の姿を取っていた時のことを引き合いに出して言います。「あなたがたが、これらの最も小さい者のひとりにしたのは、わたしにしたのです」と。

ロシアの文豪トルストイは、主がお語りになったこの御国の真理を『靴屋のマルチン』という童話で描きました。妻子に先立たれた靴屋のマルチンはさびしく毎日を送っています。ある日の夜、夢の中でキリストがマルチンにこう言われます。「明日、お前の所に行くから。」

次の日、おじいさんが寒い中で雪かきしています。マルチンはその人を迎えてお茶を振る舞います。今度は貧しいお母さんが赤ちゃんを抱えています。マルチンは親子を家に迎え、ショールを上げます。キリストがおいでになるのをまだかまだかと待っていると、少年がリンゴを盗んでいくのが見えました。マルチンは少年をとりなし、一緒に謝ります。

こうして、一日が終わりますが、とうとうキリストは現れませんでした。「やっぱり、あれは夢だったのか」とがっかりしているマルチンに、キリストが現れて言われました。「マルチン、今日、お前の所に行ったのがわかったか」そう言い終わると、キリストの姿は雪かきの老人や貧しい親子やリンゴを盗んだ少年の姿に次々と変わりました。

主が示そうとされたのは、これらの最も小さい者のひとりを遇するのは、キリストご自身を遇することなのだということです。こうして私たちは日々イエス様に出会っているのです。

四月六日　何気ない言葉……

口に入る物はみな、腹に入り、かわやに捨てられることを知らないのですか。しかし、口から出るものは、心から出て来ます。それは人を汚します。（マタイ一五・一七、一八）

私が患者さんや職員と接する時は相手に本音を言いやすい雰囲気を作り、言葉も選ぶよう心がけるようになりました。それが大事であることを今回入院してあらためて再確認しました。

若い頃の私は周囲もピリピリするほどの人間で、患者さんがこの薬は効かないと言おうものならプライドを逆なでされたと感じていたのです。敏感な患者さんでなくても、気色ばんだ私に気がついていたと思います。自分が何気ない言葉でどれほど周囲の人を傷つけたかを今になって悔いています。

今回、患者として三つの病院を転入院し、様々なお医者さん、看護師さんがいることを体験したからです。分け隔てなく具合を聞いて心から対応してくれる人、逆に次の仕事を考えながら事務的に血圧と体温を測って去る人、後で来ると言って言葉どおりに来ない人……昔の私だったらその対応に何か言ったかもしれません。患者は弱者の立場なので言わないだけなのです。

一般に悪意がなくても、互いの先入観や価値観の違いで、自分が言うことが思いどおり伝わっているとはかぎりません。逆に、自分も相手の意図どおり受け取っているとはかぎりません。ですから、互いの言葉への勘違いで人間の真の姿が触発され、友人や同僚間、親子や夫婦間等に、裏切られた思い、時には争いが起こることは私も経験しているところです。悪いことには、次の人に伝わると苦い根が生え出て妬《ねた》みや恨みなどが働き、尾ひれがつきます。

イエス様は人間の心は悪いので人を汚すと言われました。ご安心ください。イエス様にいつもつながっているかぎり、恵みの言葉が出てきます（ルカ四・二二）。

四月七日　周囲と違うのは間違い？

この世と調子を合わせてはいけません。いや、むしろ、神のみこころは何か、すなわち、何が良いことで、神に受け入れられ、完全であるのかをわきまえ知るために、心の一新によって自分を変えなさい。（ローマ一二・二）

外国人、特に個性や多様性を重んじる米国人が、日本の中高生たちの制服姿を見るとびっくりするという話を聞いたことがあります。彼らも軍人の制服姿は見たことがあるとは思いますが、日本の中高生が皆同じ洋服を着ているのは異様に見えるのでしょう。

日本人はそれを普通と思っており、自分が周囲と違うと気になります。若い人たちのうちに、周囲からはみ出しているように見える個性的な人がいないわけではありませんが、大方の日本人は、自分らしさユニークさを出しすぎると嫌われると無意識のうちに知っています。

では、私やあなたがキリスト者になるとどうでしょう？　次々と周囲と違う生き方を強いられます。若いうちはそうではなくても、結婚している人、会社で、ある職務をこなしている人が信仰を持つと、会社のルール、格式や世間体、人間的しがらみに縛られ身動きが取れなくなります。そして、自分が間違っているのだろうかと不安になります。

それが本当の姿です。そう感じない人はもしかするとこの世と調子を合わせ、みこころに従った生き方に変えられていない人かもしれません。

キリストを信じた人は、この世に死んで主にある新しい生き方をするという意思表示としてバプテスマを受けたのです。それは、世捨て人のような生活をするのではなく、この世の人々の中にあって、主のみこころに従った生き方により、世の光、地の塩として、主を証しするためです。

私たちは、キリスト者として周囲と違う自分をどう感じているでしょうか？

四月八日　あなたの主は生きておられるか？

恐ろしくなって、地面に顔を伏せていると、その人たちはこう言った。「あなたがたは、なぜ生きている方を死人の中で捜すのですか。」

（ルカ二四・五）

右の聖句は、神様が、人間的常識に捕らわれた弟子たちの不信仰に対して投げかけられた質問です。しかし、これは決して弟子たちだけへの質問でなく、私たちの不信仰（乏しい霊的感覚）への問いかけでもあります。あなたの主は生きておられますか？

生きておられるという感覚が乏しいなら、復活されたという単なる知識にとどまっている主ご自身を、日常生活の中で体験し、主は生きておられるという実感に変わる必要があります。

現実生活の中で生きた主の御手を見るか、この方の臨在に触れれば主は生きておられるという明確な感覚となっていきます。その証しは隣人への愛の力、励まし、宣教の力となります。事実、主は御霊によって今も私たちの内に生きておられるのですから……。

では、どのようにして、生ける主に出会い、生きた主を体験できるのでしょうか？　今あなたの先入観、プライド、傷ついて斜《しゃ》に構えた心を捨て、いつも臨在される主の御前に膝をかがめ、主が語られる御声を人間的判断でなく霊の耳をもって聞き、なさる業を霊の眼をもって見ようとするなら、ディボーションの中でも、礼拝の最中にも、あなたが主を伝えようという伝道の働きの中にも、小グループでの礼拝の中でも、生ける主を体験できます。

問題は、これらの中に生きた主が臨在されるとは夢にも思っていない、私たちのこの世の先入観や固定観念による常識的感覚です。霊性の訓練とは、これらの既成の常識や感覚を取り払い、主の御前にひれ伏し、生けるご臨在の主を体験できる霊的感覚を養う訓練です。

あなたの主は生きておられますか？

四月九日　高度先進社会の落とし穴

キリストは、自由を得させるために、私たちを解放してくださいました。ですから、あなたがたは、しっかり立って、またと奴隷のくびきを負わせられないようにしなさい。

（ガラテヤ五・一）

がんじがらめに律法に縛られ、それから抜けきれないどころか、元に戻ろうとしていたガラテヤの教会に、パウロは、あなたがたが救われたのは自由を得るためだった、と訴えています。

人は試行錯誤が許される中で初めて歪みなく育ちます。つまり、何度も失敗しながらやり方を覚えていきます。小さい頃は成長のスピードが早いので、ついこの前までできなかったことができるようになると大きな自信につながります。この自信は、成長にとって極めて大切で、それは、自分が周囲からありのまま受け止められていると感じられる環境で育ちます。その中に居り場だけでなく出番を見つけ、安心と喜びをもって子どもたちは育っていきます。

しかし、日本のような高度管理社会では、親も社会も高度に管理することは常識で、つい、子どもや後輩の失敗をとがめ、完璧さを要求します。自分がそうされてきたので、疑うことなくそうするのです。これは、社会への非難でなく筆者自身の子育ての経験と実感です。

これでは周囲が皆、同じような消極的な人ばかりになってしまいます。その中で、誰が八方塞がりでなく、明るい未来を感じるでしょうか。失敗を恐れない人に育つでしょうか。希望をもって働くでしょうか。自暴自棄にならないでしょうか？

教会にも同じような雰囲気があるとすれば、それは律法主義で、自分も無意識のうちにそれに加担しているのです。キリストの福音は何のためであったかと考える必要があります。

あなたは律法的、管理的考え方からどこまで解放されておられますか？

四月十日　主にある喜びを呼びかける

たとい私が、あなたがたの信仰の供え物と礼拝とともに、注ぎの供え物となっても、私は喜びます。あなたがたすべてとともに喜びます。あなたがたも同じように喜んでください。私といっしょに喜んでください。

（ピリピ二・一七、一八）

キリスト者は、救われると一瞬にして天国に行くわけではありません。神は私たちのうちに救いのわざを始められましたが（ピリピ一・六）、まだこの地上にある間は救いの達成の作業が残されています（同二・一二）。

キリスト者は、成長するにしたがって、キリストのように自分を犠牲にすることによって人に仕えることを選ぶようになります。それによって、この世の人たちと良い関係を築き、私たちのうちに住んでおられるキリストを証しするためです。このようにして人に仕える時に神は私たちのうちに始められたわざを完成してくださいます（同一・六）。

けれども、置かれているのは曲がった邪悪な世界です。気を許すとこちらの善意を逆手に取られて傷つけられることもないではありません。

パウロはこの手紙を獄中から書きました。しかも、注ぎの供え物となるかもしれない状況の中でこのような喜びの手紙を書いたのです。彼は主にある喜びを皆に呼びかけているのです。

私が働く病院はキリスト教病院ではあっても全員がキリスト者ではありません。さらに、業者などの院外の関係者もいます。その中で、気を許すまいとして、喜怒哀楽を押し殺している自分に、上の御言葉から気づかされました。これでは主にある喜びが伝わらない、と。

そして、今日から、意識して喜びを表そう、皆にもパウロのように喜びを呼びかけようと思ったのです。皆さんはいかがですか？

四月十一日　バビロンの王に仕えて生きよ

ユダの王ゼデキヤにも、私はこのことばのとおりに語って言った。「あなたがたは、バビロンの王のくびきに首を差し出し、彼とその民に仕えて生きよ。」
（エレミヤ二七・一二）

人間は生まれつき自由を好みます。人に仕え、人の支配下に入ることを嫌います。まして、プライドの高い人は、他人の世話になったりすることすら嫌います。

当時のイスラエルの民がそうでした。彼らは神に仕えることを嫌い、まして選民ではない異邦人に仕えることは、想像するのもいやなことでした。

けれども、エレミヤに神が語れと言われた言葉は、「やせ我慢して野たれ死にするよりも、バビロン王のくびきに首を差出し、彼とその民に仕えて、命を長らえよ」ということでした。

それには約束が伴っていました。そのくびきにつながれ、彼とその民に仕える期間が満ちた後、また彼らを連れ帰るというものでした。つまり、「生きよ」に力点があったのです。

私たちの心には、それほど多くの主に喜ばれないものが染みついています。それに向き合わず、逃げて自由を謳歌《おうか》していてはそれを取り除くことができません。主が備えられたくびきに自分の首を差し出し、その環境とその人たちに仕えて生き、そして、その時が満ちる時、私たちは金かすを取り除かれた金のように、るつぼから出て来るのです。

イスラエルもそうでした。偶像礼拝は彼らに染みついていて、どんな預言者、宗教改革者もそれを根絶できませんでした。神がなさった最後の手段がこのバビロン捕囚だったのです。七十年の捕囚の後、偶像礼拝を知らない孫世代が先祖の地に帰ることになります。歴史を振り返る時、彼らはこれを通して二度と偶像に仕えない民になったことがわかります。

私の心にはどんなものが染みついているだろう？神様は私に何と語っておられるのだろう？

四月十二日　時を読み、時を悟る

イッサカル族から、時を悟り、イスラエルが何をなすべきかを知っている彼らのかしら二百人。彼らの同胞はみな、彼らの命令に従った。

（Ⅰ歴代一二・三二）

人が、自分の生きている時代をどう読み、時をどう悟るかは極めて重要です。その「読み」と「悟り」に従って、自分がどう行動すべきか、生きていくべきかがわかるからです。

神様は、私たち神を信じる者が自分の視点でなく神の視点で自らの生きている時代を読み、時を悟り、祈り、行動すべきであると、この御言葉を通して語っておられます。

ダビデがまだ在野の人であった頃、イスラエルの支配をサウルからダビデに移そうと、多くの力と志のある者たちがダビデのもとに集まり、一大陣営となりました（Ⅰ歴代一二・二二、二三）。

上の聖句のイッサカル族の人たちもそうです。彼らは、剣は使うことはできませんでしたが頭を使うことができました。神の御旨に従って自分の属する共同体がどう行動すべきか判断する材料と知恵を持っていました。ダビデを中心に、イスラエルはその判断に従って行動したのです。一般に、その時代の真っただ中にある者は、その時代の価値観や流れに呑み込まれて、なかなかその時代を読むことができないものです。（外から眺める時、よくわかります。）

私たちは、ノアの時代に、この世の考えに流されて生きていた人々のようであっては困ります。彼らは時を悟らず、危機感が欠如し、ついには洪水に押し流されてしまいました。

この世の価値観でなく、外から見た、神の国の価値観で物事を判断するのです。神を知る者は時代を読み、時を悟り、それにしたがって危機感をもって祈り、行動しなくてはなりません。

あなたは自分の人生、また日本や世界情勢の中で今の時をどう悟り、どう行動されるでしょうか？

四月十三日　天国のテーマ館

求めなさい。そうすれば与えられます。捜しなさい。そうすれば見つかります。たたきなさい。そうすれば開かれます。（マタイ七・七）

神様は神の国を求める真剣さを試しておられます。求め続ければ、ある日突然、霊の目が開け、救いがわかる時がきます。この世の情報やしがらみの森に迷い込み、諦める人が多い中で捜し続けると狭い門が見つかります。たたき続けると扉が開きます。

これが天国の門です。神の国はこの入り口から入ります。中に入りさえすれば神の国の国籍を得たので、もう永遠の滅びに至ることは決してなく、安心できます。

その時、神様から何と言われるでしょうか？

「ようこそ神の国へ！　あなたは救われました。目立たない狭い門をあなたが根気よくたたき続け、キリストの十字架が自分のためであったとわかり信じたので、天国の門が開かれ多くの人々の中から選ばれて神の国の民とされました。さらにすばらしい続きがあります」と。

神の国は奥が深いので、救われたキリスト者のために、さらなる真理や奥義が用意されているテーマ館があります。「救いの確信と実感」とか「真の礼拝」とか「ディボーションの方法」とか「みこころを問う術《すべ》」とか「主につながる秘訣」とか「福音を伝える喜び」とか。

けれども、天国に入った安堵感からか、そのテーマ館が目立たないゆえか、すばらしい恵みを展示し、味わうことのできる数あるテーマ館の扉をたたく人もこれまた少ないのです。多くのキリスト者がこれらのテーマ館を見過ごしています。それが、「ウサギとカメ」のウサギのように眠ってしまう多くのキリスト者を作る原因となっています。

しかし、恵みの高嶺を目指す者は、それを見出し、門が開くまで根気よくたたきます。そうすれば、思ってもみないすばらしい恵みに与《あずか》ります。

四月十四日　神の御国をどうイメージ？

見よ。まことにわたしは新しい天と新しい地を創造する。先の事は思い出されず、心に上ることもない。だから、わたしの創造するものを、いついつまでも楽しみ喜べ。見よ。わたしはエルサレムを創造して喜びとし、その民を楽しみとする。わたしはエルサレムを喜び、わたしの民を楽しむ。そこにはもう、泣き声も叫び声も聞かれない。　　（イザヤ六五・一七～一九）

二度も映画化された、あの豪華客船タイタニック号が沈没する時、乗客の間から有名な「主よみもとに近づかん」という賛美が期せずして起こり静かに沈んでいった、と伝えられています。あなたが同じ船に乗っていたらどのように行動するでしょう？

神と神の国についてどう信じていたか、それが、人生の最期の時に問われます。白血病などで一生を終えようとしている子どもでもイエス様を信じ、すばらしい御国を信じているなら、小さくても死を恐れず安らかに主の御許に召されていきます。

その点では、小さい頃からイエス様や天国のことを話し、読み聞かせ、そのイメージを伝えることは大切だと思います。子どもの感性と思い巡らす能力は、大人が思っている以上にすばらしいからです。タイタニック号の乗客も幼い頃からイエス様や天の御国のことを聞いていたのではないでしょうか。

小さい頃にその機会のなかった私たち日本人も、手を広げて迎えてくださる主と御国のすばらしさを日頃からイメージできていることは極めて大切です。なぜなら、それによって、いまわの際《きわ》に平安でいられるばかりか、日常生活でも御国を思い浮かべ、喜び、感謝できるからです。

それは自分の心の平安ばかりか、周囲にも伝わり、キリストの平安を周囲にもたらす者となります。それには、日頃から御言葉に親しみ、御国について思い巡らし、喜び、感謝することを習慣づけることが必要です。

四月十五日　遠慮を排して

しかし、女は言った。「主よ。そのとおりです。ただ、小犬でも主人の食卓から落ちるパンくずはいただきます。」そのとき、イエスは彼女に答えて言われた。「ああ、あなたの信仰はりっぱです。その願いどおりになるように。」すると、彼女の娘はその時から直った。

（マタイ一五・二七、二八）

「遠慮深い」ことは、日本では美徳とされています。自分のことに関してなら美徳かもしれませんが、他人の必要のためにも遠慮深いなら、それは美徳でなく不親切です。

Yさんは遠慮深い人ですが、神様や他人のために遠慮はいけないと心得ています。イースターに、教会から遠ざかっていたAさんに安否を尋ねたところ体調を崩しているとのことでした。Aさんの症状を医師に相談したところ、狭心症に間違いないということでした。近くの病院を受診すると異常ないと言われ、Aさんは気分を害して帰って来たそうです。

訪ねてみると思いのほか悪そうでした。Yさんはもう一度、Aさんを受診させるためついて行きました。今度も異常ないと言われましたが狭心症は発作のない時は、心電図もレントゲンも正常のことが多いと聞いていましたので、乗り気でないその医師にYさんは食い下がり、容態が悪いことを訴えました。

そうこうしているうちにさらに悪くなり、心筋梗塞を起こしていることが判明しました。Aさんはしかるべき病院に救急車で搬送されて緊急の処置を受け、一命を取り留めました。もし、遠慮して途中で帰っていたらとんでもないところでした。

イエス様は女の、娘への執拗な願いに、「あなたの信仰はりっぱです」と言われました。

私たちも体面やプライバシーに遠慮して神様や他人のことのためにも遠慮するなら、それは不信仰です。私たちの日常がそのような世の常識に動かされていることはないでしょうか？

四月十六日　主の弟子もいろいろ……

イエスは彼らに言われた。「わたしについて来なさい。あなたがたを、人間をとる漁師にしてあげよう。」彼らはすぐに網を捨てて従った。
（マタイ四・一九、二〇）

主の弟子になろう。そう言われると日本人はつい意識して身構えます。しかし、それは思い違いです。主が弟子を訓練なさるのは主の愛に包まれながら主がなさるからです。

主は、その人その人に応じて、違った訓練をなさいます。ついて行くのが鍵です。

料理に喩《たと》えてみましょう。料理の専門家は素材も自分で選びます。見かけでなく真に良いものを選びます。それぞれの素材を生かし、最も美味しい味を引き出し、全体を構成します。そのために切ったり、こねたり、砂糖だけでなく塩やこしょうも使います。主にはビジョンと計画があります。弟子たちは従順について行って主とともに過ごしながら、訓練されている意識なしに訓練され、個性を生かされ、すばらしい主の弟子となりました。

私たちを弟子としてお選びになったのも主です。私たちは主から特別に選ばれたのです。

訓練される前に弟子には三つの種類の人がいました。最初の人は主から声をかけられ何となくついて来て、全く何もわからない弟子。二番目はどうやるかわからないが、主のために自分の腕で仕えたいと思っている弟子。三番目は主とその御国のすばらしさを感じ、自分の喜びだけ先行している弟子。

いずれの人にも御言葉と主の導きへの従順が必要です。それが成長と成熟の鍵です。

さらに最初の人には何でも吸収する積極性が、二番目の人には実践して主の御手を見る霊の目と感性が、三番目の人にはその感謝をどんな形で表すかを見つけることが課題でしょう。

私はどの種類の弟子で、何が必要だろう？

四月十七日　キリストに倣《なら》う人に！

わたしは心優しく、へりくだっているから、あなたがたもわたしのくびきを負って、わたしから学びなさい。そうすればたましいに安らぎが来ます。

（マタイ一一・二九）

「忠孝」とか「恥」とか、日本社会の秩序を支えてきた、武士道的・儒教的な価値観は次第に崩壊し、それに取って代わって「自分本位」の価値観が幅をきかせるようになってきました。それは儒教的な道徳観の表面だけを取り入れ、面子《メンツ》を保っている大人社会の体質に風穴を開けることはあっても、自分本位の価値観には確固とした芯の部分がありません。そして、桶のたがはずれたように、日本社会の秩序や安全を脅かし、とどまる所を知りません。

しかし「自分本位」の生き方は、最終的にはまわり回って、結局自分自身の苦しみ、不幸になるということは、考えたらすぐわかる、損な生き方ではないでしょうか。

人は意識してはいませんが、周囲の社会に支えられ生きています。共同体の中で人は守られ、自分を見出し安心できるのです。相手のために犠牲を払い働く時、人は初めて本当の自分、真の生きがいを見出し、それが共同体を建ててあげることにもなります。

しかし、そう言われるからそうすべきなのでしょうか。それとも、内側からそのような人に変えられるのでしょうか。人は福音によって新しい永遠のいのちを与えられ、キリストとくびきをともにする関係が保たれるなら、そのいのちは、御言葉の乳と周囲の人々を通して流れる神の愛によって育まれ、キリストに似る者に変えられていきます。

自分のために命を捨てられたキリストの愛に感激して癒されながら、次第にキリストに倣《なら》い、自分本位でなく、人のため犠牲を払う愛の人に変えられていきます！

あなたはキリストに倣うやり方をどのようにして見つけておられますか？

四月十八日　神様と親と子の関係

私たちが神の子どもと呼ばれるために、──御父はどんなにすばらしい愛を与えてくださったことでしょう。事実、いま私たちは神の子どもです。

（Iヨハネ三・一）

失楽園以来、人間が忘れてしまって、日頃、意識に上ることもなく具体的に思い出せない、それでいて、かすかな思い出として人間の脳裏に刻まれているものがあります。それは昔の楽園での神様との親しい関係です。神様との親と子のような関係です。ですから、何かの機会に、このいつくしみ深い神様への郷愁を、人は心に感じるのです。

人はこの関係を失って以来、不全感とでも言うべき、満ち足りない感じをいつも抱きながら、日々を送っています。現在の自分に満足できないのです。お金を儲け、あるいは自分を磨けばきっと満足できるに違いないと思いながら、欲しかったものを得ても、それに満足できません。もっと欲しくなります。いつまでも不完全燃焼の状態です。自分自身とその現状をあるがまま、受け入れることができないのです。何が足りないのでしょうか?

ビタミン愛欠乏症です。人は自分をあるがまま、認め、受け止めてくれる人、自分を真に愛してくれる人を無意識に求めているのです。いわば人は愛に渇いているのです。

この不全感を満たすことができるのは、ただ神様だけです。キリストの贖いのゆえに神様は私たちをあるがまま、受け入れてくださいました。上の聖句のように、私たちは、今、事実、神の子どもです。このことの本当の意味がわかり、この地上のどんな物よりも、神様に愛され、神様との親と子のような、何とも言えないすばらしい関係にあることを実感する時、この不全感は拭い去られるのです。人は自分自身を受け入れることができるようになります。

親が子どもをあるがまま受け入れる、それ以上の愛で神様は私たちを愛しておられます。

四月十九日　わかったつもりで終わらない

だから、わたしのこれらのことばを聞いてそれを行う者はみな、岩の上に自分の家を建てた賢い人に比べることができます。

（マタイ七・二四）

この御言葉は「行い」を勧めていると言うより、聞いたまま、「わかったつもり」で終わらない、「詰めの必要」、「聞いたことの実践」を強調していると言ったほうが正しいでしょう。

H・ピロリという細菌がいます。胃の中に棲みつき、胃・十二指腸潰瘍や胃がんなどを引き起こします。従来、病理学者から、細菌のようなものが胃の組織に混じっているとの指摘はありましたが、あの強い酸性の胃液の中で、細菌が生きていけるわけがないと、長い間それ以上の研究がなされませんでした。常識でわかったつもりになり、肝心な「詰め」が欠けていたのです。

しかし、それで終わらない学者がいて、ピロリ菌を発見しました。その菌はアルカリ性の物質を出して胃酸を中和しながら、胃の中で活発に生きているのです。今は、血液や呼気、尿、便で簡単に調べることができます。若い頃、胃がんを患った筆者も調べてみると、なんとその菌がいたのです。再発しては困ると、さっそく除菌しました。

小利口にわかったつもりになると、それ以上の思考がストップし、実はもっと重大で肝心なことが見落とされ、ことがそれ以上進みません。本物になるには「詰め」が肝心なのです。

イエス様は、マタイの山上の説教の中で、五章から七章にわたって神の民のあるべき生き方についてお話しになりました。譬えや逆説を使って、従来の律法主義や常識で終わらない、本物の律法のあり方、律法の本質に迫るお話をされました。そして、その最後のところで、念を押して言われたのです。

これらの言葉を聞いて、最後の肝心なところでなるほどと、わかったつもりに終わらないようにと。

四月二十日　主権在神

しかし、神に感謝します。神はいつでも、私たちを導いてキリストによる勝利の行列に加え、至る所で私たちを通して、キリストを知る知識のかおりを放ってくださいます。

（Ⅱコリント二・一四）

私たちキリスト者、特に真面目なキリスト者ほど、「キリスト者らしく」歩まねばと、本来救われた者にあるべき、喜びと自由を失い、過度に慎重になってしまいます。ですから、もし罪を犯しでもしようものなら、それにさいなまれ、クルシ（苦し）チャンになってしまいます。救いの喜びどころか、キリスト者らしくもありません。気負いすぎです。

いいえ、これは皆さんのことを揶揄《やゆ》しているのではありません。私も信じて間もない頃はこのような、優等生を意識した歩みをしていました。

一方、立派に歩めたと思った時は、自分の力を自負する心が起こり、それが自然に外にも現れ、周りの人には鼻もちならないものとなります。それはみこころではないでしょう。

上の聖句の「キリストを知る知識のかおりを放つ」という文章の主語（主格）は神です。神が、私たちを通して、キリストのかおりを放たれるのです。ですから、私たちが「キリスト者らしく」あるのは、あくまで神様のなさることであり、神が主語であり、「主権在神」なのです。

もし、自分ではなく神が主権者であることをわきまえ、御霊に導かれ、神のしもべ、弟子としての歩みを忠実に実践していれば、神様は自ずと私たちを通して、至る所で、キリストのかおりを放ってくださり、キリスト者としてふさわしい歩みをさせてくださいます。

神の主権の及ぶところ、そこは神の国です。神の国の民には平安と喜び、自由と愛があります。それは自然に外に現れます。その時、その人はキリストのかおりなのです。

四月二十一日　人を育てる

彼らが食事を済ませたとき、イエスはシモン・ペテロに言われた。「ヨハネの子シモン。あなたは、この人たち以上に、わたしを愛しますか。」ペテロはイエスに言った。「はい。主よ。私があなたを愛することは、あなたがご存じです。」イエスは彼に言われた。「わたしの小羊を飼いなさい。」

（ヨハネ二一・一五）

人を育てるのがいかに難しいかは、子どもをひとり立ちできるまで育てるとわかります。しかし、どんなに手を焼かせる子どもでも、親は子どもを愛しているので子育てが喜びです。

今日考えるテーマは後輩を育てることです。指導者は（親も、先輩も、各セクションのリーダーも）次を担う人を一緒に働きながら育てることが第一の使命です。次世代に譲る共同体を彼らが支えることができるためです。人を育てる時に心に留めるべきことは何でしょうか。

ペテロには、何が委ねられたのでしょうか。彼に委ねられたのは十二弟子を核とする弟子たちの群れをイエス様に代わって牧することでした。もちろん人を牧し、育てられるのは神様（御霊）で、私たちは種を蒔き、水を注ぐ者です（Ｉコリント三・六）。

キリスト者が人を育てる時に必要なものは主イエスを愛する愛だというのです。主への愛が強ければ主の戒めである、互いを愛し合う愛も強くなります。

育てられる人は未熟で、みこころと自我、神の国とこの世という二つの心が同居しています。それをみこころに従う心にさせるのは、白黒をつける態度ではなく、その人に届く先輩の愛です。育てる側も完全ではありません。自分でも気づかない心の傷に触れられて愛を失うと初めから関係を築くことができません。

義憤や鬱憤をぶちまけると、育てるために一番大切な関係を失ってしまうかもしれません。

あなたの「人育て」はいかがですか？

四月二十二日　弟子は永遠の求道者

私は、すでに得たのでもなく、すでに完全にされているのでもありません。ただ、捕らえようとして、追求しているのです。そして、それを得るようにとキリスト・イエスが私を捕らえてくださったのです。（ピリピ三・一二）

人が自分に満足していれば、こよなく平安です。母親に抱かれ愛されている幼子は平安そのものですが、いつまでもそのままでいることはできません。成長していくからです。

彼が目の前の楽しいことに没頭し、自分の姿に無関心でいる間は平安ですが、もっと成長し、思春期になって、自分（人）は何者なのか、何のために生きているのかと問う年齢になると平安を失い、一人の求道者になっていきます。

もちろん、ゆっくりものを考えさせない忙しいこの社会に出ると求道の心は一時中断します。しかし、休暇を与えられたり、退職してゆっくり考える時間に恵まれたり、あるいは、身近な人が亡くなるのを見聞きしたりすることでもあれば、この疑問は再び頭をもたげてきます。さて、私たちは、いったい、このような人たちのどれに該当するでしょうか。

パウロは、キリストにより初めて従来の自分の生き方の間違いを正され、本当の父なる神を知り、自分が何者で、何のために生きているかを知って人生の確信を与えられました。しかし、それにとどまることなく、キリストを宣べ伝え、キリストに似る者となりたいという今までとは違った強い求道の心を与えられました。それは、彼がキリストに捕らえられていたからです。人が、キリストに捕らえられるなら、今の自分に満足し、平安を感じつつも、さらにもっと上の「恵みの高き嶺」を、ビジョンとして与えられるのではないでしょうか。

主とその御国を知るために、どのような具体的な渇きを持っておられますか。

四月二十三日　永遠のいのちに生かされる

その永遠のいのちとは、彼らが唯一のまことの神であるあなたと、あなたの遣わされたイエス・キリストとを知ることです。

（ヨハネ一七・三）

永遠のいのち、それは主にあるいのちそのものですが、それに生かされるのがキリスト者です。

キリスト者の人生は、救われ「永遠のいのち」を頂くと同時にスタートします。けれども、永遠のいのちのすばらしさを最初はよくわかりません。幼児が十億円の小切手を遺産としてもらったようなものです。幼い時は、「自分はこんなもの持ってるんだ」と他人事のように言うかもしれません。しかし、長ずるに及んでその値打ちとそれがもたらす、すばらしさとがわかってきます。すると、その人の心情や言動は、違ったものとなってくるはずです。

同様に、私たちもキリスト者になり立ての頃は、神の国や永遠のいのちの本当の価値はわかりません。しかし、少しずつ成長しその価値がわかってくると、その生き様も言動も違ってきます。それは他の人にも「何かよくわからないけど、この人は確かに何かとてつもなくすばらしいものを持っている」と伝わるようになります。その人自身が、父なる神様が遣わされたイエス・キリストとの親しい人格的交わりによってその御力や愛を実感し、その勧めに従う時に受ける不思議な助けや恵みを経験し、それによって毎日を喜べるようになるからです。

イエス様がそれほど親しく「あなた」と父なる神に呼びかけ、日々交わりを持たれたように、私たちもイエス様と親しく交わりを持ち、この方を知るようになれば、この方を遣わされた父なる神様のすばらしさも知るようになります。そのように親しい関係の中で得た主との体験、感動がその人を生かすことになります。

このようにして、御父や御子を深く知るようになる、それがディボーションです。

四月二十四日　無計画の計画

聞きなさい。「きょうか、あす、これこれの町に行き、そこに一年いて、商売をして、もうけよう」と言う人たち。あなたがたには、あすのことはわからないのです。……むしろ、あなたがたはこう言うべきです。「主のみこころなら、私たちは生きていて、このことを、または、あのことをしよう。」（ヤコブ四・一三〜一五）

人は計画を立てるのが好きです。計画が頭の中で次々と膨らみ楽しくなります。しかし、計画どおりいくかというと、そうともかぎりません。想定外の出来事もあるからです。

ここでヤコブは、国外に離散している（ディアスポラ）ユダヤ人キリスト者宛てに書いています。主のみこころを差し置いておいて自分自身の夢を膨らませている信徒もいたのです。彼らはヘレニストとも呼ばれ、ユダヤ地方にいるヘブライストと呼ばれるキリスト者たちと比較して、異教の自由な発想や世界観に触れ、知らない内にそれに染まり、主の御手のうちに自分が生き、動き、存在させられているという感覚（信仰）が乏しかったと見えます。そのような不届きなキリスト者に、ヤコブは冷水を浴びせ、覚まさせているのです。

他人事ではありません。二一世紀に生きている我々も同じです。便利な世の中になり、何でも自分の計画どおりいくと信じており、そうでない時は相手や周囲が悪いと思っています。

一方、計画どおりいかない時、いやな予感が次々と頭の中で膨らんで怖くなり、眠れなくなる人がいるのも事実です。しかし、この場合もその多くが、頭の中の産物で、自分が主の全能と愛の御手の中に守られているという事実を忘れているのです。

「あなたの道を主にゆだねよ。主に信頼せよ。主が成し遂げてくださる」（詩篇三七・五）と、詩篇の作者は、私たちが自分の計画を主の確かな御手に委ねることを勧めています。

四月二十五日　あなたの思いは？

主に感謝せよ。主はまことにいつくしみ深い。その恵みはとこしえまで。（詩篇一一八・一）

あるコントがあります。そのコントの主人公に対する思いで、自分を判別し、自分はどういう人間なのかを知ることができます。そのコントはこうです。

お腹をすかした貧しい男が、ある店から食べ物を万引きし、あるビルに逃げ込みました。店の主人は怒って追いかけます。男は階段を一階から二階、二階から三階へと必死で逃げます。店の主人も追いかけます。五階まで来ると、行き止まりです。彼はエレベーターを探すと、ちょうどエレベーターの扉が開くところです。彼はそれに乗り込み、扉を閉めます。店の主人がやって来ますが、扉がちょうど閉まるところです。店の主人はこの時、何と言うでしょうか？「しまった！」と言います。では、うまく逃げ込んだ男は何と言うでしょうか？「しめた！」（閉めた）これが「落ち」です。

それではこの「捕り物劇」をあなたが見ていたら何と言うでしょう？判官びいき（権威への反感を持っている？）の人は、内心喝采し、「おしまい。一件落着」と言うでしょう。心の優しい人は胸をなでおろして、「よかった！」と言うでしょう。白黒をつけねば気の済まない人は溜飲が下がらず、「終わっちゃいない！」と言うでしょう。

では、神様は何とおっしゃるでしょう？「続く」と言って一階のエレベーターの出口で待っておられます。神様はちょうど下りてきた男の首根っこをつまんでお店に連れて行かれます。これを見た、さっきの白黒つけたい人は「天網恢恢《てんもうかいかい》」と言うでしょう。しかし、神様は盗まれた品の代金を払い、二人分の弁当を買い、「おい、一緒に食べようよ」と言われます。

その男は何と言うでしょう。「俺、あんたみたいな人になりたいよ！弟子にしてくれ！」

あなたの思いはどうでしょう？

四月二十六日　こだわりVS受容

私たちはみな、この方の満ち満ちた豊かさの中から、恵みの上にさらに恵みを受けたのである。というのは、律法はモーセによって与えられ、恵みとまことはイエス・キリストによって実現したからである。（ヨハネ一・一六、一七）

「こだわり」とは自分の考え方や理想を貫くことです。一方、「受容」とはそれにこだわらずに、自分以外の考えや物事のあり方を広く受け入れることです。両者は必ずしも正反対の言葉ではありませんが、対立的な概念で、私たちが育って行く中で、私たちの内に知らず知らずのうちに刷り込まれ、無意識の中に両者は共存しています。

こだわりがその人の内に限られる時、それは芸術や学問などの分野で困難を乗り越えさせ、完成度の高いものを造り上げてきたのは事実です。一方、人が細部に捕らわれずに受容的態度で、広い視野から物事を見、新しい文化や学問をなど造り上げてきたのも事実です。

理想を求めてこだわりが強すぎると、対人関係や自分自身との戦いの中で軋轢《あつれき》が生じます。一方、一慣性のない受容ばかりでは、安易に流れて進歩がなく、対人関係では相手には喜ばれても、こちらの犠牲を伴います。私たちは両者のさじ加減に自分自身で苦しんでいます。

どうすればよいのでしょうか？　御言葉の中にそれに対する一つの解答を見ます。

神様も律法という一つの理想を掲げ、モーセを通してそれを貫こうとされました。しかし、人間の弱さは律法の標準にかないませんでした。これを裁こうとされた神様は、その本性である愛のゆえにそのこだわりを捨て、御子キリストを犠牲にして、こだわりと受容（まことと恵み）を全うされました。ここに、答えがあります。私たちがキリストを見上げる時、自分の狭いこだわりを捨て、主のように広い心をもって、人を受け入れる愛を見出すのです。

四月二十七日　今の自分になれたのは？

……感謝の心を持つ人になりなさい。

（コロサイ三・一五）

若い頃、口うるさい親元から早く離れ、独立したいと思って下宿したことはありませんか？

きっと、気づくはずです。それまで当たり前と思っていたことが、当たり前ではないと。

自炊しようにも面倒で時間がかかります。コンビニ弁当や食堂での食事は割高で、着実に懐が寒くなっていきます。結局、親に頭を下げて、無心の電話をかけることになります。

子どもを育てるようになると、親の苦労がもっとわかります。自分の知らない所でどんなに世話になっていたかにあらためて気づかされます。私たちが人の世話にならずに、自分ひとりで何でもできると考えているのは、実は幻想や錯覚なのです。

私のために、親以外にも多くの人が目を注ぎ、育てる環境を造り、それとなく世話をしてくれて、その上に今の自分があるのに気づきます。私たちは自分一人で何でもやってきたと思っていますが、そうではありません。当たり前すぎて気づきませんが、今の自分があるのは、多くの人の愛を配剤して環境造りをし、居り場と出番を与え、いつも私に目を注いで成長させてくださる神様の恵みなのです。

そのことを時々思い返してみると、謙虚に感謝の気持ちが起り、幸せになり、人に優しくなります。このような人は神の国の価値観に生きています。

この世の価値観は自分中心に物を考える、人間中心の価値観ですが、神の国の価値観は、神の民の考えの中にいつも神様がある、神中心の価値観です。霊的な成熟とは、そのことが当たり前の常識となることです。

そのようなことが、あなたや私にとって、聖日だけでなくいつも当たり前の、自分の身についた日常的な感覚でしょうか。実はそれが私たちの幸福感や言動を左右するのです。

四月二十八日　信仰は知識だけでなく実感

私の口のことばと、私の心の思いとが、御前に、受け入れられますように。わが岩、わが贖い主、主よ。

（詩篇一九・一四）

私はある患者さんとお話をしました。知人の牧師の奥様の実母で頭脳明晰な当時九十九歳の方でした。百歳で召されましたが、彼女は十六歳の時（昭和の初め頃）、ある本でイエス・キリストのことを読み、教会ならその方のことが聞けると知り、通りすがりの人に、「教会のある所を知りませんか？」と尋ねて、教会を探し当てました。

そこで彼女は女性宣教師に出会い、イエス・キリストを自分の救い主と信じてバプテスマを受けました。その後、結婚しましたが、ご主人が病弱だったので、ある化粧品会社と生命保険会社のセールスをして、一家を支えたそうです。「信仰があったのでどんなにつらいことにも耐えることができた」と言われます。彼女の信仰は神の愛と助けへの確たる信仰で、それは、より頼む者を様々な苦難と助けの体験を通して強い信仰者に造り変える神の恵みだと感じました。

彼女の信仰が知識でなく、実感なのだということは上の言葉からもわかりますが、入居していた施設の十人ほどの礼拝で、チャプレンのO牧師が「天国に行く確信のある人は手を挙げてください」と聞いたら真っ先に手を挙げたそうです。そして曰《いわ》く「二、三人しか手を挙げなかったみたい。クリスチャンや教会に行っている人なら、もっとたくさん手を挙げるかと思っていた」といぶかり、「私は、教養はないけど、信仰だけはあるんだよね！」とも……。

ちょうどその日ディボーションで上の聖句を読んでいたので、ああ、信仰の体験を通して感じ取った彼女の神様は、ダビデが感じていた神様と同じだと思いました。

あなたの神様はともにいて平安を感じ、祈りに答え、実感できる神様でしょうか？

四月二十九日　神の愛は言葉だけ？

神は、実に、そのひとり子をお与えになったほどに、世を愛された。それは御子を信じる者が、ひとりとして滅びることなく、永遠のいのちを持つためである。（ヨハネ三・一六）

聖書は、「聖なる神がご自身のひとり子キリストを私たちの身代わりに十字架につけるほどに私たちを愛し、その罪を赦し、受け入れてくださった」と述べています。

このような愛と赦しをどのようにして神は世人に伝えようとされるのでしょうか。人は聖書の言葉だけで神の愛を知ることができるでしょうか。

自分の場合はどうであったのかを思い出してみましょう。きっと誰かが、傷つき苦しんでいるあなたのために祈り、労を厭《いと》わずあなたに神の愛を伝えてくれたに違いありません。その時、あなたは伝えられた聖書の言葉とその人の愛に触れ、その人を通して流れてくる神の愛を感じ取り、神様を信じたのです。神様の愛があなたの霊的感性に訴えたのです。

あるいは、教会の礼拝に誘われ、冒頭のような御言葉を、神のご臨在の中で素直な心にされて聞いた時、その言葉が単なる愛の言葉としてだけでなく、人には言えない、深い所で傷ついているあなたの心に触れ、神様の愛を感じ取ったのでしょう。神はその栄光と愛を自然界でも現しておられますが、教会を通してお示しになります。

教会とは何でしょうか？　その構成員は誰でしょう？　その働きを担うのは誰でしょう？

こう考えてくると、言葉だけでない神の愛を受けた私たちは、その神の愛を言葉だけでなく、行いをもって伝える尊い使命を与えられていると知ります。その使命が私たちの生きがいとなるのです。その力の源は御霊を通して私たちを癒し、隣人への愛の行いを促す神の愛です。

私やあなたがその愛を受け取るためにできることはどんなことでしょう？

四月三十日　御言葉にとどまる

そこでイエスは、その信じたユダヤ人たちに言われた。「もしあなたがたが、わたしのことばにとどまるなら、あなたがたはほんとうにわたしの弟子です。」
（ヨハネ八・三一）

師匠である主の言葉にとどまる、それが主の弟子、本来あるべきキリスト者の姿です。

御言葉にとどまるとはいったいどのような意味でしょうか。命令を守るという意味でしょうか。その意味も一部あるでしょう。キリストの言われた戒め、互いが愛し合うようにという戒めがまず頭に浮かびます。また、十戒の一つ一つの戒めも思い出します。

しかし、それだけではありません。主が語られたすばらしい神の御国、その大系、その世界、主の愛と主権の及ぶ中にとどまるということです。

世と世の欲（この世とその価値観に生きること）は滅び去り、神のみこころ（神の国とその価値観に生きること）を行う者がながらえる（Ⅰヨハネ二・一七）。

それが主の語られた言葉の意味であり、この言葉にとどまる人が主の弟子です。その言葉を喜びとし、他の人にも伝え、それに生き生かされる、それが生きたキリスト者です。

イエス様から御言葉を聞いた時、それは十字架にかかられる前だったので、王として期待していたユダヤ人にもよくわかり、それを信じているつもりでした。でも、イエス様が十字架にかかられた時、どれだけのユダヤ人が主の御言葉にとどまっていたかはわかりません。

十字架はユダヤ人にとってつまずきとなりました。「十字架なしには栄光もありません。」

主が十字架にかかられなければ、主の栄光もなく、私のたちの救いはおろか、私たちが与《あずか》る栄光もあり得ません。この十字架と栄光が併存するのがキリストの姿、神の国の価値観です。主の弟子も十字架なしには栄光もありません。

5月

May

五月一日　自分のことなら本気になる！

二タラントの者も来て言った。「ご主人様。私は二タラント預かりましたが、ご覧ください。さらに二タラントもうけました。」

（マタイ二五・二二）

親父である社長からいくら言われても働かないドラ息子でも、社長が病気になって働けなくなり、「会社を任せるから頼む」と言われると、その息子は生き生きと本気で働くようになります。つまり、人は任されたことには本気になり、そのためにはどんな労苦も厭いません。

このように人は、「これは自分の仕事だ」と思える仕事を通して、苦労とか訓練とか意識することなしに訓練され、成長するのです。その達成感と人からの感謝がその人の疲れを癒すビタミン剤となります。人が育つのはそのような環境です。

つまり、人が義務でなく自分の仕事として、共同体の益のために自由に働くことができる雰囲気と現場が提供されており、その働きが皆から評価され、感謝されるような環境です。

以上のことは一般社会でのことですが、神の国にも全く同じことが言えます。イエス様は天国の譬えとして、主人から、それぞれ五タラント、二タラント、一タラント預かった者たちについて語られました。前二者は自分に任されたこととして意欲的に働き、お金を儲け評価されましたが、最後の者はそのようには働かず、評価されませんでした。

自発的に、「これは神様から任された仕事だ」と思うことができ、自由に働ける現場があれば、人は喜んで神のため、人のために働き、労苦を意識しないでその中で訓練されながら成長していきます。このように、後輩の成長のために信仰の先輩は任せて責任を取り、最終責任は牧師が取るという教会の霊的風土を整えることが重要ではないでしょうか。

私たちはそのような後輩でしょうか。そのような先輩でしょうか。

五月二日　キリストの手紙

あなたがたが私たちの奉仕によるキリストの手紙であり、墨によってではなく、生ける神の御霊によって書かれ、石の板にではなく、人の心の板に書かれたものであることが明らかだからです。

（Ⅱコリント三・三）

パウロは、あの悪名高きコリントの信徒たちに、「あなたがたは、キリストの手紙である」と書いています。つまり、あなたがたを通してキリストの愛の心が表わされているのだと。

キリストの手紙の受取人は誰でしょう。パウロは前の節で、「すべての人」と書いています。

その手紙を受け取る人は、自分に伝わってくる優しさや心配りの中に、主の愛を読み取るのです。

私たちはどうでしょう？　私たちがキリストの手紙であるかどうかは、私たちではなく受取人が判断します。つまり、私たちを通してキリストの愛の心が伝わっているかどうかは相手が判断するのです。

私たちの公平で潔い生きざま、相手が自由にものの言える雰囲気や謙虚な物腰、相手の良さや意見を受け止める心の広さなどを通して、私たちはキリストの手紙の役割を果たしているのです。

私は、駆け出しの医者の頃を思い出します。とても忙しい毎日で、病棟の患者さんには、イエス様がサマリヤの女に接されたように腰を下ろして対するのではなく、部屋のドアのところで「調子はどうですか」と聞く程度でした。患者さんは、遠慮して本音を言ってくれるはずがありません。

私たちは自己中心的な自分の言動にしばしば気づいていません。遠慮のない身内や自分のほうが優位と心の中で思った相手などの時は特にそうです。

キリストの手紙が事務的で冷たい手紙なら主の愛は伝わらず、自分が意識しない部分で冷たく、古い肉の人の恨みや怒りが伝わっているかもしれません。

逆に心がこもっている手紙なら、表現はつたなくてもそれは読み手にキリストの愛を伝えます。

五月三日　習慣は人生を築く

また、幼いころから聖書に親しんで来たことを知っているからです。聖書はあなたに知恵を与えてキリスト・イエスに対する信仰による救いを受けさせることができるのです。

（Ⅱテモテ三・一五）

習慣は、良い習慣、悪い習慣を問わず、その人の人生を築き上げます。早寝早起きの習慣は健康で勤勉な成功した人生を築き上げ、暴飲暴食の習慣は不健康な人生を刈り取ります。

米国の十六代大統領のリンカーンは幼い頃から母の影響で聖書を読む、良い習慣を身につけました。それは米国で最大の尊敬を集める、あのリンカーン大統領を造り上げたのです。

そのリンカーンから千八百年も前に、同じように小さいころから聖書に親しむ習慣を身につけていた人がいました。それはテモテです。彼は母や祖母によって、幼いころから聖書に親しみ、御言葉によって生い育ちました。彼は小アジアの地方教会の一信徒として埋もれることなく、パウロに発掘され彼の同労者となり、福音がアジアからヨーロッパに渡る重要な役割の一端を担ったのです。その働きが今日に与えた影響は計り知れません。

習慣は同じことを毎日継続することです。継続することにより、その人は、初めは未熟でも次第に訓練され、習熟し、その人を円熟の境地に導きます。つまり習慣は人生を築くのです。

それが単なる早寝早起きなどでなく聖書に親しむ習慣は、全く次元の違う習慣です。それは神様のいつくしみに日々接して癒され、御言葉に従う人とされ、神の国の価値観を自分の人生の価値観とし、一日の道しるべとして歩む人を造り上げます。

これをテモテのように若い時から習慣とするなら、その人の人生は約束されています。たとい、初めは未熟であっても、その良い習慣はその人を熟練した働き人に造り変えます。

五月四日　分かち合いはどのように？

喜ぶ者といっしょに喜び、泣く者といっしょに泣きなさい。

（ローマ一二・一五）

聖日集会のように人数が多い時、私たちはプライベートなことを分かち合うのには勇気がいります。しかし、「もの言わぬは、腹膨《ふく》るるわざなれ」であって、それをいつまでも心の中に貯め込んでいることは人間には到底できません。ですから、他の多くの教会と同じように私たちの教会でも小グループで分かち合いをします。少人数ですので、自分の苦しみ、うれしかったこと、御言葉に諭されて悔い改めたこと、御言葉に従って、すばらしい神様の恵みを体験したこと、等々を互いに分かち合います。そこが、主の臨在を妨げるものがなく豊かなご臨在の場となれば、聞いてもらった側は兄弟姉妹を通して主に出会い、主から慰めを受け、心の重荷を下ろして帰れます。

聞く側もその人と同じ気持ちで（共感して）聞くならば、他の人の体験であっても、主にある貴重な体験、教訓を分かち合うことになります。私どもの教会の、主として女性たちの小グループでそのような恵みに与《あずか》っている人々がいることを主に心から感謝します。

しかし、一般的に男性の小グループでは自分のプライベートなことを分かち合うのは難しく、訓練が必要です。社会の中で、弱みを見せたり、個人的なこと、感情的なことを口にしたりするのに慣れていないからです。グループ外への守秘義務を約束事にして、誰かが皮切りにプライベートな祈りの要請をすれば、急にアイスブレークし、我も我もと、かなり個人的なことを話し出すものです。

それを導きだすのがリーダーやサブリーダーの役目です。そのため、リーダー自身があらかじめ祈って準備し、そのようなプライベートなことを切り出す必要があります。個人的なことまで話すのは当然です。私たちは互いに家族なのですから！

五月五日　子どもが育つ霊的風土

私がきょう、あなたに命じるこれらのことばを、あなたの心に刻みなさい。これをあなたの子どもたちによく教え込みなさい。

（申命六・六、七）

日本人は儒教の精神と「和」の精神という二つの大きな精神的支柱に支えられてきました。

しかし、これらは戦後崩れてきました。終戦直後、GHQの基本政策、たとえば、天皇の象徴化、財閥解体、教育改革、農地改革等の中には明文化されていませんが、GHQが狙っていたことは大家族制度に基づく封建制度の解体でした。それは、日本国憲法の第二章（戦争放棄）の次の項、第三章（国民の権利と義務）に盛られています。つまり、男女同権、家督制度の廃止、言論や信教の自由等。封建制度を廃止させ、キリスト教導入を試みたのです。マッカーサー（回想録）は、聖書を一千万冊日本に送らせたと書いているそうです。結果は失敗でした。

日本人は、キリスト教を良いとしながらも中身を信じ受け入れることはせず、器だけ受け入れました。キリスト教に基づく制度や文化、施設、「汝の敵を愛せよ」等の断片的な言葉等々。

こうして大家族制度は崩壊し、幼いころから教えられた儒教的精神や和の精神は、「責任のあいまいな自由と平等」に取って代わられました。キリスト教的倫理ではなくて……。

親世代は敗戦により自信を失い、子どもに従来の価値観を強制しなくなり、こうして、戦後世代が親になった今、その子どもの世代に日本人の倫理観が蝕《むしば》まれつつあります。

最近の若者の無軌道ぶりは、目にあまるものがあります。彼らが親世代になる頃、子どもを教える規範や親としての模範はどうなるのでしょう。

今こそ、日本に、子どもが心身共に健全に育つ精神的規範や風土をその両親に、せめてキリスト者の子育て世代に期待するのは私だけでしょうか？

五月六日　主への誠実な心

多くの証人の前で私から聞いたことを、他の人にも教える力のある忠実な人たちにゆだねなさい。

（Ⅱテモテ二・二）

今日までの二〇〇〇年のキリスト教会の歴史――それは取りも直さず福音の歴史――を支えてきたのは、「御霊によって造り変えられた誠実な」（ガラテヤ五・二二）人たちでした。

パウロは、自分の死が間近であることを感じ、獄中から、今後を託すべきテモテに右の言葉を書き送ったのです。

パウロは、神様がその愛とみこころ（福音）を具体的に行動に移される場が教会であることをよく悟っていました。この教会を守っていくために、彼は忠実なテモテを選び、この福音を忠実な人たちに託すようにとテモテに命じたのです。

この社会でもそうですが、当てにできない人に物事を託すことができません。せっかく作り上げられたものがガラガラと崩れ去っていくからです。

パウロも自分の経験から、そのような人たちのことを書いています。（Ⅱテモテ三章）

主が私たち教会人に求められるのは何でしょうか。それはキリストの花嫁としての、貞節、誠実、忠実さです。そのような人たちにより、教会は今日まで支えられてきました。自分の好き嫌いによって自由にあれこれと選び分ける人たちによってではありません。

教会の中で、キリストに忠実につながっているうちに、キリストの愛により、御霊によって私たちはさらに忠実な者、キリストに似る者へと造り変えられていきます。そのような人たちにより、主の福音は後世に伝えられていくのです。

あなたや私がその一翼を担う者になるために必要なのは、どのようなことでしょうか。

五月七日　御言葉に養われる

生まれたばかりの乳飲み子のように、純粋な、みことばの乳を慕い求めなさい。それによって成長し、救いを得るためです。

（Ⅰペテロ二・二）

救われた者は皆、主の弟子です。少なくとも弟子の端くれです。あなたも私もそうです！

右の聖句の末尾にある「救い」は、入信の時に与えられた「救い」と同じ救いですが、その高嶺のことです。救われていない人は、御言葉によって主を知り救われ、救われた人は、御言葉によって養われ、救いのさらにすばらしい豊かさに与《あずか》るのです。

晩年のペテロが昔の自分を振り返りながら、生まれたばかりの赤ちゃんが、目は見えなくてもお母さんのおっぱいにむしゃぶりつくように、同様の熱心さで、御言葉を慕い求めるように勧めています。乳飲み子がいい加減にしか乳を飲まなかったら成長が損なわれるからです。

幼子は、その使っている言葉が多くなるにしたがって、理解できる世界が広がっていきます。同様に、人は御言葉を理解し、自分のものとするにしたがって、神様と神の国を理解できる世界が広がり、神の国の民であることのすばらしさに目が開け、幸せで素敵な人になっていきます。

次に、神様に対する感謝をどう表そうかと考えるようになり、幸せに浸るだけでなく、御言葉を行おうという心が起こされます。それは成長です。

御言葉を読んでいてわからないことも、御言葉を慕い求め、それに聞き従おうとする時に、御霊は働いて理解させてくださり（ヨハネ一六章）、自分のどこが御言葉と違っているかがわかり、祈り求め、修正され、主に似る者、主と同じビジョンをもって生きる者へと変えられていきます。このように主の弟子は御言葉に養われ、成長していきます。

御言葉の乳を飲まないと、霊的栄養失調に陥りかねません。あなたはいかがでしょう？

五月八日　キリスト者の人生は仕える人生

するとと、王は彼らに答えて言います。「まことに、あなたがたに告げます。あなたがたが、これらのわたしの兄弟たち、しかも最も小さい者たちのひとりにしたのは、わたしにしたのです。」

（マタイ二五・四〇）

私の勤務する「栄光会」（理事長・下稲葉康之）は、社会医療法人と社会福祉法人を抱える医療・介護の複合施設です。そして、右の聖句を栄光会の理念を支える聖句としており、理念には「癒し、癒される」というキャチフレーズをあてています。職員が神と人とに仕えることにより、病んだ人とその家族がその人らしい人生、あるいは最期を過ごすことを支援し、そのことにより自らも癒されます。

キリスト者の人生は仕える人生です。しかし、人がキリストを信じ救われた時、救いは自分のためだと思っています。確かに、それによって確信のある人生と喜びを味わいます。しかし、その感激が薄れると日曜日にだけその喜びがプレイバックされるサンデークリスチャンに陥りかねません。どこに問題があるのでしょう？　これをごまかしていると時間だけ過ぎていく人生にしてしまいます。神を信じる者には無駄なことは何もないとは言え……。

救いを受けたのは確かに自分のためですが、自分だけのためではありません。キリストは上の聖書の言葉を通して、仕える相手はほかならぬ私（キリスト）であると言われたのです。

キリスト者の人生は特別です。どんな仕事でも相手をイエス様と思って仕えるなら、きっと違った人生になります。それは相手を神として遇し、これに仕えるのであり礼拝そのものだからです。仕事の場が礼拝の場になります。彼はそれで癒され、新たないのちと力を与えられるだけでなく、それによって、わけ隔てなく人を愛し、仕えられたキリストご自身を証しする人生です。それは宣教の人生そのものです。あなたの人生はいかがですか？

五月九日　神の国のものさし

また彼らに言われた。「聞いていることによく注意しなさい。あなたがたは、人に量ってあげるその量りで、自分にも量り与えられ、さらにその上に増し加えられます。」

（マルコ四・二四）

人は誰でも、自分の「ものさし」を持っています。それで、自分を量り、他人を量ります。

では、彼はそれをどこで手に入れたのでしょうか？　おそらく、親から、その後は学校や職場、書籍等、人間形成がなされてきた環境の中でです。

おおらかな環境で育った人は意識せずとも人を受け入れる「ゆるいものさし」を持っています。彼に会う人は、ほっとできる居心地の良さを感じます。

一方、現在の日本のように、伸び代の少ない中で完璧さを要求される社会で働く人は、たとい意識しなくても、いつも責められているようなストレスにさらされています。つい、知らずして他人にもそのような完璧さを要求してしまいます。それがその人の「厳しいものさし」になっているのです。

教会は、神様がこの地上に置かれた神の国の地上版です。そこの「ものさし」は本来、神の国のものさしのはずです。ところが、その構成員はまだ未完成です。ですから、「厳しいものさし」で他人を量り、それはブーメランのように返って来て自分も責められます。そこに来る人はきっと、緊張した雰囲気を感じ、ほっとできないに違いありません。

しかし、神様は恵みによりキリストにあって私たちを受け入れてくださいました。私たちは心から感謝してこれを私たちの「ものさし」つまり、「恵みのものさし」にすべきなのです。

このものさしで人を量れば、そのものさしであなたに返って来て恵みがもたらされます。

あなたの「ものさし」は、どんな「ものさし」でしょうか？

五月十日　主の愛は母の如くに

まことに私は、自分のたましいを和らげ、静めました。乳離れした子が母親の前にいるように、私のたましいは乳離れした子のように御前におります。

（詩篇一三一・二）

聖書の中に、「父なる神」という表現はあっても、「母なる神」という表現はありません。

しかし、そうであっても、父なる神の尊厳や力と同様に、神様の母のような愛といつくしみの事実は聖書の中に溢れています。ダビデは神様の愛といつくしみを、末っ子として受けた母の愛を思い浮かべながら描いています。

無神論国家の日本で、私たちは小さい頃から神様がどのような方かその全体像を知らず、むしろ、いたずらをすると罰を加える恐ろしい存在と感じながら育ってきました。これは修正されなければなりません。聖書の神は漠然としたつかみどころのない存在ではなく、人格を持ち、父親のよう厳しさと頼もしさ、母親のような愛と優しさに満ちた方です。

この母親の愛はどこから来るのでしょうか？　もちろん、ご自身に似せて人を創造された神にその起源があります。「神は人をご自身のかたちとして創造された。神のかたちとして彼を創造し、男と女とに彼らを創造された」（創世一・二七）。

ですから、神はその主権と力を父親に、その優しさといつくしみを母親に分け与えられたと言うことができます。誰でも、苦労し、忍耐して獲得したものには強い愛着があります。母親は十か月も待ち、お腹を痛めて産んだ子どもには、格別の思いがあります。ですから、おしめを換えるにも、睡眠を削って看病するにも、骨身を惜しむことはありません。むしろ、苦労が多いほど、愛着は強くなります。神様も、人の救いのために産みの苦しみをし、その後も苦労し続けられたのです。

この母の愛に感謝を表し、その愛を母親に分け与えてくださった神をほめたたえましょう。

五月十一日　聖書の神は唯一神

イエスは答えられた。一番たいせつなのはこれです。「イスラエルよ。聞け。われらの神である主は、唯一の主である。心を尽くし、思いを尽くし、知性を尽くし、力を尽くして、あなたの神である主を愛せよ。」

（マルコ一二・二九、三〇）

聖書の神は、天地万物を造られた唯一の神です。これはすんなりと私たちの内に入っていると思いますが、伝統的な日本人にはぴんとこないかもしれません。私が育った田舎には、仏壇と神棚が同じ部屋にありましたが、おばあちゃんがそれに違和感を抱いていていないので、幼かった私たちにも違和感はありませんでした。

戦国時代に入ってきたキリスト教は、徳川幕府の時代になると政権運営の上で邪魔になり、キリシタン禁令の高札が掲げられ、五人組や門徒制度で縛られ、人々は仏教徒にされました。

その後密かにキリスト教を学んだ平田篤胤《ひらたあつたね》は、神道に唯一神を導入しました（『日本人の神とキリスト教』堀越暢治著）。明治政府は後にこの神道を精神的支柱とし、儒教的な倫理が骨子となる「教育勅語」を作り、天皇を現人神《あらひとがみ》として利用しました。しかし、今の日本人にとってその神は漠然としています。仏教、神道、また、キリスト信仰すら宗教に成り下がった時には、時の権力にいいように利用され、多くの人の血が流されました。

聖書の神は人間をご自分の形に造り、人と人とが尊厳をもって愛し合い、また人と神とが愛をもって親しく交わりを持てる、人格を持った神です。

一般の日本人は真の心の拠り所を持たないようですが、漠然と人間の存在を超える方を意識し、儒教的な道徳に守られ、日本は神仏の国でこれ以上必要ないと無意識に感じています。

そして、キリスト信仰には、個人的に深刻な悩みがないかぎり、一定の距離を置いています。

五月十二日　福音を伝える

遣わされなくては、どうして宣べ伝えることができるでしょう。次のように書かれているとおりです。「良いことの知らせを伝える人々の足は、なんとりっぱでしょう。」

（ローマ一〇・一五）

先日の昼ご飯に、安くて美味しいという、ある天ぷら屋さんに行きました。経営者は私の知っている人でもあるのですが、彼がいくつもの店舗を展開しているとは知りませんでした。

雨の日にもかかわらず駐車場はいっぱいで、外にも列ができています。覚悟を決めて順番を待ち中に入るとさらに三十人前後の人が座って順番を待っています。仕方なく座って待つことにしました。

三十分ほど待ってようやく食事にありつきましたが、食欲のない私にも、新鮮な魚、野菜等の天ぷらは大きくて、サクッとした食感はとても美味しく、自宅では三つか四つしか食べないのに、出てきた七個を全部平らげてしまいました。従業員には美味しいものを熱いうちに、お待たせしないで要領よく、という工夫と熱気が感じられました。

店を出ながら、美味しいとわかれば口コミで広がるのだ、自分はどうだろうと考えさせられました。福音のすばらしさはわかっていても、自己満足し、福音の管理を委ねられた者としての立場を疎かにしていた自分に気づかされました。

また、何が問題なのだろうとも考えました。キリスト者は尊敬されるだけでは不十分で、周りに信じる人々が起こされなければならないでしょう。

福音を伝えるすばらしさを自分で体験することです。そうすれば病みつきになり、自分自身が福音に生かされるようになります。私だけでなく、さらにそのような人が起こされるためには、使徒時代のように、自分や交わり、各人の中に、御霊が働かれる霊的環境を整える心がけが、まず牧師である私自身の中になければ……と思わされました。

五月十三日　心を一つにさせるもの

彼らに近い者たちも、イッサカル、ゼブルン、ナフタリに至るまで、ろば、らくだ、騾馬、牛に載せて食べ物を運んで来た。小麦粉の菓子、干しいちじく、干しぶどう、ぶどう酒、油、牛、羊などがたくさん運ばれた。イスラエルに喜びがあったからである。

（Ⅰ歴代一二・四〇）

私どもの教会ではほとんど毎週、愛餐会があります。食べることを通して、互いの心が開かれ、喜びや交わりが深まります。また、時々持ち寄りがあり、私もおこぼれにあずかります。

今日の聖句のイスラエルも、食べ物や原材料を持ち寄りました。「喜びがあったからである」と書かれています。

喜びは隠せません。楽しい会話と共同作業があり、活気が人を引き寄せ、次々と新しい部族が加わります。その中には戦いの勇者がおり、時局をイスラエルがどう歩むべきかを知る賢者（三二節）がおり、文中にはない女性たちは料理をし、子どもたちは待ちきれません。それをなだめ、諌める老人たちもいます。彼らは一つになって食べ、飲み、話しに打ち興じ、喜びを分かち合いました。彼らはなぜそんなに感謝し、喜んだのだろうと考えさせられます。

それは、サウル王の死後、神が以前から定められていたダビデを民の新しい王として与えられたからです。その感謝が喜びとなり、祝宴となり持ち寄りとなったのです。彼らには各自、居り場と才能を生かす出番があり、民を一つにさせる目標がありました。

交わりはそれによって人を育てます。このようなすばらしい交流の裏に、心を開かせ和やかにする食事があり、それを支える女性たちの隠れた縁の下の力があるのです。そして教えられました。ダビデこそキリスト、この喜び、充実感こそ福音が絆となった交わり、この群れこそ教会の姿なのだ、と。

その中で、あなたの役割は何だと思われますか？

五月十四日　主にある確信の秘訣

神を知っていると言いながら、その命令を守らない者は、偽り者であり、真理はその人のうちにありません。しかし、みことばを守っている者なら、その人のうちには確かに神の愛が全うされているのです。それによって、私たちが神のうちにいることがわかります。

（Ⅰヨハネ二・四、五）

キリスト者は主の弟子です。弟子はその師匠の言葉を守ります。そのつもりで主に弟子入りしたのですから。御言葉は絶対的に正しいのですが、弟子は、それが正しいと思うから従うのではなく、弟子だから従うのです。正しいかどうかは、弟子にはまだわかりません。

キリストとその弟子との間には計り知れない力量の差があります。ですから、キリストの言葉に従い得ないと思われても、それが主の言葉だからという理由で従順に従うのです。

この原則を忘れるといやいやながらとなり、御言葉の中の愛や恵みに気づかないので癒されず、忠告や勧めにも反発してしまいます。時には人間的ながんばりになり、心や身体の健康を損ないかねません。これでは弟子の成長はおぼつきません。

しかし、「それが主の言葉だから従うのだ」という原則をわきまえていれば、心の葛藤なく、不可能に思えることも祈りながらやるので、神様のヒントや助けを受け、感謝に終わります。

訓練とは不思議なもので、翌日結果が出るわけではないのに、続けていれば知らないうちに少しずつ力がついてきて、初めと比べて明らかな進歩が見えます。それが訓練というものです。キリストの弟子としての訓練も同じです。それにより、キリストの愛のうちにいるのが次第にわかるようになります。神の愛がその弟子に全うされるのです。

私たちは毎日の生活の中で、御言葉をどのような気持ちで守っているでしょうか？

五月十五日　結論は早すぎる

しかしパウロは、パンフリヤで一行から離れてしまい、仕事のために同行しなかったような者はいっしょに連れて行かないほうがよいと考えた。

（使徒一五・三八）

秋田県は、自殺する人の割合が日本一高い県だそうです。県当局はそれを個人の問題だとは捉えず、その人を取り巻く社会の問題でもあるとして、その予防キャンペーンに取り組み、成果は上がっているそうです。自殺を思いつめていた人が後から振り返って、一様にいう言葉は、「早まって結論を下さなくて本当によかった」ということだそうです。

フローレンス・ナイチンゲールは三十歳の時の日記にこう書いているそうです。「神様、私に何ができるというのでしょう。死なせてください」と。けれども、この彼女が国際赤十字社の創立に貢献し、近代看護学の母となろうとは誰が予見できたでしょう。

ヨハネ・マルコは、パウロの第一次伝道旅行の時は途中で逃げ出しましたが、後にパウロの良き同労者となりました。このように、人は若い時の一断面だけで、自分や他人が評価し結論を下すことはできません。人生経験も浅くて自分の将来を見通せません。自分の才能や潜在的な可能性もわかりません。人生の結論を下すには、まだ早すぎるのです。

私たちの人生を導かれるのは神様です。神様のなさることはわかりません。チャンスが与えられ、賜物が生かせるライフワークを見つけ、苦労しながらであっても、着実に主の訓練を受ければ、大きく羽ばたくことができます。

これは、そのようにチャンスを与え、賜物を引き出し、その中で大人から見守られながら、人が育っていく環境を整える、教会の使命でもあります。

若者のために、あなたにできる使命は具体的にはどんなことでしょう?

五月十六日　物事には順序がある

こうして、律法は私たちをキリストへ導くための養育係となりました。私たちが信仰によって義と認められるためなのです。

（ガラテヤ三・二四）

物事には順序があります。たとえば豆腐の味噌汁を作るのにも、豆腐や味噌を初めから入れて煮立たせる人はいません。それらは煮えてしまって、味噌汁の本来の風味を台無しにしてしまいます。もっと大掛かりなことには、さらに綿密な順序や段取りが必要です。

神様が人類救済の壮大な計画を立てるにあたって、段取りをお考えになりました。初めから恵みの福音を与えれば、人間は、神の律法を舐《な》めてかかり、罪を犯しても軽く考え、真摯に律法に向き合うことをしないだろう。そうすると、自分が神の前にどんなに罪深いかがわからず、ひいては恵みや救いのすばらしさもわからないだろう。そうなると親心があだになる。人間は易きに流れるからと、神様は初めからお見通しだったと見えます。

ですから、神様は先に律法をお与えになりました。それは、人間がどんなに立派であっても神の律法の標準に到達できない、つまり、聖い神の前に自分が罪人《つみびと》であり、このままでは救いに与《あずか》ることはできないということを自覚するためでした。罪人のままでは救いに与ることができないばかりか、地上の人生を終えた後にこの聖なる神の前に立ち、裁かれ、永遠の滅びに入るのです。恐ろしいことです。

救いに与《あずか》ったのはスタートです。その後、御言葉に真摯に立ち向かえば、自分の罪深さがさらにわかり、自分の身代わりに神の裁きを受けられたキリストの従順と愛とがもっと深くわかり、イエス様との愛とつながりが深まるのです。奥の深いすばらしい恵みではありませんか。こう見てくると、神様が順序をいかに大事にされたか、その意味がわかってきます。

五月十七日　主への感謝のささげ物

私がそちらに行ってから献金を集めることがないように、あなたがたはおのおの、いつも週の初めの日に、収入に応じて、手もとにそれをたくわえておきなさい。（Ⅰコリント一六・二）

献金は本来、感謝のささげ物です。礼拝への参加料金でないことは言うまでもありません。

旧約の時代には、イスラエルの民は過越や仮庵、七週の祭りの際には、「何も持たずに出てはならない」と規定されていました（申命一六・一六、一七）。地上のすべてのものは主のものであり、その中から賜った収穫の恵みに感謝するのは当然だからです。

しかし、感謝の心があれば、ささげ物をするのは当然ですが、惰性でささげるようになると、人は自分のうちにある、ずるい心に負けてしまいます。その誘惑に負けないように、律法は、税金のように、収入の十分の一をささげるよう規定していました（レビ二七・三〇～三二）。一定の確実なささげ物がなければレビ族の家計を賄うことができないからです（民数一八・二四）。彼らは十二部族に代わって、神に仕えるために、仕事を持たなかったのです。

新約の時代に入り、律法は廃止されたという人もいます。しかし、律法の本質は一点、一画もすたれることはありません。今の時代も、否、今の時代こそ、神の豊かな恵みにより代価なしに私たちは救いに与《あずか》りました。その代価は御子キリストの血で支払われました。このことを感謝し、その思いを献金というささげ物で表すのは、キリスト者にとって当然のことではないでしょうか。そうしない者は盗みをしているとマラキは言います（マラキ三・八）。

誘惑に負けやすい私たちのため、多くの教会では月定献金を定めています。私たちが礼拝に集う会堂の維持・管理や魂の世話になる教職者の生計が安定的に賄われるためです。

あなたの主への感謝はいかほどですか。それをどのような基準で表しておられますか？

五月十八日　あなたの神はどんな神？

　この方（キリスト）以外には、だれによっても救いはありません。天の下でこの御名のほかには、私たちが救われるべき名は人に与えられていないからです。

（使徒四・一二）


　私たちは生まれつき、神様に対する各自のイメージ（心象）を持っています。

それは、育ててくれた親が神様をどう感じていたか、親から精神的に独立して後どんな先生や友人、どんな文化や文学、どんな学問や宗教に接してきたかによって違ってきます。

　多くの日本人は、親がそうであったように、自分を含め日本を仏教国と思っています。本来の仏教（インド発祥の小乗仏教）には神や天国、救世主という概念はありません。
　一、二世紀当時インドには多数のキリスト教徒がいたと言われていますが、仏教はキリスト教やゾロアスター教等の影響を受け、唯一神や天国（極楽）を信じる大乗仏教に変身します。中国や日本に伝わったのはこの大乗仏教です。最澄《さいちょう》と空海《くうかい》が唐に渡った頃、中国には景教というネストリウス派のキリスト教が盛んでした。空海はそこで、唯一神や救世主キリストについて、親交のあった景教の僧等から学び、漢語の新約聖書を高野山に持ち帰りますが、彼自身は救いに至りませんでした。今もこの新約聖書は高野山にあると言われています。
　日本人は少なからず、この浄土真宗の影響を受けているので、何となく自分は死んだら極楽に行く（救われる）のではないかと思いながらも、一抹の不安を抱えています。

　私たちの生まれつきの神様に対する心象、そして今の神観やキリスト観はどうでしょう？　聖書をバランスよく読み、聖日礼拝やディボーションの分かち合い、交わり等を通して、自分の神観やキリスト観、人間観、罪、救い、天国、教会観等の歪みの軌道修正は必要です。

五月十九日　盗みの勧め

兄弟たち。私を見ならう者になってください。また、あなたがたと同じように私たちを手本として歩んでいる人たちに、目を留めてください。

（ピリピ三・一七）

それは、私が伯父の家に世話になっていた小学生の頃でした。裁縫箱の片隅に五円玉（今の百円位に相当）がありました。私は誰も見ていないことを確かめ、そっとポケットに忍ばせ、さっそく、文房具店で消しゴムを買ったのです。盗みはすぐにばれて、伯母から優しく諭されたのを昨日のように覚えています。これは私の善悪の基準や倫理観を意識する初めての経験でした。そしてこのことは、私のその後の生き方に大きな影響を与えたと思っています。

今日の表題「盗みの勧め」は、このような盗みを勧めているのではありません。そうではなく、先輩の生き方、ものの考え方や歩み、その心、技能を盗みなさいとの勧めです。

というのは、プロの選手は仲間やライバルの技をそれとなく見ていて、そのコツを巧みに盗むのだそうです。プロともなるとプライドが邪魔しそうですが、「俺は他人の真似はしない」と肩肘はることなく、謙虚に他人から学ぶのです。たとえ、年下からでもです。そこが、プロたるところかもしれません。

また、盗むことができるほどの実力を持っているから盗めるのであって、あまりにも違いがありすぎると、何を盗めばよいのかや盗み方がわかりません。

神様は私たちのすぐ隣に、盗めるものを持っている模範《モデル》を配置しておられます。自分と比較するとみじめになりますが、神様が配置されたわけですから、そこは謙虚に学び、意識的に盗むのです。そこが成長を阻んでいる所かもしれないからです。

隣の人とは誰でしょう。友人？　あなたが快く思ってない人？　同僚？　パウロ？　主イエス様？

盗むべき所はどこでしょう。向上心？　大局観？　謙虚さ？　賢さ？　忍耐強さ？　聖さ？

五月二十日　永遠のいのちを得るには……

その永遠のいのちとは、彼らが唯一のまことの神であるあなたと、あなたの遣わされたイエス・キリストとを知ることです。

（ヨハネ一七・三）

玄宗皇帝《げんそう》ならずとも、いつの時代にも人間は永遠に続くいのちを求めています。

永遠のいのちとはどのようなものでしょうか。それは、キリストと神様に知り合いになり、さらにもっと親しく付き合い、この方々のすばらしさを知ることだというのです。

キリストを信じた時から永遠のいのちはもうすでにこの地上で始まっています。ですから、永遠のいのちは、この地上での神の国の一員としてのいのちとこの地上の生涯の彼方にある神の御国での永遠に続くいのちとに分けることができます。

人がまことの神とその御子を知り、信じ、受け入れると、肉体の生命の上に新しい霊のいのちを与えられ、この地上の肉体の生命を持ちながら、霊のいのちを生きていくのです。

霊のいのちとは、永遠のこと、神のことを思い、理解できる霊的感覚を持ったいのちです。この霊のいのちを与えられるので、人はキリストと神、その愛を知り、感じることができます。ですから、神が私たちにしてくださった十字架の贖いという、愛のわざがわかり、感謝する心が起こり、それをごく自然に受け入れることができます。神様のことがわかり、もっと神様やイエス様を近く感じ、主を慕い、主と交わることを喜ぶようになり、幸せになります。これが永遠のいのちです。これが福音です。

具体的には、御言葉を単に読むだけでなく、主と交わり、主の御言葉を霊の耳で聞き、もっと主とそのすばらしさを悟り、主を誇り、主をあがめるようになることです。

あなたは主のすばらしさをどのようにして知り、どんな時に実感しておられますか？

五月二十一日　人間の言葉ではなく

こういうわけで、私たちとしてもまた、絶えず神に感謝しています。あなたがたは、私たちから神の使信のことばを受けたとき、それを人間のことばとしてではなく、事実どおりに神のことばとして受け入れてくれたからです。この神のことばは、信じているあなたがたのうちに働いているのです。（Ⅰテサロニケ二・一三）

神の子どもとされたキリスト者と神様との関係は親と子の関係ということができます。

それはちょうど父親の言葉に従う子どものようです。たとえそれが難しいことでも子どもはむしろ、喜々としてそれに挑戦しようとします。それが子どもにとってはうれしいからです。親の言葉が子どものうちに働き、子どもを動かしているかのようです。これが本当の親子です。このような関係は、親子の生きた人格的なふれあいから生まれてきます。親は子どもを愛しており、それを子どももわかって親を愛しているからです。

パウロは、神の言葉が、テサロニケの人々のうちに生きて働いていると書いています。テサロニケの人々が神の言葉に生かされていることが、外からでもわかったのです。

彼らが、福音の言葉を単なる人間の考えや学説としてではなく、「神の」言葉として受け入れたからです。神の言葉は生きていて、中にいのち、つまり、愛や力を宿しています。

ですから、神様との生きた人格的なふれあいや親しい対話のできる関係が出来上がり、神の御言葉に「とどまり」、御言葉に「養われ」、御言葉を「守る」なら、御言葉に「生かされる」ようにもなります。それは礼拝の生活そのものです。それは、祈りやディボーション、聖日礼拝で頂いた御言葉を自分の生活や人生の中に落とし込む生き方です。

小グループの分かち合いも、恵みや痛みを持ち寄り、感謝し祈り合う礼拝そのものです。

五月二十二日　中世の双子

キリストは、自由を得させるために、私たちを解放してくださいました。ですから、あなたがたは、しっかり立って、またと奴隷のくびきを負わせられないようにしなさい。

（ガラテヤ五・一）

人間の歴史は、自然その他の制約からの自由を勝ち取る歴史であったと言えます。

さて、キリスト教が時の宗教的権力に利用され、真の信仰や真の人間性が抑圧され、いわゆる中世の暗黒時代を創り出していた時代のことです。その時代に双子の兄弟が産まれました。長男は修道僧として信仰の自由を求める求道の旅にでました。次男もて文化人として学問や芸術の抑圧からの自由を求めてその尻馬に乗りました。二人は協力しつつも反発し、ついに途中からそれぞれ違った道を選び取り、長男は求道の末、冒頭の聖句にたどり着きました。次男も学問や芸術の自由をつかみ取りました。この二人とは、〝宗教改革〟と〝ルネサンス〟のことです。

両者は全く違って見えてもルーツは同じで、真摯に自由を求める運動でした。両者は互いに影響し合い、前者は宗教的自由を勝ち取って万人祭司制や聖書の普及、恵みの信仰等の宗教的恩恵を、後者は芸術や学問の発展を勝ち取って民主主義や人権尊重、男女同権等の聖書に起源を持つ社会的恩恵をもたらし、西欧や北米のキリスト教社会や資本主義社会を築き上げました。その文化は日本にも及び、私たちは意識しない空気のようにその恩恵に浴しています。

私たちの内にも双子の兄弟がいます。罪の力から自由になりたい「新しい人」と神の力から自由に振る舞いたい「古い人」です。後者は気を許すと、あらぬ方向に私たちを導き、その終着駅は不自由です。真の自由を勝ち取るには、御霊に自分を委ねるしかありません。

「主は御霊です。そして、主の御霊のあるところには自由があります」（Ⅱコリント三・一七）。

五月二十三日　私たちは祭司である

しかし、あなたがたは、選ばれた種族、王である祭司、聖なる国民、神の所有とされた民です。それは、あなたがたを、やみの中から、ご自分の驚くべき光の中に招いてくださった方のすばらしいみわざを、あなたがたが宣べ伝えるためなのです。

（Ⅰペテロ二・九）

「祭司」、それは礼拝を司る人です。では「礼拝」は？　それは人が「主と出会う」ことです。

祭司は、聖なる神と罪人《つみびと》なる人間の間を取り持つ、聖なる使命を与えられていました。

罪人の人間が、直接、聖なる神と対面することはできないからです。旧約の時代にはその臨在に触れた者は、直ちにいのちを絶たれると信じられていました。事実、ウザ（Ⅱサムエル六・七）のように神の箱に触れてその場で死んだ者もいました。

祭司は、まず自らが清められて神の前に立ち、罪のゆえに、直接、神の前に立ち得ない民をとりなす重要な役割を与えられていました。

祭司により民は神と出会い、赦しを経験し癒され、平安と喜びを回復し、そのことをともに喜び合い、ともに食し、元の日常の生活に帰って行きました。それが祭りだったのです。祭りは民にとって欠けてはならない大切なもの、その中で祭司は重要な役割を担っていました。

私たちは自分が祭司と言われていることを、他人事と考えていないでしょうか。ペテロは上の聖句で私たちが祭司であると言っているのです。

私たちはまだ神の赦しに与《あずか》っていない人を神にとりなす祭司です。そのために、私たちは清められ、神と人との間に立つために召されたのです。

大祭司なるキリストと同じように神と人との仲保者として彼らを神にとりなすのです。

あなたはこのすばらしい使命を自覚し、実践しておられますか？

五月二十四日　ともにおられる主・御霊のご臨在

しかし、聖霊があなたがたの上に臨まれるとき、あなたがたは力を受けます。そして、エルサレム、ユダヤとサマリヤの全土、および地の果てにまで、わたしの証人となります。

（使徒一・八）

イエス様は天に昇られる時、「世界宣教命令」という壮大なビジョンを、弱い一握りの弟子たちに命じられました。けれども、同時に、「わたしは世の終わりまであなたがたとともにいる」という固い約束をくださいました（マタイ二八・一九、二〇）。ここで、「ともにいる」（マタイ二八章）とは、「御霊によって」（使徒四章）なのだという種明かしをしておられます。弱い、少数で無学な弟子たちの力の源、それはともにいてくださる主の御霊にありました。

「実を結ぶ秘訣」は聖霊のご臨在にあったのです。それは聖書の使徒の働きのどこを見ても明らかです。だからこそ、福音はその方の御力により、エルサレムにとどまらずユダヤ、サマリヤを越え、小アジアを通ってヨーロッパに渡り、全世界（地の果て）に飛び火したのです。

この、「御霊による主の臨在」の約束は、今日も真理です。私たちに、宣教や伝道に対する恐れや弱さがあるとすれば、それは主の臨在の約束の成就である、御霊（聖霊）への信頼不足、あるいは関心の薄さ、取り組みの足りなさ、偏見もしくは御霊を消す、何ものかが自分の内に、あるのかもしれません。もしそうだとすれば、吟味しなければなりません。なぜなら、それは主の命令に対して、あまりにも不忠実な態度だからです。

私たちも御霊のご臨在を祈り求めなければなりません。個人として、あるいは教会として何らかの霊的な実りを期待するのであるなら……。人間的な力によっては何も霊的な実りを期待できません。実を結ぶために、上の聖句の約束を信じて切に祈り求めましょう。

五月二十五日　前向きの信仰

イエスは言われた。「あなたがたの信仰が薄いからです。まことに、あなたがたに告げます。もし、からし種ほどの信仰があったら、この山に、『ここからあそこに移れ』と言えば移るのです。どんなことでも、あなたがたにできないことはありません。」（マタイ一七・二〇）

「きっと」VS「どうせ」、この二つの言葉のうち、どちらが私たちの口の端《は》に上ってくるでしょうか？　無意識に発する何気ない言葉、それが私を動かしている本音の考え、信仰です。

私たち、神を信じる者は自分の信仰とそれによる生き方を時々吟味しなければなりません。というのは、分水嶺の向こう側に落ちた雨粒とこちら側に落ちた雨粒のように、前者と後者は時間の経過とともに、大きな差となって現れます。

そして、時々「どうせ」という考えに無意識のうちに傾いている自分に気づきます。それは、なかなか動かない社会や家庭生活の現実に打ちのめされ、信仰を忘れた自分に起因しています。それに捕らわれていると、自分の考えだけでなく、気持ちや行動にも現れ、それは周囲にも影響を与えます。そのように自分を吟味したことがあるでしょうか？

しかし、そのような時こそ上の御言葉を思い出して、からし種ほどであっても、主にある信仰に立たなければなりません。パウロがエペソの聖徒たちに書き送ったように、信じる者には神がその絶大な力を働かせてその信じたことを実現してくださるからです（エペソ一・一九）。

信仰の大きさではなく、小さくてもそれに答えようとされる、神の絶大な力が、私の現実を動かすのです。からし種ほどでも信仰があるかどうか、どちらを向いているかが問われているのです。ですから、どんなことでも肯定的に主に祈り、主に問い、主の答えと助けを日常生活の中に期待しながら歩み出す、前向きの信仰を持とうではありませんか。

五月二十六日　現状を受け入れる

いつも喜んでいなさい。絶えず祈りなさい。すべての事について、感謝しなさい。これが、キリスト・イエスにあって神様があなたがたに望んでおられることです。

（Ⅰテサロニケ五・一六～一八）

人間ではなく、ほかならぬ神ご自身が今日の聖句のようにいつも喜び、すべてのことについて感謝するようにとパウロを通して命じておられます。すなわち、キリストにあって、あなた自身とその置かれている現状を受け入れ感謝しなさいとの勧めです。

自分の弱さと置かれている現状をとても受け入れ難いのに、それを喜び感謝することなどできるものではありません。パウロでさえ、自分に与えられたとげを去らせてくださいと三度も主に願ったほどです（Ⅱコリント一二・八）。また、自分の置かれている環境が順風満帆なら感謝もできますが、自分の思いどおりにいかない現状を喜び、感謝できるものではありません。

それでも、神様は現状を喜び感謝するように勧め、望んでおられます。それを私たちが、「わかりました」と本当に喜び感謝できるためには、いくつかの確認が必要です。それは、私は自分自身のことだけでなく、他人や神様のことも考えているだろうか、天の御国にまで考えが及んでいるだろうか、ということです。

私たちは地上では旅人であり、神の備えられた天の故郷を目指している現実を覚えなければなりません。さらに、私たちはこの地上ですら、一時点のみを見て判断すべきではないでしょう。現時点はそうであっても、神様はその現状を通して私たちを練り清め、成長させ、すばらしい恵みに与《あずか》らせてくださるからです。ですから、現状を受入れ、絶えず祈らなければなりません。「私が人のため、あなたのためにできることは何ですか？」と。きっと神様はそれに答え、感謝できる恵みを与えてくださいます。

五月二十七日　主は聖霊にバトンタッチされた

わたしは父にお願いします。そうすれば、父はもうひとりの助け主をあなたがたにお与えになります。その助け主がいつまでもあなたがたと、ともにおられるためにです。

（ヨハネ一四・一六）

キリストは世界福音宣教の働きを私たち教会に、その霊的指導をペンテコステの日に、聖霊にバトンタッチされました。教会と私たちキリスト者はこの事実をはっきり認め、当事者意識を持って御霊の指導を教会の中に実現し、私たちの生活の中に日常化するがことが必要です。

主は霊的指導の原則を御言葉に残し、その運用の霊的指導を後任の聖霊に委ねられました。これは、私たちの主であるキリストが、神の御旨に従って弟子たちになさったことです。しかも、聖霊はキリストの御霊です。ですから、弟子である私たちは教会を挙げて、また、個人として、キリストの言葉である御言葉に従い、御霊の示しに導かれて、全世界の隣人に福音を宣べ伝える働きに注力する必要があります。そのため、御霊に満たされる訓練は必要です。

会社で社長が会長となると、会長が選んだ後任の新しい社長が実務を取り仕切るようになります。社員は新しい社長の意を汲み、目標とする仕事に会社を挙げて取り組みます。

以上のことを頭の中ではわかったとしても、問題は第一に、どのようにして生まれつきの固い頭が御霊の示しと導きを受けるのか、次に、示されたことに対してどのようにして生まれつき頑なな心が従順に従えるかということです。

それは、主の前に膝を屈めて主の臨在を仰ぎ、この方と出会い、御言葉をほかならぬ主のお言葉として受け取ることによって可能となります。臨在の主に出会うディボーションです。

その時、主に出会い、素直にされ、示された御言葉に従順に従えるのです。

五月二十八日　真理を悟らせる方

しかし、その方、すなわち真理の御霊が来ると、あなたがたをすべての真理に導き入れます。
（ヨハネ一六・一三）

キリスト者は主の弟子です。初めのうちは、師の言葉の真に意味するところはわかりません。ただ、正しいということは信じています。主の言葉に従うのは、弟子にとってはうれしいことなのです。

しかし、主の言葉の記録されたもの、すなわち、聖書の御言葉の真に意味するところをわかるようになると、それはもっとすばらしいことです。一つ一つの御言葉を思い巡らし、ハッピーになり、御言葉に素直に従う、その行為の意味や目的、目標がわかるからです。

さらに、御言葉全体の大系の意味するところ、つまり、主のビジョン、すなわち、主が達成しようとされているものの全体像がわかれば、それはすばらしいことです。弟子が目指しているもののすばらしさがわかるようになることを主は願っておられます。

それをわからせてくださるのは、御霊です。私たちに与えられ、内に住んでおられる聖霊ご自身が一つ一つの御言葉の意味、また、御言葉の全体像を悟らせてくださいます。

自分がいなくなった後、イエス様の唯一の心配は、弟子たちが師を失って雲散霧消《うさんむしょう》するのではないかということでした。それを解消したのが、三位一体のもう一人の助け主、聖霊ご自身でした。もう一人のとは、主と同じ性質のという意味です。

この方は、弟子をあらゆる真理に導き入れてくださいます。このような一連の過程を弟子としての訓練と言うことができます。弟子を、毎日の生活の中で、御言葉を通して真理を悟らせ、その真理を喜び、その真理に生きるようにしてくださるのは、聖霊ご自身なのです。ですから、主の弟子の訓練は御霊に導かれて御言葉に生きることを習慣化する訓練ということができます。

五月二十九日　母のような愛を！

私が求めているのは、あなたがたの持ち物ではなく、あなたがた自身だからです。子は親のためにたくわえる必要はなく、親が子のためにたくわえるべきです。（Ⅱコリント一二・一四）

数年前、私は姉、妹と九十四歳にもなる母と一緒に水入らずの屋久島旅行をしました。神の御手のわざである大自然の中で、屋久杉だけでなく海や山、川や滝、風や霧、草花や動物などを満喫し、たいへん楽しい旅でした。アブラギリや通称「特攻花」があちこちに満開でした。

二日目に母が、私たち三人に感謝の手紙とお小遣いを手渡してくれました。親孝行のつもりで出かけた旅行でしたが、逆に母のほうから私たちにその気持ちを表してくれたのです。一瞬、涙が溢れそうになりました。私は姉と妹をうながし、母と一緒に神様に祈りをささげました。

その後、私はいろいろなことを考えました。母が私たちをそれほど心に掛けてくれていたのか、それに対して足りなかった自分の感謝とそれを表す言葉や行為、きっと神様も同じような思いを持っておられるであろうこと、それにしては足りない私の神様への感謝、自分は子どもたちや信徒の一人ひとりに母のような具体的な愛を注いできただろうかと……。

私たちは自分の世話（自己管理）ができれば他人の世話ができると思っています。しかし、人の世話で相手とのコミュニケーションを通して他人と自分を知り、自分も育てられ、相手への真の愛と忍耐が育ちます。それにより自己管理もできるようになり、人の世話が上手にできるようになります。それは親のような愛でコリントの聖徒たちを心から愛してやまないパウロの経験でもありました。

母との家族旅行を通して、あらためて母親の愛とそのような愛を母親に与えられた神をあがめました。あなたはお母さんに感謝の意をどのような形で表しておられるでしょうか？

五月三十日　神の恵みを喜び楽しむ

大会衆の中での私の賛美はあなたからのものです。

（詩篇二二・二五）

屋久島旅行の後日談です。母はたいへん喜んでいました。親孝行してあげようという思いで行った旅行でしたが、逆に母が旅費を出し、それに私たちが乗って、一緒に楽しい時を過ごし、お小遣いと感謝の手紙をもらった時、私たちが感激して喜んでくれたことが、母にとって大変うれしかったようでした。

私たちは、救いを受ける前には、どんな良いことをすれば救いを与えられるのだろうかと、善を積むことを励みます。しかし、福音（私たちの行った義のわざによってではなく、一方的な神の愛とキリストの十字架の犠牲により信仰によって救われる）の意味を知るに及んで、この神からの賜物を感謝して喜んで受け取る時、そのことを神は喜ばれます。

救いを受けた後も、どんなことをして神様を喜ばせようか、という思いを相変わらず私たちは持っています。それで、神様抜きに自分で考え、「これでは駄目だろうか、もっと立派に」などと考え、恵みを感謝して受け、その感謝を喜びと賛美で表すことがどんなに神様の喜ばれることになるかという事実を、ついぞ見失ってしまいます。それが私の若い頃の経験です。

もちろん、主に示されたことに励み、導きを得ながらそれを達成することも重要です。しかし、今回の母と過ごした経験を通して、私たちが恵みを感謝して受け、それを喜び楽しむことがどんなに神様のお喜びになることか、あらためて感じました。

神が喜ばれるのは私たちがする何かよりも私たち自身であり、私たちの喜ぶ姿なのです。神様から、感謝してその恵みを受け取り、その臨在と恵みの中で喜び楽しみ、そのうれしさを賛美で表す。そのことを神はお望みなのです。

真の感謝と賛美、それは、私たち自身からではなく、神様から出るものなのです。

五月三十一日　お蔭様で！

この世界とその中にあるすべてのものをお造りになった神は、天地の主ですから、手でこしらえた宮などにはお住みになりません。

（使徒一七・二四）

日本には「お蔭様で」という美しい言葉が、今でも年配の方々の間に残っています。自分がこのように幸せで、健康、家内安全でいられるのは、皆様のお陰、という挨拶です。自分がそれを成し遂げたという気負いはなく、周囲の方々への感謝、日本人が無意識にイメージしている神への謙虚な感謝の思いを含んでいます。つまり、神が主語であり、自分ではないという思いが無意識のうちにもあるのです。

現代は感謝を忘れた時代です。何かを与えられてもそれは当たり前、足りなかったり、気に入らなかったりすれば周囲のせいにして、不満をかこつ者の少なくない時代です。

そこには神様の入られる余地はなく、神が天地の主であるという思いはさらさらありません。神様を信じキリスト者になっても、それは頭の中の考えであって、依然として自分が主語であり、述語であり、神様はせいぜい補語なのです。私たちは「神はいない」という世界に生き、動き、存在しているのです。日常の行動を思い返してみて、どうでしょう？

天地とその中のすべてのものを創造された神は、天地の主です。聖書は神の主権を当然のこととして宣言しています。ヨブが、「私は裸で母の胎から出て来た。また、裸でかしこに帰ろう。主は与え、主は取られる。主の御名はほむべきかな」（ヨブ一・二一）と言ったように、私たちの生命は、この方の手の内にあります。

しかし、同時に神様は私たちをこよなくいつくしむという意味でも主語であられます。私たちの知らないところで私たちを守り、導く神の主権と愛、これを頭ではなく、心の中に御言葉の体験として受け入れていくことが肝要でしょう。

6月

June

六月一日　礼拝は日常の中での主との出会い

それは、前からキリストに望みを置いていた私たちが、神の栄光をほめたたえるためです。

（エペソ一・一二）

エペソ人への手紙一章を見ると、神がその思いの丈とあらゆる思慮深さをもって、私たちのために、世界の基《もとい》の置かれる前から遠大な救いの計画を立て、その救いの恵みに与《あずか》らせてくださった目的は、私たちが神の栄光をほめたたえるためであると述べられています。

神の栄光をほめたたえるとは神様の臨在と栄光に接し、その栄光をほめたたえることです。それは礼拝そのものです。礼拝は聖日に行われる聖日礼拝だけではありません。それも礼拝ですが、礼拝とは人が神様と出会い、その臨在に触れ、聖なる神の御前に自分の罪深さを自覚して膝を屈め、大いなる神をあがめ、賛美し、その栄光をほめたたえることです。

そのためには、その栄光を感じ取る霊的な感覚、霊の耳、霊の目が開かれていなければなりません。別の表現を使えば、私たちのうちに神が住まわせられた聖霊の声に対する敏い感覚をもって、神様の臨在、その栄光の現れを感じ取り、その栄光を私たちのすべてをもってほめたたえることです。それには霊的な感覚を磨くことが必要です。それには訓練が必要です。

神様が栄光を現してくださるのは、何か、特別な場合、特別な時だけではありません。

私たちの日常生活の場で、主がその臨在を現し、私たちと出会い、その栄光に与らせてくださいます。日常のふとした出来事、人との出会い、御言葉への気づき、などを通して神様がその臨在を現し、私の抱えている問題に働きかけてくださいます。それを感じ取ることができるか、できないかを左右するのは、右に述べた私たちの霊的な感覚です。その感覚で私たちが主の臨在や栄光に気づく時、私たちは御名をあがめ、礼拝するのです。

六月二日　自分の姿が見える

こういうわけで、翌日、アグリッパとベルニケは、大いに威儀を整えて到着し、千人隊長たちや市の首脳者たちにつき添われて講堂に入った。

（使徒二五・二三）

人はなかなか自分自身が見えないものです。童話の中に出てくるライオンさんも、羊さんや兎さんと遊びたいのに誰も遊んでくれず、逃げて行ってしまうその理由がわかりません。

私の内科の外来に来ておられる、ある男性の患者さんが、今は、私の息子（内科医）に診てもらっており、その時に言われたそうです。「先生のお父さんは毎日ひげを剃って、きちっとしておられるのに、先生は無精ひげを生やしておられますね」と。

その方は古典的うつ病で、今はすっかり良くなっておられるのですが、性格は几帳面な人です。その性格ゆえ自分の思いどおりにきちっとならないことが無意識のうちにフラストレーションになり、不眠やうつになる、と一般的には言われています。

それを聞いて、私は自分の姿が見えた気がしました。自分では気づかなかったけれども、他人にはそのように見えているのか、と。その方は長い付き合いですので私にも冗談を言ったりされますが、息子はそのような身なりをしているので、話しやすかったのかな？　とも。私も相手が心を開きやすいように気を配っていたと思っていましたが、まだ人が近づきにくい物腰や身なりをしているのではないか、そう思ってみると確かにその節《ふし》もあるな、と。

もちろんいい加減な身だしなみでは、医師として他人から信頼されない部分もあるので一概には言えないものの、考えさせられる経験でした。そして上の聖句を思い出したのです。

アグリッパとベルニケは、軽く見られないために意識的にそうしましたが、自分は意識しないで同じようなことをしているのではないか、まずかったと教えられ、御名をあがめました。

六月三日　知・情・意の全人格的信仰

神は、みこころのままに、あなたがたのうちに働いて志を立てさせ、事を行わせてくださるのです。

（ピリピ二・一三）

キリスト者には免許皆伝はなく救われてもまだ発展途上です。その過程は次のようです。

まず、知ること（御言葉から、神の国、師の考え、弟子のあり方等々）です。次に、行うこと（師の勧めを言われたとおり行い、達成感と恵みを経験する）です。そして、実感すること（恵みの体験の積み重ねが主にある平安を与えてくれます）です。

主の弟子であるキリスト者の道は、初めのうちは幸せの実感は断続的で、みこころに従って実践するほか仕方がありません。達成感や喜びの実感、動かない平安は後からついてきます。

御言葉は、神が私たちの内に強い意志（志）を立てさせて、いろいろなことを成し遂げさせてくださると、教えています。けれども、よく考えてみると志を立てるほどの思いは感動を伴った体験や数々の御言葉の大系、それは福音にほかなりませんが、それを得させてくださった神への感謝の思いによって私たちのうちに自然に起こってくるものです。

キリスト者の道は、初めは何もわからなくても、信じ従っているうちに、だんだん、やっている意味、自分自身の神の国の中での立ち位置（アイデンティティー）がわかってきます。自分を肯定的に受け止めることができるようになり、それと平行して、御言葉に従い、そこに思ってもみない神の恵みを体験し、あらためて神様のすばらしさを知ります。そのうち動かない喜びと平安が実感となり、人生が楽しくなってきます。それがキリスト者の真骨頂です。

感性の豊かな人では知・情だけで終わり、意（実践）の部分が弱いのでは、と感じるのは私の偏見でしょうか。実践して恵みの体験を積み重ねると、主をもっと知ることになります。

六月四日　聖霊のご降臨

わたしは父にお願いします。そうすれば、父はもうひとりの助け主をあなたがたにお与えになります。その助け主がいつまでもあなたがたと、ともにおられるためにです。その方は、真理の御霊です。　（ヨハネ一四・一六、一七）

十二弟子はこの言葉を聞いた時、何を言っておられるのか、おそらくその意味がわかりませんでした。ましてや、何のために聖霊をくださるのか、わからなかったと思います。しかし、主はあと数日で弟子たちの前から取り去られることを予期しておられました。

一方、弟子たちの内でそれに感づいていた者は、マグダラのマリヤとイスカリオテのユダを除いて一人もいませんでした。その証拠には、主と別れる最後の晩餐の時にも、弟子たちは自分たちの中で誰が一番偉いかという議論をしていたのです。そのように鈍い弟子たちを残して主は、彼らのもとを去って行かなければなりません。

イエス様は、ご自分がいなくて、どうして弟子たちを、ご自分のように謙遜で、愛に溢れ、かつ人を恐れぬ世界宣教の勇士に訓練できるでしょうか。

神様の、その解決の切り札が「聖霊」であったのです。「もうひとりの」というからには、聖霊は主に次ぐ二人目の方で、言語的には、主と同じ性質を持った、双子のようなもうひとりの方ということになります。

ある意味で、福音書も、キリストのみこころやその姿、意思、ビジョンを細かく書いた、弟子を導き、訓練する「もうひとりの助け主」かもしれませんが、聖霊ご自身は、これとは違い、人格を持った、主の思いに呼応する、弟子たち（私たち）に与えられ、弟子（私）を導くキリストご自身の御霊です。今月はその聖霊降臨の記念の月です。

あなたはこの方にどのように導かれていますか。自由にあなたの内で働かれているでしょうか。

六月五日　ＳＯＳが許される社会

何も思い煩わないで、あらゆる場合に、感謝をもってささげる祈りと願いによって、あなたがたの願い事を神に知っていただきなさい。そうすれば、人のすべての考えにまさる神の平安が、あなたがたの心と思いをキリスト・イエスにあって守ってくれます。

（ピリピ四・六、七）

現代社会は失敗や手を抜くことが許されず、ＳＯＳ（助けを求める合図）を出しにくい社会です。それがむしろ普通になっています。若い人の間でもそうです。いったん失敗をやらかすと、周囲や上司から散々つつかれ、トラウマ（心の傷）となり、それが嵩《こう》じて、また失敗しはしないかとおどおどしたり、眠れなかったりして苦しんでいる人、精神安定剤を飲んでいる人をしばしば見かけます。いつも張り詰めていて緊張がとれず、人に心を開くことができません。悩みを一人で抱えています。上司はと言えば、同僚や部下に心を開くこともできません。立場を危うくするからです。皆さんはいかがでしょうか？

筆者自身も人生で最も忙しかった数年間は充実していましたが、忙しすぎてゆっくり心を開いて上司や仲間と語り合うこともできず、ＳＯＳを出したら悪いと思っていました。と言うのは、上司も立派な人たちで、自分を犠牲にして働いていたからです。

失敗は成功の母と言うように、失敗が許されてこそ人は伸び伸びと育ち、それを通して人生を学んでいきます。「次世代を育てる」ためには、そのような伸びやかさが必要です。

教会こそ罪が赦され、ＳＯＳが許される社会です。そこで人は緊張を緩め、心を開いて神様のご臨在といつくしみに触れ、トラウマが癒される所です。そうしてこそ、その人の本当の感謝と賛美が溢れるのです。冒頭の聖句は、神様に心を開いてＳＯＳを発信し、人知にまさる神の平安を自分のものとするようにと勧めています。あなたはいかがでしょうか。

六月六日　ビジョンを具体化

キリスト・イエスにおいて上に召してくださる神の栄冠を得るために、目標を目ざして一心に走っているのです。（ピリピ三・一四）

右の聖句でパウロは明確な目標、つまりビジョンを持って一心に走っていたことがわかります。

私たちの教会もそれを持っています。それは「次世代を育てる」という目標、つまりビジョンです。教会では当面、半永久的なこの教会のビジョンとして、その言葉を新たに決めました。

ある時までこの教会は意識せずとも、そのようなビジョンを持ち、それが具体化され新しい教会を開拓し、そこで若い人たちが育ち、次の教会を開拓するという組織風土がありました。

ビジョンや目標がなければ、誰も意識しなくなり、いつの間にか忘れ去られてしまいます。実際がそうでした。二十年を経て、「集団指導制を牧師制に」という声が草の根的に湧き上がり、ビジョンの旗振り役として私が牧師に導かれました。当初は旗の振り方、掛け声のかけ方が分らず、右往左往しましたが、失敗を通して人は学びます。ようやく上のようなビジョンが掲げられました。これは教会が昔のような活気を取り戻し、主の役に立つ若い人々を育成し、日本の福音化の一端を担おうというビジョンです。

しかし、ビジョンは目に見えない概念であって、目に見える形に具体化されないと、私たちは現実に動きだすことはありません。掛け声（スローガン）だけで終わってしまいます。

掛け声によってこれが意識されるようになり、それが霊的風土を造り上げ、枠組みが組織され、具体的な行動計画となり、実際に私たちが動き出し、私たち各人も御言葉で示されたことを悟り、行動することが常識となり、まさしくビジョンが具体化することになります。信じて行うなら、神様はそれを私たちのうちに実現してくださいます。

六月七日　ゆとり運転の勧め

聞きなさい。「きょうか、あす、これこれの町に行き、そこに一年いて、商売をして、もうけよう」と言う人たち。あなたがたには、あすのことはわからないのです。あなたがたのいのちは、いったいどのようなものですか。あなたがたは、しばらくの間現れて、それから消えてしまう霧にすぎません。むしろ、あなたがたはこう言うべきです。「主のみこころなら、私たちは生きていて、このことを、または、あのことをしよう。」（ヤコブ四・一三〜一五）

朝、通勤する車の交通情報でよく耳にする言葉です。「ゆとりをもってお出かけください。」

私は若い頃、同僚から言われました。「先生は途中で横道に入って行ったけど、着いたのは一緒だったよ。」　タクシーの運転手さんのように少しでも早く着くような運転をしていたのです。

ほとんどの運転手に、車線を変更してでも早く着きたいという意識・無意識の心理が働いています。早く着いて少しでも多くの仕事をしたいのでしょうが、運転にゆとりがなくなり事故につながります。人身事故であれば元も子もありません。

何かを見落としています。仕事の量を減らして安全を取るか、リスクを覚悟に仕事を取るか。賢い人はそれを心得ています。ゆとり運転が必要です。

人生をどう運転するかにもゆとりが必要です。ヤコブはまさにそのことを書いています。私たちの心には多くの計画があります（箴言一九・二一）。「多くの計画」の本態はなんでしょうか。聖書はそれをむさぼり、つまり、必要以上のものを欲しがることであると言います。十戒の十番目の戒めを破る罪に当たるというわけです（ローマ一三・九）。

多くの計画、それに心を奪われると、車の運転と同じ過ちを犯します。身のほどを知らず、人生の主権者が誰であるかを忘れているのです。それをわきまえるゆとりが必要です。

六月八日　依り頼む信仰

信仰がなくては、神に喜ばれることはできません。神に近づく者は、神がおられることと、神を求める者には報いてくださる方であることとを、信じなければならないのです。

（ヘブル一一・六）

神の存在を信じることにそれほど努力は必要ありません。また、人が福音を信じて救われるための信仰も、若い人ならチャンスがあればそれほどの努力はいりません。

しかし、お坊さんがイエス・キリストを信じる時には、右に書いた信仰よりもっと大きな信仰が必要です。なぜなら神様やイエス様を信じることによって、自分の生計が損なわれるばかりか、寝る家を失うかもしれないからです。その時、依り頼む真の信仰が試されます。

ディボーションや聖日の説教で、分かち合いや人の言葉を通して、いろいろな状況や出来事から示されたことを神様からの語りかけだと悟り、これに答えて、私たちが歩み出すには、後者の依り頼む信仰が必要です。

しかし、だからといって神様は私たちに、とてつもない信仰を試すようなことはなさいません。私たちに見合った信仰の語りかけをされます。アブラハムが、自分のひとり子イサクをささげるように神様から語りかけられた時、すでに彼は数十年の信仰の歩みを経験していました。

私たちが御言葉から、また日常生活の中から神様の語りかけに気づいて御霊の助けによって信仰の一歩を踏み出す時、神様は恵みの御手をもって働いてくださいます。もちろん、その神の御手を認める霊の目は必要です。そのような体験を積み重ねることが重要です。それを通して私たちの信仰が強められていきます。

あなたは、そのような神様からの語りかけを聞いておられませんか？

六月九日　主を畏れる

こういうわけで、私たちは、主を恐れることを知っているので、人々を説得しようとするのです。私たちのことは、神の御前に明らかです。しかし、あなたがたの良心にも明らかになることが、私の望みです。（Ⅱコリント五・一一）

私たちは、主を畏れることを真に知っているでしょうか。人はうわべを見るが、主は心を見る方（Ⅰサムエル一六・七）であり、魂の裁き主です（ルカ一二・五）。

パウロは体験（使徒九章）を通してこのことをよく知っていたので、自分の裏も表も知っておられるこの主の御前に畏れをもって歩み、コリントの聖徒たちをも説得したのです。では、この真理を経験していない者にとってもこれは真理なのでしょうか？

もちろん、そのとおりです。ですから、この真理がコリントの人々にも単なる教理（ロゴス）でなく実際生活を変えていく個人的な自分への主の言葉（レーマ）となるように勧めています。

コリントの人々は救われてはいても、そのみだらな生活はいまだ主によって変えられていなかったからです。私たちの心の秘密は人には隠しおおせても、主の御前には到底、隠しおおせるものではありません。私たちはこの主の前に申し開きをする時が来るのです。このことを軽く考えている間は、上の真理は自分と関係ない単なる一般的教理にすぎません。

しかし、この真理を体験し、主を畏れることを知った者は御前に膝を屈め、主に出会い、主の聖さと愛に触れ、すべてを委ね、主に従う者、主に似る者へと変えられていくでしょう。

これが真の礼拝です。教会はこのような者たちによって礼拝がささげられます。私たちは、このような礼拝に招かれているのです。

あなたにとって、主を畏れることは単なる言葉でしょうか。それとも……。

六月十日　癒されるのは何のため

「……わたしは主、あなたをいやす者である。」
（出エジプト一五・二六）

睡眠は何のためにあるのでしょうか？　一日中働いて疲れた身体や頭を休めるためです。それは、翌日また元気に働くためです。これは神様が人間に定められた原則のようなもので、寝ないで働き続けることはできません。睡眠が必要です。

しかし、いつまでも寝ていては睡眠本来の意味がありません。睡眠は翌日元気に働くためにあるのですから。一方、不眠不休で働くのも考えもので、危険ですらあります。

神様からの癒しも同様です。福音の中に込められている神様のいつくしみは私たちを慰めます。それは、この世の戦いの中で、疲れ、傷ついた心が癒されるためです。癒されることなしに戦い続けることはできません。倒れてしまうのがおちです。

しかし、御言葉に耳を傾ける時、叱咤激励《しったげきれい》する言葉や罪をとがめる言葉にのみ、目がとまることがあります。恵みでなく律法的な信仰に傾いているせいかもしれません。その時は、分かち合いの中で間違いに気づかされる必要があるでしょう。心にやましいことがあるからかもしれません。その時は悔い改めが必要です。主の前に出て本当に悔い改めの祈りをするなら、悔い改めの涙はその人を癒します。

我らの主は、基本的には傷つける方でなく、癒す方です。疲れ傷ついた心に、御言葉や日常の出来事、人との出会いなどの陰で働いてくださり、慰めてくださいます。癒された後なら、厳しい御言葉にも抵抗なく耳を傾け素直に悔い改め、実践することができます。

御前に出て、主ご自身の臨在に触れた時には、素直に御言葉に従うことができます。

あなたの御言葉の聞き方はこのようなバランスがとれているでしょうか。

六月十一日　隣人のニーズに答える

　してみると、あなたがたは、悪い者ではあっても、自分の子どもには良い物を与えることを知っているのです。とすれば、なおのこと、天におられるあなたがたの父が、どうして、求める者たちに良いものを下さらないことがありましょう。それで、何事でも、自分にしてもらいたいことは、ほかの人にもそのようにしなさい。これが律法であり預言者です。

（マタイ七・一一、一二）

　右の聖句の後半の言葉、隣人への態度は「黄金律」として広く知られています。

　儒教の影響の強い日本人は道徳的な観点からキリスト教を見、イエス様が語り、成就された神の国や福音には目が届かないで、キリスト教を道徳的な戒めと理解しています。

　黄金律は道徳律の最高峰と受け取られているのですが、その前に肝心な前半の言葉（神のいつくしみの心）があるのは忘れられています。実は、二つとも神のみこころであり、前半の事実があるので後半にこうありなさい、とイエス様は言われたのです。

　「ゴッドファーザー」というマフィア映画の親ではありませんが、そのような悪い者でも自分の子どもには親としての特別な思いがあります。とすれば、なおのこと神様は私たちを特別に愛していかなる必要をも満たしてくださるはずです。

　天におられる神様が私たちにそのように接してくださるのだから、安心し、また、それに倣《なら》って他人の必要にも答えなさいというわけです。

　あなたの隣人とは誰でしょう？　してもらいたいこととは何でしょう？　ギスギスした現代社会で愛に渇いている隣人の必要《ニーズ》にキリストの愛をもって答えることです。そうすれば、私たちのうちにおられるイエス・キリストがその人に伝わるでしょう。

　福音宣教とは言葉だけではなく、イエス様とその愛を私たちが隣人に届けることなのです。

六月十二日　ビジョン力

彼らが主を礼拝し、断食をしていると、聖霊が、「バルナバとサウロをわたしのために聖別して、わたしが召した任務につかせなさい」と言われた。

（使徒一三・二）

「Man is as big as his dreams.（人が抱いている夢がその人のスケールを決める）」　誰の言葉か定かではありませんが、ある企業のキャッチコピーです。

夢はビジョンです。夢が彼の思いをいつもそこへ向かわせ、何事もその夢と関連付けて考えさせます。彼はその可能性や優先順位を考え、計画やグランドデザインを思い描き、生き生きした毎日を送り、それが彼の人生を刻んでいきます。夢は生きがいや情熱を与えるので、困難や試練も問題ではなくむしろ益です。それを乗り越える経験を通して、その人は夢に向かって大きく羽ばたいて行きます。

逆に、夢がなければ目先のことを考えて場当り的になり、優先順位やグランドデザインを考えることなどなく、彼はそれなりの人生とそれなりの人で終わってしまいます。

これらのことを聞くと、私を含め多くの年配の方が、がっかりされるかもしれません。ちょっと待ってください。まだチャンスはあります。それは、後輩を育てる夢です。それは神様から来ます。

アンテオケの教会は保守的なエルサレム教会と違い、異邦人や若い人の多い、革新的で活気に満ち、しかも祈り深い教会でした。きっと彼らは教会の中で、主にある夢やビジョンを語り合い、祈るような霊的な風土があったのでしょう。そのような教会に神様はビジョンを与えられたのです。新しい葡萄酒は古い皮袋でなく、新しい皮袋（後輩）に入れ、神様がすばらしい葡萄酒に醸成されるのを助ける仕事、しかも彼らを通して神の国が建設されるのを支援する尊い働きです。私たちは目先のことだけでなく霊の目が開かれ主にあるビジョンを語り合い、祈りのうちにその答えを待つべきではないでしょうか。

六月十三日　前向きの信仰

その日、エルサレムの教会に対する激しい迫害が起こり、使徒たち以外のものはみな、ユダヤとサマリヤの諸地方に散らされた。……他方、散らされた人たちは、みことばを宣べながら、巡り歩いた。

（使徒八・一、四）

アイスランドとグリーンランドとは、北極圏に互いに隣り合う、飛行機で二時間位の距離にある、いずれも氷に覆われた二つの島です。

二〇一〇年、火山の噴火で世界の航空網が麻痺して脚光を浴びたアイスランドは、八世紀に、ノルウエーから海を越えてやって来たバイキングたちが氷の島を見て、「アイスランド」と名付けたのだそうです。

バイキングたちは、さらに北に向かって次の新しい氷の島に上陸しますが、あまりの寒さに、新たな後続者を募るため、あえて「グリーンランド」と名付けた由です。

信仰についても同じです。私たちが物事を見る時、現時点の暗さ、冷たさを見るのか、それとも信仰によって、その向こうに潜在する可能性、神の全能の力と恵みの働く余地を見るのかによって、その人の気分や考え方、行動、ひいては人生が全く違ってくるでしょう。そう見るか見ないか、そう見て前向きに歩み出すかどうかが問われるところです。

使徒たちは、迫害によって散らされましたが、それにめげずに御言葉を宣べ伝えました。

このような考え方、生き方は、神の可能性を信じて神様に尋ね、神様が御言葉や出来事、環境によって示されたことに、信じて最初の一歩を歩み出すことから始まります。時には先輩か神様かにその肩を押してもらうことが必要かもしれません。とにかく、「信仰の第一歩」を前向きに歩み出すことです。

それから後は、神様の出番です。示されるとおりに神様について行けば神様は働かれ、神の恵みを経験するでしょう。それが信仰です。

六月十四日　主を証しする人に

「主の御名を呼び求める者は、だれでも救われる」のです。しかし、信じたことのない方を、どうして呼び求めることができるでしょう。聞いたことのない方を、どうして信じることができるでしょう。宣べ伝える人がなくて、どうして聞くことができるでしょう。

（ローマ一〇・一三、一四）

私たちは、主の御名を呼び求める信仰を与えられて救われました。しかも、日本人の中のほんの一握りの選ばれた者として救われたのです。その陰に、この方を宣べ伝える人がいたはずです。今、自分に福音を宣べ伝えてくれた人のことを思い起こしてみましょう。そのことで、主と主を宣べ伝えてくれたその人に心から感謝しようではありませんか。

私たちが、その感謝を表すには何が一番ふさわしいのでしょうか？

もちろん、第一に感謝をもって主の御名を賛美し、ほめたたえることでしょう。

次は、主が示された隣人に、私たちが主を宣べ伝えることだと思います。「えっ！　どうして私にそんなことができるだろう？」という声が聞こえてきそうです。

人に救いを与えられるのは主です。主が働いて人を救われます。私たちはそのために手伝う手足にすぎません。私たちにできることを通して主が働かれます。ですから、霊の耳を澄まして主の指示を聴き取らなければなりません。「ほら、この人だよ」とか、「今、この人にこう話しかけてごらん」とか……（使徒八・二九参照）。神様は私たちに無理難題を吹っ掛ける方ではありません。私たちを通して、私たちにできる方法を通して働かれます。

私たちでも、主を証しすることができます。要は、御霊の声に耳を傾ける態度とその実地訓練です。従順に従ううちに私たちは訓練され、主を宣べ伝える人に造り変えられます。

六月十五日　御言葉は適用が肝心

だから、わたしのこれらのことばを聞いてそれを行う者はみな、岩の上に自分の家を建てた賢い人に比べることができます。

（マタイ七・二四）

イエス様は山上の垂訓を三章にわたって説教し、締めくくりとして右の言葉をお話しになりました。つまり、今まで話した教訓（神の国の価値観）を自分に適用して行うことが肝心なのだ、と。

私がバプテスマを受けた時、ある宣教師から、毎日聖書を読むこと、祈ること、集まりに出席すること、福音を証しすることを日課として行うよう勧められました。それから二十数年経ったある時まで、このことをほぼ忠実に守ってきたと思っていました。

しかし、ある、ディボーション・セミナーで、「御言葉は『適用』が大切」という言葉を聞いた時、その意味をすぐに理解できませんでした。私が御言葉を自分に適用していたら、すぐにピンときたはずですから、それをあまり意識していなかったということになります。

私は御言葉の意味がわかった時、「ああ、そうかわかった」とそれで満足していました。しかし、この時以来、御言葉を自分に具体的に適用することを考えるようになりました。

適用の一つの誤りは、自分でなく他人に適用することです。ご主人が、奥さんに、「妻は夫に従うように」と聖書に書いているではないか！　と言う前に、ご主人は、「キリストが教会を愛し、ご自身をささげられたように」奥さんを愛すべきなのです。

もう一つの誤りは、非現実的なことを適用しようとすることです。「狭い門から入りなさい」という御言葉を聴き、実力を考えもしないで東大受験を思い立つなら、それは適用が間違っています。

御言葉を自分に具体的に適用し、どうすれば実現できるかと主に尋ねる祈りの中で主はそれを教え、実践する時、助けも与えてくださいます。

六月十六日　父の教え

そこで、わが子よ。キリスト・イエスにある恵みによって強くなりなさい。多くの証人の前で私から聞いたことを、他の人にも教える力のある忠実な人たちにゆだねなさい。

（Ⅱテモテ二・一、二）

私の父は戦死しましたので、写真や母の昔ばなしでしか父を知りません。しかし、私の性格その他が父や、私を育ててくれた伯父に似ているとあらためて思います。人が育っていくのに母の愛と父の薫陶が必要であることは論を俟《ま》ちません。

戦争未亡人であった母が洋裁の勉強のため上京していた間の私の小学校時代は、母の兄である外科医の伯父の家に預けられました。伯父は優しく、有能で、ユーモアに富んだ人でした。

母はこの伯父と同窓であった父と結婚しました。伯父は自分の親友の忘れ形見である私を、自分の子ども同様に育ててくれました。

伯母からは何度も叱られたことを覚えていますが、伯父からは一度も叱られた覚えがありません。それでも、体格の良い伯父は貫禄があり、ちょっと恐い存在でもありました。ですから、伯父から言われると素直に従う自分でした。

その伯父が、患家からの電話一本で、霧島降しの寒風の中を自転車で往診に行く姿を見ながら育った私が、今になって考えてみると伯父と同じことをしている自分に気づきます。

私が大学に入ってすぐ、伯父が私に父親のような手紙をくれたのを今でも思い出します。伯父の生きていた価値観／世界観をその言葉と背中で示してくれていたのです。

世を去るにあたってパウロは、今や教会の指導者となった後継者のひとりテモテに、自分の子どものように手紙で指導者のあり方を諭しています。それは主の恵みによって強くされ、福音と福音に生きる生き方を次の世代に継承させることでした。

六月十七日　キリスト者のアイデンティティー

イエスは答えられた。「わたしの国はこの世のものではありません。もしこの世のものであったなら、わたしのしもべたちが、わたしをユダヤ人に渡さないように、戦ったことでしょう。しかし、事実、わたしの国はこの世のものではありません。」

（ヨハネ一八・三六）

人間には自分の心の拠り所（アイデンティティー）が必要です。忙しく心のすさんだ時代、人が自分のことしか考えない自己中心の時代に生きている私たちには特にそうです。

切れやすい相手に、キリスト者が忍耐と愛をもって接することができるためには、相手と同じ土俵で接していてはこちらも切れてしまいます。

社会主義はソ連や中国も自由化路線への修正を余儀なくされてその不完全さを露呈し、資本主義も富を公平に分配することを知らない人たちが、なりふり構わず富を蓄積し、弱者を自己責任と決めつけてはばからない時代です。資本主義も自己破綻への道をたどっています。

私たちはそれとはまったく無関係かと言えばそうではありません。私たちも知らないうちに資本主義社会のただ中で自分も何かに追われているかのように、「もっと欲しい、もっと欲しい」と、より良いものをより多く得たいと働き、競争し、同僚や自分に重荷を課し、息苦しい毎日を送っていないでしょうか。

努力が悪いと言っているわけではありません。自分を見失ってはならないと言っているのです。

人は、いったん立ち止まって、広く全体を見渡すことのできる立場、拠点が必要です。それは、社会主義や資本主義を超えたより広い世界観、神の国の世界観です。私たちはそこにある自分に喜びを見出し、そこに憩い、そこからものを考え、行動するのです。

それがキリスト者のアイデンティティーです。

六月十八日　神の国はからし種

神の国は……からし種のようなものです。それを取って庭に蒔いたところ、生長して木になり、空の鳥が枝に巣を作りました。

（ルカ一三・一八、一九）

主は神の国をからし種に譬えられます。神の国とは神の支配下にある領域、その中にいる人、またその集合です。神のご支配がどんなにすばらしいかがわかると、人は今まで大事に握りしめていた宝が、朽ちていく物にすぎないことに気づき、一つ一つ、手放していきます。

そのようにして、神ご自身のすばらしさ、その方のご支配の下にいることの幸せを発見しながら、人は成長し、主に似る者へと変えられていきます。キリスト者の人生は、人が神の国で神のご支配、聖霊のご支配を受ける度合いが増え、からし種が育っていく過程のようです。

人が神の国で成長しながら、御言葉の原則のもと、聖霊のご支配の中で、互いに影響し合い、神の国のすばらしさをもっとわかるようになると、個人の集合である教会も神様のご支配を広く受けるようになり、成熟し、人々が集まり、成長していきます。

それは構成メンバーが、聖霊のご臨在の下、互いの違いを認めて、愛によって御霊の一致を守ることにより初めて可能です。主がこの人を救いたいと思って招かれた新来者の方々が、居心地の良い、神の国のすばらしさを体験できるような場、臨在に満ちた主日礼拝、同様な主にある小グループの交わり等々が必要です。

今、神はそれぞれの教会を大きく育て、その中で鳥が巣を作り、ひなを育て、巣立っていく教会にしたいと願っておられます。この世のワールドカップにすら人が集まり熱狂するのですから、まして、もっとすばらしい神の国（教会）に人が集められないわけがありません。私たちももっと神の国とその王のすばらしさを知ろうではありませんか。

六月十九日　コミュニケーション力

しかし主よ。あなたは、あわれみ深く、情け深い神。怒るのにおそく、恵みとまことに富んでおられます。

（詩篇八六・一五）

人は周囲の人、物、環境との関わりの中に生きています。それは五感を通して私たちに働きかけ、とっさの衝動や無意識の反応、あるいは考えた上での行動として現れます。

動物も鳴き声でコミュニケーションを交わしていると言われますが、人間は言葉とボディーランゲージで情報（知、情、意）を交換します。しかし、正しく伝わっているかどうかは、夫婦間でも一〇〇％でないことは私たち自身がよく知っています。

コミュニケーション力は育った環境や、人との関わり方がそれまでどうであったかによって違ってきます。たとえば、自由にものが言えない環境で育つと、緊張して、目上の人に対して上手に言おうとすると頭が真っ白になり、言いたいことも言えずに終わってしまいます。これには、場数を踏む訓練（証しやディベート）の場が必要でしょう。

受信する側は相手が自由な雰囲気で本音が言えるように配慮が必要です。発信する側も相手の受信レベルやその相手がどう受け取っているかを判断しながら発信する必要があります。

これは、相手が神様でも同様です。親や学校、教会が神様をどう受け取っており、神様からどう思われていると感じているかによって、そこで育つ人も神様をそのように受け取り、神様からそう思われていると受け取ります。神様とのコミュニケーションも環境によります。

上の聖句はダビデの詩篇と言われています。彼は末っ子で、その点、親からの律法的な躾《しつ》けを受けにくく感性豊かに育ち、羊飼いとしての生活の中で神様を体験し、神様がどんな方か、神様からどう自分が思われているかをよく知っていました。

あなたはいかがですか？

六月二十日　父を走らせたものは？

こうして彼は立ち上がって、自分の父のもとに行った。ところが、まだ家までは遠かったのに、父親は彼を見つけ、かわいそうに思い、走り寄って彼を抱き、口づけした。

（ルカ一五・二〇）

「放蕩息子の譬え」は、短編小説で名を馳せた芥川龍之介に〝世界最高の短編小説〟と言わせた、聖書の中でもたいへん感動的なくだりです。

ある人にふたりの息子がいました。ある日、弟息子が財産の分け前を求めました。それで父親は身代を二人に分けてやりました。ほどなく弟は荷物をまとめて遠い国に旅立ちました。彼は放蕩し、湯水のように財産を使い果たしました。その後、大飢饉が起こり、彼は食べる物にも窮し始めました。彼は豚の食べるいなご豆で腹を満たしたいほどでしたが、誰ひとり助けてくれる者はいませんでした。我に返った息子は父のもとに帰ろうと決心しました、「天に対しても、あなたの前にも罪を犯しました」と……。その後、冒頭の聖句が続きます。父は息子の言葉を遮《さえぎ》り、最上の着物と履物、印形《いんぎょう》（印鑑つき指輪）を持って来させ、祝宴を準備させます。

それを聞いて弟を妬み、不満を漏らす兄息子に父親は言います。「死んでいたのが生き返り、いなくなっていたのが、見つかったのだから、楽しんで喜ぶのは当たり前ではないか」と。

イスラエルでは、父親の権威と尊厳は絶大で、誰も侵すことはできません。尊厳を保つため、慌ててもその本心をその言動に現すことなく、話し方も歩き方もゆっくりとしています。その父親が走ったのですから！

ここに父の本心が現れています。父なる神の本心はその権威と尊厳をかなぐり捨ててまで息子を愛する愛です。たとい放蕩しても、手塩にかけた自分の子どもに変わりはありません。

あなたもこの神の愛の懐に帰りませんか。

六月二十一日　信仰の人間ドックを

すべての人は、罪を犯したので、神からの栄誉を受けることができず、ただ、神の恵みにより、キリスト・イエスによる贖いのゆえに、価なしに義と認められるのです。

（ローマ三・二三、二四）

日本人の死因は多いほうから、がん、心臓病、肺炎、脳卒中、不慮の事故、自殺と続きます。

心臓病、脳卒中の原因は動脈硬化で、これらは高血圧、脂質異常、糖尿病、タバコなどが原因です。これらは症状がありません。ですから人間ドックで症状がないうちに、がんや動脈硬化の素因を早期発見して治療・予防すれば、健康で快適な人生を送ることができます。

信仰生活にも人間ドックが必要です。それにはいくつかの基準があります。

自分の信仰をチェックしてみてください。

①**私の信仰は「確信のある信仰」だろうか？**　今日、突然、がんの告知を受けても、安心できる信仰を持っているだろうか？

②**私の信仰は「恵みの信仰」だろうか？**　罪人《つみびと》の私を主が贖い、赦してくださったことを感謝しているだろうか？　もしや、罪の言い訳をしたり、無意識に善行で自分の罪の償いをしたりしていないだろうか？

③**私の信仰は「主の主権を認める信仰」だろうか？**　地上の人生は私の人生だからと、何でも自分が決める信仰の歩みをしていないだろうか？

あるいは、神様が備えられた試練や課題に文句ばかり言っていないだろうか？　誰が主だろう？

④**私の信仰は「御霊なる主に導かれる信仰」だろうか？**　私は、霊の耳を澄まして、御霊の声を聴き取り、従順にそれに従っているだろうか？

⑤**私の信仰は「御言葉に基づいた信仰」だろうか？**　私の価値観は聖書の価値観だろうか。もしや、この世の価値観ではないだろうか……等々。

六月二十二日　救いを一筆書きで

そこで神である主は、人をエデンの園から追い出されたので、人は自分がそこから取り出された土を耕すようになった。（創世三・二三）

キリストにある救いを一言で説明することは難しいことですが、次のように言うことができます。すなわち、「神との親しい関係を回復する」ことです。右の聖句はこの関係を失った失楽園の記述です。失楽園の原因は、創世記三章全体を見ると「罪」であることがわかります。

神に創造された人間は、罪のため神のもとを追われました。口を糊するため自分で働く必要は生じても、そこは自由の世界でした。けれども罪（神なし、自己中心）の世界でした。どのような結末になるかは容易に想像できます。レフェリー（神）なしの自由競争、弱肉強食の世界で、相手との戦いで、互いに傷つき、苦しみながら生きる世界です。

その人間を見るに見かねて、神はこれ救おうとされました。しかし、聖なる神は人を愛しても罪を見過ごすことはできません。ジレンマの中で、神はご自分の御子をこの地上に遣わし、罪人《つみびと》である我々の代わりに十字架の上で裁き、「これで裁きは終わった」と、神との関係の障害となっていた人間の罪を赦すこととされました。これが、聖書が語る福音です。

神は、悪かったと悔いて、神のもとに帰る者が救いを得ることとされました。救いとは、神との関係回復による幸せな世界のことです。神と親子のような関係、確信ある平安な人生です。その地上の生涯の向こうには御国でのいのちが待っています。これが救いの一筆書きですが、頭でわかっても「絵に描いた餅」で、そのすばらしさはわかりません。

これを実感するためには福音を感謝して受け取る必要があります。そして、この神との関係を経験しながら、おいおいそのすばらしさがわかるようになります。あなたはいかがですか？

六月二十三日　主にある新しいいのち

だれでもキリストのうちにあるなら、その人は新しく造られた者です。古いものは過ぎ去って、見よ、すべてが新しくなりました。

（Ⅱコリント五・一七）

主にあって新しいいのちを与えられたコリントの聖徒たちにその認識が甘く、相変わらずこの世と同じような生き方をしているのを嘆いて、パウロは右の言葉を書きます。「キリストのうちにある」とは、キリストとつながった／つながっていることです。それによって人は主にある新しいいのちに与《あずか》っており、日々新しくされ続けます。

キリスト者はある時、罪の中にいる自分を御霊に示され、回心してキリストを受け入れ救われました。古い、肉の自分が十字架につけられ、主にある新しいいのちを与えられました。そのことを私たちは認識しているでしょうか？　また、それでもう十分なのでしょうか？

否、それは主にある新しいいのちが産声《うぶごえ》をあげただけです。赤ん坊は幼児となり、成人していきます。救われた後も主の言葉に従い、その生き方に倣《なら》うなら、そのいのちが私たちの中で成長していきます。それは、自分を虚しくして御霊に導かれることにより初めて可能です。それは、正直に主の前に出て、主が示されることに言い訳しないで従うことです。

そうするかしないかで、クリスチャン人生は大きく変わってきます。人生や日常生活の様々の場面で御言葉や主に示されたことに従い、主キリストがされたようにすることです。それはまだ見ていない世界へ信仰により、御霊に頼って踏み出すしかありません。しかし、そうすれば主が働いてくださり、その恵みに与《あずか》ります。そのような信仰の経験が必要なのです。私たちは、新しいいのちが育っていくために御言葉と御霊とを与えられています。

私たちは、御霊に促され、御言葉に従って一歩踏み出す信仰が求められています。

六月二十四日　全世界に出て行き……

それから、イエスは彼らにこう言われた。「全世界に出て行き、すべての造られた者に、福音を宣べ伝えなさい。」（マルコ一六・一五）

キリスト者に対する神様のみこころは、出て行って福音を宣べ伝えることです。

もちろん、神様の第一のみこころは全人類が神様の栄光をほめたたえることです。それは、私たちの幸せ（喜びや感謝、平安）なくしてはできません。それも、私一人の幸せだけではなく、私たち人類の幸せです。そのため、神様はまずあなたを救い、弟子とされたのです。キリスト者がこのことを忘れては困ります。あなたを用いてあなたの隣人を救うことが神様のお考えだからです。

ですから、イエス様の弟子たちへの最後のメッセージは右のような命令だったのです。

そのようなことは教会に任せればよい、と言う方がおられるかもしれません。確かに、人間の救いを神様は教会を通して行われます。しかし、ちょっと待ってください。あなたもその教会の立派な一員、あなたも主の弟子なのです。

先に救われた者たちはそこに教会を形成しますが、その教会が自分たちだけで幸いを享受し、外に対しての意識や働きを忘れるなら、弟子が師の命令に従っていないことになります。とんでもない思い違いです。教会は仲良しクラブにとどまってはならないのです。

各人が、全世界に出て行き……という意識を持って自分にできることを行い、一丸となって外に向かっての働きのために祈り、示された具体的な働きをする時、人が救われます。人が永遠の救いに与《あずか》るという厳かで尊い出来事に自分も貢献できたという達成感が各人に生きがいと喜びを与えます。それがキリスト者の生きる意味、これが弟子への師のみこころ、教会への主のみこころです。

六月二十五日　夫婦の分かち合い

みことばを教えられる人は、教える人とすべての良いものを分け合いなさい。

（ガラテヤ六・六）

姉（七十代）夫婦の家に久しぶりに泊まり、食後の団らんに花が咲きました。私が「男と女では考え方や感性が違うので、その違いを理解して話すことが大切なんだよ。男は、『詰まるところ、結論は何だ？』と言って、結論や脈絡のない妻の話を聞こうとしないんだ」と言うと、日頃よくしゃべる姉は「そんなこと知らなかった。結婚した頃から、主人は帰って来るといつも私の話をフンフンと言いながら聞いてくれたので、これが普通と思っていた」と言います。私はびっくりして、姉の話を聞いてくれる義兄への敬意を新たにしました。

私はと言えば、男女の気持ちの機微がわかったのは、五十歳位になってからです。ですから、聞いてもらえない妻は堪《たま》ったものではありません。彼女には日中いろいろなことがあり、その感動やつらさ、憤懣を夫に話したい（分かち合いたい）のです。だって女性は一日中、家や会社にいて無駄口を叩けず、そのようなことは誰にも話せないわけですから……。

翌日、姉はいつも行く病院のリハビリ室で、一緒にいる奥さん仲間に聞いてみたそうです。すると、彼女たちは一様に、夫たちは聞いてくれないので、もう話さなくなったというのです。井戸端会議がその代用になっているのでしょう。姉は、あらためて、ご主人の有り難さがわかったそうです。そういえば、姉にはフラストレーションはなさそうです。

女性は、一日の出来事の中で得た情報や感動したこと、つらかったこと、その「気持ち」を分かち合いたいのです。それを、「結論は何？　つまり何が言いたいの！」とか言われた日には、せっかくその気持ちを分かち合う意欲を削《そ》がれてしまいます。

私たちの分かち合いはどうでしょう？　互いの気持ちも分かち合えているでしょうか？

六月二十六日　三つの価値観の中で

あなたがたは、恵みのゆえに、信仰によって救われたのです。それは、自分自身から出たことではなく、神からの賜物です。

（エペソ二・八）

人は生まれつき自己中心的です。聖書によれば、それは人間の始祖アダムが選び取った罪のゆえです。人間はこの「自己中心的価値観」という枠組みの中に意識せずとも生きていて、争いを引き起こします。ちょうど、交通信号のない国のようです。

しかし、それでは困るので、互いの平和のために、神は人が守るべき律法を与えられました。人間も自分なりに法律や規則を作りました。しかし、これも互いを傷つけます。規則を守る人は守らない人を責め、守れない人はその人を恨むからです。しかし、自分に正直であれば、完全には守れない自分に気づき、自分も同レベルの罪人《つみびと》であると悟ります。

その時、人は謙虚になり、自分が「律法的価値観」の中に生きていてそれを守れないと気づき、この価値観は人を裁くことこそすれ、救うことはできないと気づくのです。

しかし、神は傷ついた人間に福音「恵みの価値観」に生きるように語っておられます。私たちはそれをいただき、その包みを開け、まだ前菜の段階ですが、それを味わっています。

キリスト者はこの地上で生きているかぎり、この三つの価値観の中に生きており、それをあまり意識していません。そして、「自己中心的価値観」を脱ぎ捨て、「律法的価値観」を守れない自分を生きながらも、「恵みの価値観」のすばらしさに目が開け、それを身にまとう時、苦しみ傷つきながら艱難や自分の弱さと戦ってきた自分自身が癒され、隣人に福音の恵みを証しするのです。そしてその地上の生涯の向こう、神の国では主が待っておられます。

あなたは、それを意識し、それに基づいて生きておられるでしょうか？

六月二十七日　鉄は熱いうちに打て！

神のことばは生きていて、力があり、両刃の剣よりも鋭く、たましいと霊、関節と骨髄の分かれ目さえも刺し通し、心のいろいろな考えやはかりごとを判別することができます。
（ヘブル四・一二）

刀鍛冶は、炉にふいごで空気を吹き込みながらそこで鉄を真っ赤に焼き上げます。取り出した鉄はまだ鉄の塊です。それを外に取り出し、熱く真っ赤なうちに叩きます。鉄の中に含まれている硫黄などの不純物を叩き出すためです。熱いうちに叩き延ばしては重ね合わせ、重ね合わせては叩き延ばします。

日本刀の場合は、刃金の部分は十数回ほどの折り返しがなされるそうです。これにより、一万層以上にも及ぶ均質で強靭な鋼へと仕上がっていきます。

これは鉄が熱いうちに叩かなければできない作業です。冷えると硬くなって思うような形に曲げることができなくなるからです。熱いうちになるべく手早くこの作業をするため、鍛冶が次の槌を打つ間に弟子に「相槌《あいづち》」を打たせることも行われます。

私たちもそうです。バプテスマを受け、その心が熱く燃えていて、どんな訓練でも受けようという素直な心があるうちにこの作業がなされないと、冷たくなった心は頑なになり、神様がなさる訓練ができなくなります。それでは不純物が取り去られることがなく、一番大切な信仰生活の基礎を築くことができません。

その信仰生活の基礎とは、御言葉に神様の愛を感じ取り慰めを受け、かつ自分を神様の槌である御言葉に自分を委ね、日頃意識しない心の内を探られ、御霊に導かれ御言葉に歩む習慣です。これは本人がそのつもりならいつでも可能です。

ご臨在の前に出て主の語りかけを聞き取る知性を磨き、御霊の導きと主の愛を感じ取る霊的感性を高め、御言葉と御霊の導きに従順に従う意志を習慣づける、信仰生活の訓練です。

六月二十八日　みこころを示される主

主はモーセに仰せられた。「見よ。わたしはあなたをパロに対して神とし、あなたの兄アロンはあなたの預言者となる。」

（出エジプト七・一）

私は勤務医と牧師を兼任しており、フルタイムで働くべきではないかと数年来祈り続けていました。リーダーに任せてはいても、牧師本来の時間がないという問題があるからです。後ろめたい思いで、キリスト教病院で福音を証しをしながら医師として働いていました。

ある朝、目が覚めて布団の中で昨日のディボーションの箇所を思い巡らしていました。モーセは、出エジプトという大きな課題に「私は口べたですから」と尻込みしていましたが、神様はその訴えを聞き、アロンという助け手を示されました。

私がさらに思い巡らしていると、神様がモーセにアロンを示されたように、私に次男という助け手を示されているのでは、とふと思い当たりました。

教会にもそのような気運があり、神学校を卒業し、他教会で働いていた次男もそのことを祈っており、くたびれてきた親父を助けなければと示されていたと後で聞きました。

これは神様が私に御言葉で直接、語りかけてくださった主のみこころ、私へのレーマ（ロゴスは概念的な「言葉」、レーマは具体的な「言葉」）なのだと確信しました。私は主をあがめ、心から感謝しました。そして具体化への祈りとなりました。しばらくして役員会も了承し、先方の教会と本人への招聘のやり取りが始まりました。

次男は先方の教会で、牧師夫妻の霊的薫陶と具体的訓練を受けていましたが、その後当教会に戻り、それまでに育ってきていた若手たちのユースパスターとなり、今は副牧師を拝命し、心に届くメッセージをしてくれます。先方の牧師夫妻と神様には心から感謝しています。

六月二十九日　「明らかな良心」の回復

恥ずべき隠された事を捨て、悪巧みに歩まず、神のことばを曲げず、真理を明らかにし、神の御前で自分自身をすべての人の良心に推薦しています。

（Ⅱコリント四・二）

私たちが固く立つことのできる基盤、それは自分がたとい罪人《つみびと》であることはわかっていても、赦しの神の御前に隠されたことを捨て、明らかな良心をもって歩んでいることです。右の聖句のようにパウロ自身が良心の声に従っていたからこそ、彼は強く人々の良心に訴えたのです。

キリストの贖罪により救われている私たちですが、罪を犯した時に、御霊により私たちに語りかける良心の声を自覚します。いくら逃げようとし、忘れようとしても、この良心の声をごまかすことはできません。そして、この良心の声から逃げている間は、本当の平安を得ることができません。それは、自分と神様との交わりを隔て、人との交わりをも妨げます。そのような経験はありませんか？

御前に明らかな良心で出ることができない間は、自分が罪人であるという思いが、重く心にのしかかり平安がなく、神様からの慰めや勧めの御言葉も素直に心に入ってきません。これでは霊的な成長はストップしてしまいます。

そのような私たちに御霊は働きかけご臨在の前に導き、そこで私たちは主に出会います。それは真の礼拝となります。そこで私たちは素直にされ、戒めの御言葉に悔い改め、主のとりなしと赦しを経験し、聖なる決意をもって聖所から出てきます。

私たちが御霊の導きを祈り求めながら、勧めの御言葉に従う時、主は働いて実を結ばせてくださいます。それは私たちの悔い改めの実となり、私たちを次のステップに進ませます。

こうして、私たちは明らかな良心を持って、神と人との交わりを回復し、真の平安を得ます。

六月三十日　ハンドルのあそび

愚か者は自分の怒りをすぐ現す。利口な者ははずかしめを受けても黙っている。

（箴言一二・一六）

表題は、車のハンドルで遊ぶことではありません。ハンドルに設けられている「あそび」、つまり、ハンドルから前輪に動きが伝わるメカニズムに設けられている「ゆとり」のことです。

これは実は非常に重要な仕組みです。というのは、これがないと、慣性によってまっすぐ走っている車が、ちょっとしたハンドルの操作で急カーブをしかねないからです。それだけではありません。前輪が石ころにつまずくとそれがハンドルにもろに伝わって、握っている手をはじき飛ばされます。

人間の感情と言動との関係は、このハンドルと前輪との関係のようです。その点では車は私たち人間よりもよくできています。そう思いませんか？

私も若い時は鼻っ柱の強い人間でした。上の聖句のように、額に青筋を立て、周囲に迷惑をかける愚かな人間で、それにより、夫婦間や親子間でもまずい人間関係を作り出すことがありました。

しかし、人生経験と主の助けにより、自分が遊びのないハンドルのような人間であることを悟り、考えて行動する、少しはましな人間になりました。

けれども、これは優柔不断で何もしないこと、あるいはクールすぎて感動の乏しいこととは、別物です。他人の苦しみに心を痛めて行動を起こし、他人の親切に心から感激し、自分の罪に気がついた時には、ダビデのように深く悔い改める（詩篇五一篇）豊かな霊的感覚を持つこと、これはたいへん重要なことです。

さて、今日あなたは箴言から、どのような神様の語りかけを受けられたでしょうか？

7月

July

七月一日　恵みに生かされる

私たちは神とともに働く者として、あなたがたに懇願します。神の恵みをむだに受けないようにしてください。神は言われます。「わたしは、恵みの時にあなたに答え、救いの日にあなたを助けた。」確かに、今は恵みの時、今は救いの日です。

（Ⅱコリント六・一、二）

信仰とは何でしょう？　様々な言い方ができると思いますが、忘れてはならない要《かなめ》の信仰は、「神様は恵みの神である」という信仰です。単なる知識でなく、一種の霊的感覚です。

さらに言えば、主はいつくしみ深く、私たちを恵もうと待っておられる方であると実感できて喜び、感謝し、その恵みの中に生かされているという所属感です。苦しみの時にでも、です。

神は義なる方ですが、心を神に向ける魂に対しては不完全な所に白黒をつける方でなく、愛の神、愛を貫き通す方です。なぜなら神の裁きは十字架上ですでに終わったからです。それが常識になっている教会は温かく、初めての人もまた来たいと思うに違いありません。

一方、十字架と復活の信仰があっても、恵みの信仰に乏しく、行いで信仰を埋め合わせようという（パフォーマンス志向の）無意識の思いが少しでもあれば、品行方正である時は他人を裁き、そうできない時は自分を責め、教会は律法的で重苦しい教会になってしまいます。十字架の後の新約の時代は、律法でなく、恵みの時代であるというのに……。

恵みの信仰がぶれると、試練の時に苦しみにだけ目がとまり、感謝の心を失ってしまいます。苦しみの向こうに祝福を備えておられる、主からの訓練の時であるということを見失っているのです。必要なのは、恵みの主への渇きです。

いずれの場合にも、教会に来た人がまた来たいと思わないでしょう。ですから、自分のためにも、新しい人のためにも、恵みの信仰は不可欠です。

七月二日　御言葉のインパクト

あなたのみことばは、私の上あごに、なんと甘いことでしょう。蜜よりも私の口に甘いのです。

（詩篇一一九・一〇三）

神のことばは生きていて、力があり、両刃の剣よりも鋭く、たましいと霊、関節と骨髄の分かれ目さえも刺し通し、心のいろいろな考えやはかりごとを判別することができます。

（ヘブル四・一二）

順風満帆、神なんて必要ない。自分は何でもできると思っている時には、御言葉は私たちの心に響いてくることはありません。その時は単なる聖書という書物を読んでいるにすぎません。

しかし、これは神がなさることかもしれませんが、私たちがこの世の荒波に翻弄《ほんろう》され、上を見上げる準備ができた時、御言葉は神が語りかけてくださる言葉として、このうえない慰めや励ましとなり、新たに生きる力を与えてくれます。上の詩篇作者の述懐するとおりです。

一方、キリスト者も世捨て人になるわけではありません。この世の中で、知らず知らずのうちに、みこころ（神の国の価値観）に沿わないこの世の価値観でものを考え、行動しながら、みこころなのか、この世の考え方なのかを見極めようと思いつつも、時間に追われ、周囲の人に合わせてあいまいに過ごしているというのが私を含め、多くの人の実情ではないでしょうか。

それが続くと、いつの間にか自分の心もそのようなむさぼりと自分中心に動いているこの世の生き方、つまり、飽くなき贅沢さや快適さを追求し、そのためには他人は関係ない（どうでもよい）、という考え方に染まってしまいかねません。

そのような時にこそ神の御言葉は、私たちのうちに住まわれる御霊によって機会を捉え、私たちの良心に働きかけて、あいまいに生きる私たちの生き方を正す神の御声となります。

七月三日　礼拝は人が神様と出会うこと

ヤコブは眠りからさめて、「まことに主がこの所におられるのに、私はそれを知らなかった」と言った。

（創世二八・一六）

ヤコブは旅寝の夢の中で神様に出会い、畏れおののいて、この方を礼拝しました。ヤコブのそれ以降の生涯中、神様がともにいて助け導いてくださることを実感し、また経験しました。

礼拝とはどういうことでしょう？　神様と出会い、その臨在に触れ、この方を神として畏れ敬い、あがめ、ほめたたえることです。

つまり礼拝とは、天地創造の神、私たちを愛し、御霊によって私たちとともにおられる父なる神の臨在に触れることです。そして、この方の偉大さ、全能、聖さ、愛、善に触れ、癒され、自分の罪を素直に悟らされ、そのことを感謝し、賛美やささげ物をささげ、このような方を父として持つことを喜び、誇り、あがめることです。子どもが自分の父を自慢するように！

礼拝が終わった時には感謝と喜びをもって日常の生活の中に戻っていき、この方のすばらしさをその喜びと言葉で語ります。また、勧められたことを実践し、神の御手を日常の生活の中で体験し、神を知る知識が体験的知識となるのです。こうして、私たちはこの方のすばらしさを少しずつ知っていきます。子どもがお父さんを自分の成長度に応じて知っていくように……。

神様に出会う時、素直にされた心に神様は必要な慰めや勧めの言葉を語られます。その意味がわかると、癒され、悔い改め、決心し、行動を起こします。

それは私たちの価値観や心のあり方、行動を、みこころに沿ったものに変えていきます。こうして、神様に出会う人は、水路のそばに植わった木のように、神の愛に包まれながら、少しずつ造り変えられ成長していきます。礼拝（主と出会うこと）が重んじられるゆえんです。

七月四日　人の心の扉を開く

コリントの人たち。私たちはあなたがたに包み隠すことなく話しました。私たちの心は広く開かれています。あなたがたは、私たちの中で制約を受けているのではなく、自分の心で自分を窮屈にしているのです。私は自分の子どもに対するように言います。それに報いて、あなたがたのほうでも心を広くしてください。

（Ⅱコリント六・一一～一三）

先進国の経済発展が鈍化する一方、後進国が安い労働力を武器に追い上げる中、伸び代の少ない中で自助努力を迫られる厳しい日本社会になりました。

人は尊厳を蹂躙され、数々のトラウマを抱えて生きています。傷つき、それがくり返されることを恐れて心を閉ざし、人は孤独に追いやられています。それでいて、「自分だって……」というプライドだけは持ち合わせています。弱い自分を見せずにますます心を閉ざし、人は仮面をかぶって生きています。人と人との交流は表面的で、互いを結ぶ心の絆は希薄になり、人は孤独です。

今こそ神様の出番です。しかし、実際に働く神様の手足は私たちです。いくら相手に心を開いてほしくても、相手の心をこじ開けるわけにもいきません。パウロは、コリントの人々に自分のほうから心を開いて、包み隠すことなく話したのです。

これは今のような時代だからこそ私たちが見習うべき、模範ではないでしょうか。人は互いに心の内を分かち合い、いやされ、神から与えられた尊厳を回復されなければなりません。

それをなさるのは神であり、福音を通してです。礼拝の心を持つ人々の集まりの中で御霊と御言葉を通してです。まず私たちがそれに与《あずか》り、癒され、尊厳と喜びを取り戻し、そこに新しい人を招き、そこに安心できる居場所を見つけてもらうのです。それには、まず私から互いに対して心を開いて……。

七月五日　みもとに持ち寄る

しかし、弟子たちはイエスに言った。「ここには、パンが五つと魚が二匹よりほかありません。」すると、イエスは言われた。「それを、ここに持って来なさい。」

（マタイ一四・一七、一八）

「分かち合い」について引用される聖句です。一言で言えば、神様がくださった恵みを分かち合いの場に持ち寄ることです。どう恵まれ、どう感じ、どう感謝し、どう応答したか、それに神様がどう答えてくださったか、神様と自分との交わりの経緯を分かち合うことです。ですから、互いがそれを聞き、神様がなさる様々な可能性を自分にも教えられ、恵まれます。一人に与えられた恵みを、主がそこに介在し、皆に分け与えてくださいます。

主がともにおられる（主が臨在される）交わりに、与えられた恵み（五つのパンと二匹の魚）を持ち寄れば（分かち合う）と、主の手でそれが皆に分かち合われ、何倍もの恵みとなって皆がそれに与《あずか》り、それをしてくださった主をあがめる（礼拝する）ことになるのです。

今の便利な社会では、何でも手に入るので、創造主の手の中に生かされている事実に気づかず、何でも自分でできると考え、神も人も眼中になく、隣人と分け合うことはありません。

ともすると私たちの心（頭）の中も、同様な価値観、世界観の錯覚に陥ってしまいます！　そのようなことの行き着く先はどこでしょう？　感謝や謙虚さのない、不満や一喜一憂の毎日で、礼拝の心、分かち合う心はどこへやら！　ということになるのは目に見えています。

分かち合いの着地点は礼拝です。分かち合いが雑談（それもありですが）に終わらず、主が与えてくださった恵みをみもとに持って来れば、主が働かれ、皆が主をあがめることになる。それが主をあがめる教会の霊的な風土を造り上げることになるのです。

七月六日　日々自分をリセットする

怒っても、罪を犯してはなりません。日が暮れるまで憤ったままでいてはいけません。
（エペソ四・二六）

私たちは、感情的な経験を長く引きずる傾向を持っており、それが別の人や翌日の人間関係に影響を与えることがあります。

朝、奥さんと気まずい関係で出勤した人が、会社でお客様を怒らせ、商談に失敗するとか……。そのお客様こそ、とんだ迷惑です。

逆も真なり、ある人との非常に友好的交わりがその人を穏やかにさせ、他の人との人間関係を良好なものにすることもあります。

パウロは冒頭の言葉をエペソの人たちに語り、私たちが、隣人との良好な人間関係を築くために、私たちの憤りを日々リセット（以前の状態に戻す）するよう勧めています。

イエス様の願いは、主の愛が私たちの隣人への対応や会話によって相手に伝わり、相手も癒されハッピーにされることなのです。そのためには、私たちの感情的な問題が、その都度リセットされる必要があります。これは万人にとって、またキリスト者にとっても、小さいようで非常に大きな課題です。

今日のように、忙しくぎりぎりの努力を強いられる割には報われず、人格を尊ばれない社会で、私たちは自分の憤懣や悲しみをいつ、何によってリセットするのでしょうか？

それは主の前に出ることです。ひとりでもふたりでも三人でも、主の名において集まる所でよいのです。そこには主がおられる（マタイ一八・二〇）ので、祈り、癒していただけます。そこで主と交わり癒され、私たちはリセットされるのです。

あなたの場合はどのようにして自分をリセットし、隣人をリセットしてあげますか？

七月七日　あなたの最優先順位？

主は答えて言われた。「マルタ、マルタ。あなたは、いろいろなことを心配して、気を使っています。しかし、どうしても必要なことはわずかです。いや、一つだけです。マリヤはその良いほうを選んだのです。彼女からそれを取り上げてはいけません。」（ルカ一〇・四一、四二）

人間にとって、人生の最優先順位とは何でしょうか？

それは、「人は、たとい全世界を得ても、いのちを損じたら何の得がありましょう」と言われた主の言葉（マルコ八・三六）のとおり、滅びを免れ、永遠のいのちに与《あずか》ることです。

では、永遠のいのちを得た私たちの最優先順位は何でしょう？　それは、右の聖句で主が言われたとおりです。と言っても、それは、三九節に書かれています。「彼女にマリヤという妹がいたが、主の足もとにすわって、みことばに聞き入っていた。」

つまり主との交わり、礼拝の時です。礼拝は聖日礼拝の二時間前後の時だけではありません。

ひとり静かに主に訴え、祈る時、聖書を読んで御言葉の自分への意味を瞑想する時、信仰書を読みながら主の恵みに感動する時、賛美歌を聞きながら歌詞の意味に共感して賛美する時、小グループで主の恵みを感謝しながら分かち合う時、等々。

その時、私たちの心は目先の利害に捕らわれることなく、主の言葉や愛、傷ついた者への主のいつくしみ、神の国の民であることのすばらしさを味わうことができます。その時、私たちは最も良いものを選んでいるのです。なぜなら、それによって私たちの心は癒され、主を賛美・礼拝し、人を愛する主の心を宿し、新たないのちと力を与えられるからです。

そのインパクトが強ければ、私たちが宿した主のいのちは私や周囲に影響を与え続けます。

さて、そこで私たちは一日で、あるいは人生で、何を最優先にしているでしょうか？

七月八日　いじわるばあさん

もし互いの間に愛があるなら、それによってあなたがたがわたしの弟子であることを、すべての人が認めるのです。

（ヨハネ一三・三五）

昔、『いじわるばあさん』（長谷川町子著）という新聞の四コマ漫画がありました。主人公は理不尽な人や事柄に対して痛快な方法でいじわるをし、それが行きすぎた時には素直に後悔する憎めないおばあちゃんです。毎朝、それを見て喝采しながら出勤する人も多かったのではないでしょうか。

彼女の心の根底にあるのは、立派なことを言いながら不条理がまかり通る世の中への義憤、楽しそうで偉そうにしている人へのやっかみ、他人から相手にされない寂しさです。

これは、神を認めようとしない人間中心主義、他人を構う余裕もない自己中心主義への痛烈な風刺です。このおばあちゃんに心の中で喝采の拍手を送るのは、同じ思いを持っている現代社会の多くの人々ではないでしょうか。

人は口先の正論ではなく、真の正義や愛を求めているのです。このような魂にこそ、福音が必要です。見方を変えれば、福音を証しするチャンスがあるのです。しかし、ともすれば、福音を伝えなければという思いだけが空回りし、このような人の心の寂しさへの理解、愛の心を忘れているのです。

ヨハネの福音書で、主は腰に帯して弟子たちの足を洗い、新しい戒め、互いに愛し合うべきことを、模範で示されました。私たちが膝を屈めて主の臨在の前に導かれ、キリストと同じ心と目線で相手の話を聞き、友だちになり、その新しい戒めを行う時、私たちのうちにおられるキリストは、その愛をその人に注いでくださいます。

その時、私たちも恵みに与《あずか》ります。新しい戒めを知っているなら、それを行う時、主が働かれ、私たちは祝福されるのです（ヨハネ一三・一七）。

七月九日　師とともに歩む

わたしがあなたがたにしたとおりに、あなたがたもするように、わたしはあなたがたに模範を示したのです。（ヨハネ一三・一五）

キリスト者は主の弟子です。師の言葉に慰められ、その言葉を守ります。何のためかと言えば、自分も師のようになることを目指し、師のビジョンをともに実現するためです。自分が心酔し、頼りにしている師とともにいれば、つらいこともそれほど問題ではありません。師の言葉、一挙手一投足が学びになります。これらを日常生活に適用するのです。

主のビジョンが何であるかをわかり、着実にその仕事ができていれば話は別ですが、普通は、言われたことの真意を悟り、どのようにやるのか、主のなさるのを見ながら手ほどきを受け、やっていくのが弟子です。そのうち、次第にいろいろなことがわかり、実践できてくるのです。

しかし、以上は主が生きておられた時代の話です。今の時代に、主とともに歩むとはどういうことですかとか、主が何を言われているかわからないとか、尋ねる方がおられたら、それはこうです。今の時代に、「主とともに歩む」とは、「御霊に導かれ、御言葉に歩む」ことです。「御霊」とは主の霊です。「御言葉」は、聖書の言葉です。

「御霊に導かれ、御言葉に歩む」とは、具体的には礼拝の心で御霊の臨在の前に出て、御言葉の意味（ロゴス）がわかり、自分に問いかけられた御言葉（レーマ）と悟り、それに従うことです。それは勧めや命令かもしれません。その時は助けを祈りつつ実行します。ある時は、すばらしい慰めの言葉かもしれません。その時は感謝し、主を礼拝します。

御言葉に従う時、「主はこのような時どう言われただろう？　どうされただろう？」という目をもって聖書を読みます。すると、福音書の中から、御霊は具体的に教えてくださいます。

七月十日　キリスト者は祝福する者

ついで主はモーセに告げて仰せられた。「アロンとその子らに告げて言え。あなたがたはイスラエル人をこのように祝福して言いなさい。『主があなたを祝福し、あなたを守られますように。主が御顔をあなたに照らし、あなたを恵まれますように。主が御顔をあなたに向け、あなたに平安を与えられますように。』彼らがわたしの名でイスラエル人のために祈るなら、わたしは彼らを祝福しよう。」

（民数六・二二～二七）

神はアロンとその子ら祭司に、主の御名によって人々を祝福するように命じられました。

キリスト者が祭司とされている（Ｉペテロ二・九）ことは、すでに（五月二十三日）述べました。

私たちはあまり意識せず、当事者意識も乏しい者ですが、人々を神にとりなす者とされたのです。とりなしの祈りはその意識はなくとも祝福の祈りそのものです。私たちは機会をとらえ、陰で祈るだけでなく、とりなしの祈り、祝福の祈りを意識的、積極的にするべきでしょう。主の命令ですから。

私も、患者さんのために一緒に祈ることがあります。祈ってあげると、とても喜んでもらえます。だからと言って、どんな相手にでも祝福の祈りをするのはどうかと思われます。まず、相手との関係作りが必要です。

イスラエル人は「シャローム！（平安あれ！）」と祝福の挨拶をします。挨拶は関係作りの第一歩です。

私たちキリスト者が明るい自然な笑顔で「おはようございます！」と挨拶する時、神様は私たちを通して相手に御顔を照らし祝福されます。相手は神様の祝福を受けて心が温まります。

関係ができれば、相手の意向を確かめ、その場の良い雰囲気の中でなら、相手のためにとりなしの祈りを一緒にできるでしょう。

あなたの挨拶や、祝福の祈りはどうでしょう？

七月十一日　機会を捉える

機会を十分に生かして用いなさい。悪い時代だからです。
（エペソ五・一六）

機会を生かして用いることをパウロは信徒たちにどんなに望んでいたことでしょう！

神が私たちに望んでおられることは明白です。神様を心から礼拝（喜び、ほめたたえ）し、この方のすばらしさを隣人や世界に宣べ伝えることです。しかし、これは理念的な表現です。それを具体化することは、私たち各人に任されています。

機会をチャンスだと「気づき」、「生かして用いる」のです。そうすれば、神様の思いは私たちの現実の生活の中で具体的に実現されます。

「機会を捉える」とは、あることを心に抱いて考えている人が、あるきっかけを捉えて実現することです。その思いを抱いて意識していなければあり得ないことです。私の教会の創設者のR宣教師は、隣に座り合わせた人に伝道するのを常としていました。

神は私たちの周りにたくさんの機会を与えてくださっています。気づかないだけです。気づくか、気づかずに終わるかは、思いを抱いて意識して自分の周囲を見ているかどうかです。

私たちの心の一角《いっかく》に上の御言葉が座を占めており、礼拝の心で神様のことを意識していれば、御霊は日常生活の中でこの御言葉を思い出させ、実践する現場を気づかせてくださいます。「ほら、私はここに機会を与えているではないか！」と。

その時、私たちは神の介在の御手に気づき、御霊がピリポに語りかけられた促し（使徒八・二九）と同じ経験をするのです。その促しが、神様が御霊によって語りかけられたと気づいて愛の手を伸ばすなら、その人の心を開き、福音を語る機会を与えてくださいます。機会を捉えて生かして用いる、その鍵は思いを抱いて意識している敏い心です。

私たちは一日の初めに、祈りやディボーションでその思いを与えられているでしょうか？

七月十二日　目標と現実とを繋ぐ

どうか、私たちのうちに働く力によって、私たちの願うところ、思うところのすべてを越えて豊かに施すことのできる方に、教会により、またキリスト・イエスにより、栄光が、世々にわたって、とこしえまでありますように。アーメン。

（エペソ三・二〇、二一）

私たちは皆、願いや目標を持っています。しかし、目標と現実との間にはギャップがあり、すぐ達成できそうでない場合、ジレンマに苦しみます。しかし、信仰者の場合、目標と現実の間を埋めるものに「祈り」があります。

しかし、「祈り」という言葉は一つですが、その中身にはピンからキリまであります。つまり、棚ぼた式に願いを神様に丸投げする祈りから、万物を司っておられる神様に祈るのもそこそこにして、人間的な手段をあれこれと講じることまでいろいろです。

そのような祈りもないわけではないでしょう。しかし、神様が求めておられる祈りは、神様への祈りの答えを、御霊の助けによって御言葉や自分の日常生活、人間関係の中に探し出すという祈りではないでしょうか？　神様とのやり取りのうちに、自分が取り組むべき現実的な方法を気づかされます。それをもたらすのが祈りであり、ディボーションです。

ですから、ある時は自分の準備が足りないということを教えられ、その準備を促がされたり、ある時はみこころにかなわないと教えられ、別のステップに進んだり、ある時は、ディボーションで与えられた御言葉どおりの環境設定に、祈りの成就を見つけたり等々。

とは言え、神様は人間的な考えの制限の中に閉じ込められている方ではありません。私たちのあらゆる思いを超えてことを成就される方です。しかも、それは神様の栄光と私たちの幸いが同時に成就するような形でことを行われます。すばらしいことではないでしょうか！

七月十三日　神と人とに仕える

するとと、王は彼らに答えて言います。「まことに、あなたがたに告げます。あなたがたが、これらのわたしの兄弟たち、しかも最も小さい者たちのひとりにしたのは、わたしにしたのです。」（マタイ二五・四〇）

神は、私たちから何か見返りを求めるほど窮しておられる方ではありません。むしろ逆に、親が子どもに対してそうであるように、私たちの幸せを願っておられます。

私たちがこの神様の愛に応えて何かをお返ししようと思う時、神様が期待しておられるのは必ずしも、神様のために何かをすることではありません。むしろ、自発的な神様に対する感謝と礼拝、また、自分と同じように隣人の尊厳を尊ぶことです（マタイ一九・一九）。

神様に対する感謝は当然ですが、隣人の尊厳を尊ぶことをどうしてそれほど主は願っておられるのでしょうか。それは、これが律法の要《かなめ》だからです。

日本社会で今日ほど人の生命や人権が軽んじられている時代はありません。それは神を畏れ敬い、隣人を愛せよという律法を定められた神の顔に泥を塗ることです。

上の御言葉を通して主は言われます。「これらのわたしの兄弟たち、しかも最も小さい者たちの一人にしたのはわたしにしたのです。」人の尊厳の起原はここにあります。

主は私の隣人を私と同じように愛しておられます。主にとっては私と全く同等なのです。では、私の隣人とは誰のことでしょうか？　私が関係するすべての人、それは私が教会や会社、家庭や学校で接するすべての人です。

主は私たちのうちにおられる御霊の促しにより、私やあなたを通して主の愛を私たちの隣人に注ごうとしておられます。私たちはそのことに霊の目が開かれているでしょうか？

七月十四日　御霊に聞く習慣

すべてのことを、つぶやかず、疑わずに行いなさい。
（ピリピ二・一四）

この聖句や、また他の聖句でも、神が聖書を通して一貫して言われることは、神を信じる者がこの世で委ねられていることすべては、神の手を経《へ》てきているということです。ですから、パウロは勧めています。今は意味がわからなくても、つぶやかず疑わずに行いなさい。

これは、主もそうなさったので、主を尊んで従順に心を尽くして行いなさいとの勧めでもあり、何も考えないで、ただ従いなさいと言われているわけではありません。

委ねられたこのことの意味を問い、それをもっと効率的に、しかも、その目的を達成するにはどうすればよいかと考えながら行うなら、つぶやきや疑いは消えていくはずです。

私たちの委ねられていることは多くが日常的なことであり、マンネリ化しがちです。つい、つぶやきや不満、疑いが頭をもたげることもあるでしょう。

しかし、御霊に聞く姿勢が習慣となっている人なら、この場合はどうすればいいでしょうか？と御霊に聞くでしょう。そのような姿勢はキリスト者には常識のはずですが、それが習慣になっていない人が多く、せっかく主から任されたことが、マンネリに終わってしまいます。

これは、御言葉の勧めを、自分に適用する時も同じで、御霊によらなければ、御言葉の意味がわからず、主の自分への語りかけを悟ることができません。しぶしぶ、あるいはつぶやきながら行うことになります。ですから、御霊に聞く習慣が何よりも必要なのです。

他人からの感想などを通しても、主はあなたに語られます。それを前向きに聞く謙虚な習慣も、御霊に従うなら、習慣づけてくださるでしょう。

あなたの毎日はマンネリですか。それとも……。

七月十五日　人を育てる霊的風土

民は、ヨシュアの生きている間、また、ヨシュアのあとまで生き残って主がイスラエルに行われたすべての大きなわざを見た長老たちの生きている間、主に仕えた。（士師二・七）

ヨシュア記から士師記への一世代のうちに、人々の信仰と価値観が神信仰に基づく行動原理から世俗的価値観に基づく行動原理にガラリと様変わりしていることに気づきます。

その原因は何だったのでしょうか？　それは、彼らを変えてしまった霊的な環境・風土です。

自分のうちにこれという価値観が確立されていない若い人たちは、周囲の価値観や文化に影響されやすく、放っておくとたちまち周囲の生き方に染まっていきます。ですから、周囲がどんな精神的風土、霊的な環境であるかによって彼らはそのように育っていきます。

彼らの先輩や親たちは、唯一の神を礼拝し、神中心の生き方が当たり前、それ以外を知りませんでした、なぜなら、周囲も皆そうだったからです。

しかし、イスラエルの人々が、広大な地に放り出され、命じられていたカナンの先住民を聖絶することをせず、新しい生活の忙しさにかまけ、子どもたちの霊的な教育（唯一神を礼拝する生活を教える）を疎かにした時、このようなことが起こりました。そのあとに、主を知らず、主がイスラエルのためにされたわざも知らない他の世代（士師二・一〇）が起こった時、その地方に聖絶されずに残っていた先住民の偶像を礼拝するようになり、彼らと混血し、その偶像に由来する価値観に基づいた行動原理に倣《なら》っていきました。それは、一言で言えば、神不在で、めいめいが自分の目に正しいと見えることを行う（士師一七・六）自己中心的生き方です。ここから教訓を汲み取らなければなりません。

皆さんの子弟はどのような霊的環境にあり、それにどのような対策をとっておられますか？

七月十六日　御言葉が人を生かす

幸いなことよ。……まことに、その人は主の教えを喜びとし、昼も夜もそのおしえを口ずさむ。その人は、水路のそばに植わった木のようだ。時が来ると実がなり、その葉は枯れない。その人は、何をしても栄える。

（詩篇一・一～三）

主の御言葉は、単に聖書に書かれた文字や言葉ではありません。御言葉には「いのち」と「力」があります。どうしてなのでしょう？

「鶴の一声」とも言うように言葉に力があるかどうかは、語る人の人格と関係があります。

それが神の御言葉なら、短い一節（罪の指摘、慰め、励まし、勧め、命令……）でも、それが意味するある概念でも、御言葉が全体として語る神の国の世界観でも、聞く人にいのちと力を与え、人を生かし、望みを抱かせ、人を動かし、人を造り変えます。

しかし、御言葉が力をもって人に臨み、そのとおり働くかどうかは、その人の主への態度次第です。ここに、畏れと礼拝の心を持って人が神様に向かうかどうかが問われるゆえんです。

それはその人自身の問題でもあり、それを取り巻く教会員の一人ひとりの問題でもあり、その重要性を教会のリーダーがどう認識しているかの問題でもあります。人は環境に左右されやすい存在だからです。木が水路のそばに植わっているように、ひとりの人が真に礼拝の心を持って御前に出るなら、主はその人の言葉や態度やその実をもって周囲に臨み、その愛と尊厳ときよさとを現されます。

それは次々と伝染し、そこに居合わせる人は主のきよさと尊厳に触れ、御前に膝をかがめ礼拝します。その時、主は、その人の霊の耳を開き御言葉を悟らせ、慰めと、喜んで従う心を与えられます。こうして、人はいのちの御言葉に生かされるのです。

あなたは日常の生活の中で、日々の御言葉の語りかけを聞き、どう応答されていますか？

七月十七日　福音とは何か？

兄弟たち。私は今、あなたがたに福音を知らせましょう。……あなたがたが受け入れ、また、それによって立っている福音です。

（Ｉコリント一五・一）

「福音」とはその字の如く、良い知らせを意味します。たとえば「この補聴器は聴覚障害者にとって大いなる福音です」などと一般にも使われます。

しかし、福音という言葉が聖書の中で使われる時には、信賞必罰のこの世の価値観ではなく、神から人類に与えられた特別な恵みの価値観を意味します。

それは、神の前に罪を犯し、自分でどうしようもない人類のために、神ご自身が救いの道を備え、御子キリストをこの地上に遣わし、私たちの身代わりに十字架につけ、私たちの罪を贖い、赦してくださったという事実です。

それにより私たちは無代価で神の子とされ、天の御国を継ぐ者とされました。私たちの過去は清算され、将来は保証されています。それが福音です。

でも、それがすべてでしょうか？　もし、それだけだったら、パウロは「それによって立っている」となぜ言ったのでしょうか？「立っている」とは過去や将来のことでなく、現在です。

福音は、私たちが救われ（過去）、地上の生涯の終わりに天の御国に入る（将来）という過去と将来のことだけではありません。私たちを「現在」にしっかり立つ力を与えるものです。

福音とは、私はこのために生きているという実感と喜びを与える神の国の価値観です。つまり、救われた自分が今度は隣人の救いのため、神の国建設のために、神様の手となり足となって働くことに生きがいを見出すように、私の内におられる方がその愛によって私を造り変える、神の力そのものです。どんな困難にも打ち勝つ力を与える上からの力です。

あなたはこれをお持ちでしょうか。それによって立っている自分を実感しておられるでしょうか？

七月十八日　その人らしく

ペテロは彼を見て、イエスに言った。「主よ。この人はどうですか。」イエスはペテロに言われた。「わたしの来るまで彼が生きながらえるのをわたしが望むとしても、それがあなたに何のかかわりがありますか。あなたは、わたしに従いなさい。」（ヨハネ二一・二一、二二）

神が最初の人アダムを造られる時、そのＤＮＡの中に人間としてのあらゆる多様性を秘めた遺伝情報を込められました。その遺伝情報は地の四方に広がり、隔離という機序で限られた遺伝子だけになり、髪の色、目の色、皮膚の色それぞれ違った人種を確立しました（ただし、グローバル化で国際結婚が増えてくれば、元のアダムに似た姿になるでしょう）。

同じ日本人でも背の高さ、肌の色、それぞれ違います。身体的なことだけではありません。昔からのことわざにも言うように、十人十色、性格、体質、才能、一人ひとり違います。

ペテロはヨハネのことが気になりましたが、イエスはペテロに諭されました。主は、ペテロにはペテロの、ヨハネにはヨハネの行くべき道を備えておられたのです。私たちはともするとほかでもないい主が自分に与えられた良いところには気づかず、他人を羨《うらや》み、「私もあの人のようであったら……」と思いがちです。しかし、神がその主権で私たちになさることは各人各様であり、陶器師が器を作る時のようです（エレミヤ一八・四〜六）。

その器にキリストを盛る時、どのように盛るかは私たち次第です。自己流で盛るか、それとも主に盛っていただくか……。それがその人の人生を築き上げます。神は、私たちがその人なりに主に生かされる生き方を見出し、その人らしく生きることを望んでおられます。ないものねだりをして、自分に与えられた良いものを生かさない手はありません。

自分ではわかりにくいあなたの良いものを、第三者に指摘してもらっては？

七月十九日　優先順位の並べ替え

あなたの父と母を敬え。……殺してはならない。姦淫してはならない。盗んではならない。あなたの隣人に対し、偽りの証言をしてはならない。あなたの隣人の家を欲しがってはならない。

（出エジプト二〇・一二～一七）

神は人間に個体保存、種の保存のためにいくつかの生理的欲求を与えられました。食欲、睡眠欲求、性的欲求、苦痛・危険回避本能、等々の本能的な性質です。これらは正しく選択しなければ、個体保存、種の保存という基本的な目的が崩れてきます。

また、人間関係を成り立たせる基本的なあり方として、すべきこと、してはいけないことがあります。これも正しく選択しなければ、人間関係は壊れたり、戦いになったりします。

さらに、現代人はいろいろな文明の利器に支えられ、多くのしてみたいことの情報や手段、現物に囲まれています。けれども身は一つ、時間は二十四時間、経済的なことにも限界があります。

多くのしたいことがありながら、してはならないこと、すべきこと、できないことに制限され、現代人の優先順位の選択は、葛藤や苦渋に満ちたものになっています。その選択の優先順位はその人の価値観・世界観のあり方によって全く違ってきます。

冒頭の聖句は、十戒のうち、初めの四戒「人と神との関係のあり方」を除いた残りの六戒「人と人との関係あり方」を表したものです。後半の六戒に従おうという心は、前半の四戒、つまりその人の持つ神観／世界観に左右されます。

その人の神が「存在すると思う程度の神」であるか、それとも、前半の四戒に従って歩んできた経験に裏打ちされた「畏れ敬うべき、信頼できる神」であるかによって、対人関係のあり方に関する後半の六戒に従う心も違ってきます。

あなたの神様はどのような神様でしょうか？　どのような優先順位の並べ替えが必要でしょうか？

七月二十日　たかが暦、されど暦

天の下では、何事にも定まった時期があり、すべての営みには時がある。（伝道者三・一）

私たちが、普段、使っている暦について考えてみると、知らないことが多いのに気づきます。何のために暦は作られたのか。なぜ一週間は七日なのか。なぜひと月は三十日なのか。なぜ閏年《うるうどし》があるのか。なぜ日曜日は休みなのか等々、疑問は尽きません。

天地万物、森羅万象には神様が定められた時と営みがあり、それを元に人の時と営みがあります。一日は日の出で始まり、日没で暗くなり、人々は明るい間に仕事をしました。月の満ち欠け（月）、季節の変化に周期性（年）があることを知ると、ひと月（二十九・五三日）を十二回くり返すとおよそ一年（三百五十四・四日）になることを発見しました（太陰暦）。しかし、年々十日ほどの季節的なずれが出て、種まきや収穫、洪水の発生、魚群の到来や出漁等の時期の予測に適しないことがわかりました。

一方、太陽の動きを観察して、冬至や夏至、春分や秋分を突き止め、閏年を入れ、季節のずれを修正して、人間の暦を神様の時に近づけました（太陰・太陽暦）。紀元前五世紀頃には、バビロンでは七日制の太陽太陰暦がすでに存在していました。

ローマ時代になると軍や政治に共通の暦が必要なので暦は重要なものとなり、紀元前四五年には太陽暦を基にしたユリウス暦が考案されました。各民族の自治に任された帝国内では、各自の暦も用いられ、キリスト者は主の復活を記念して日曜日に主を礼拝しました（使徒二〇・七）。

三二一年にはコンスタンティヌス帝により、日曜日が休日となりました。一五八二年には、グレゴリオ暦（四百年に九十七回の閏年）に改暦され、日本にも明治初期にそれが伝わり、今日まで続いています。日本人も日曜日には休み、知らないで主の復活の恵みに与《あずか》っています。あなたへの神の時をどのような原則で、見るようにしておられますか？

七月二十一日　選択と集中

さて、イエスは山に登り、ご自身のお望みになる者たちを呼び寄せられたので、彼らはみもとに来た。そこでイエスは十二弟子を任命された。それは、彼らを身近に置き、また彼らを遣わして福音を宣べさせ、悪霊を追い出す権威を持たせるためであった。

（マルコ三・一三～一五）

タイトルはみこころに沿った優先順位を選択し、それに全力を集中せよとの勧めです。これは私からの勧めではなく、イエス様の私たちへの模範です。

イエス様は三年あまりの公生涯を、祈り、人々の癒し、福音宣教（大衆伝道、個人伝道）等に費やし、最後には人々の贖いのために十字架上でご自分のいのちを費やされました。

しかし、よく考えると、主のご生涯は十二弟子の訓練に集中されたものであった、と言うことができます。いかに主であろうとも、ご自身の地上での生涯には限界があります。お一人で全世界に福音を宣べ伝えることはできません。それをご承知であった主は、ご自分と同じことのできる弟子の訓練に専念されました。弟子たちと寝起きをともにして、傷ついた人にはこう接するのだ、福音宣教はこうするのだ、その力は主との祈りの交わりからくるのだと身をもって教えられました。つまり、主の意を汲み、主がなさったように宣教しながら、救われた人々を主の弟子に育て上げることのできる者たちの養成に全精力を注がれたのです。

選択と集中、これはいつも意識していなければ難しいことです。私たちの周囲には、その実践を妨害する忙しさ、仕事のノルマ、家庭の雑事、趣味、テレビ、インターネット等々、枚挙に暇《いとま》がありません。そのうえ、身は一つ、時間は二十四時間、精力的に働ける人生は三十年と限られています。

皆さんの選択すべき優先課題、目標は何でしょうか。どうすれば集中できるでしょう？

七月二十二日　自分の姿が見えない悲劇

民は、ヨシュアの生きている間、また、ヨシュアのあとまで生き残って主がイスラエルに行われたすべての大きなわざを見た長老たちの生きている間、主に仕えた。（士師二・七）

人間にとって最大の悲劇は、自分自身の哀れな姿が自分に見えないことです。

士師記の人々は、主を知らず、主がイスラエルのためになされたわざも知らない他の世代になった時（同一〇節）、神不在で、めいめいが自分の目に正しいと見えることを行う（一七・六）、自己中心的生き方に従って歩むようになりました。

神様との関係が絶たれた時、それが彼らの行動原理となりました。

神不在、自己中心的な行動原理、これは今の世界や日本の現実と全く同じです。三千年前も今も全く変わらない、人間に染みついた罪の本質です。

しかし、イスラエルの民は神の民、神に選ばれた民でした。神から期待され栄誉ある使命を託された民でした。彼らが神不在の生き方をし、使命を忘れ、自分のアイデンティティーを失った時、簡単に偶像礼拝に陥り、そのため自業自得とは言え、試練と苦しみに会い、神に助けを求めざるを得なくなりました。

その時、神は士師を起こし、イスラエルの民を助け出されました。しかし、それはいつも一定の期間でした。のど元すぎて熱さを忘れると、またも罪を犯し、同じパターンをくり返すことになります。失敗から学び取らない民でした。自分自身の哀れな姿がわからない民でした。

こう書くと、なんとなく自分のことではないかと思われてきます。それもそのはず、これはＤＮＡに組み込まれたとも言うべきアダムから受け継がれた罪の性質だからです。

私たちはどうでしょうか？

七月二十三日　キリスト教の救い

なぜなら、私たちはみな、キリストのさばきの座に現れて、善であれ悪であれ、各自その肉体にあってした行為に応じて報いを受けることになるからです。（Ⅱコリント五・一〇）

日本人の中には、潜在的な「求道者」が少なからずおられると思います。儒教的な世界観を持っている中高年の方々は、特にそうかもしれません。罪を意識することを余儀なくされるからです。実は、お坊さんやクリスチャンホームの子弟にもいます。

がんやそれと似たような症状があると人は瞬時に求道者になります。人生の総決算を迫られ、神の裁きや自分の罪に向き合わざるを得なくなるからです。

先日ある求道者の方から問いかけられました。「結局のところ、仏教も他の宗教もキリスト教も目指しているところは同じではないのですか。キリスト教はどこが違うのですか？」と。

もちろん、救い（永遠のいのち）の意味合いも違い、唯一神で造物主である方を信じること、善行により救われるのではなく、神の恵みによって救われること等、違いがあります。

しかし、私がお答えしたことはこうです。この病院（栄光病院）には末期がんを自覚して入院する方がおられます。その方が真剣な眼差しで、「私は助からないのですか？」と聞かれた時、その問いに、目を泳がせたり逸らしたりしないで答えることのできる答えをご紹介できます。この地上での心の平安はもちろん、永遠のいのちについてもです。

「では、あなたもそれをお持ちですか？」と問われた時、私を含め正直に目を逸らさずに答えることのできるのは、現にそれを持っているキリスト者以外にないはずです。違いはそこにあります、と。

キリストによる救いは、知的にも実感でも救われているという確信を得ることができます。これは、そのつもりがあれば、すぐにでもこの救いと救いの確信を得ることができます。

七月二十四日　狭き門

狭い門から入りなさい。滅びに至る門は大きく、その道は広いからです。そして、そこから入って行く者が多いのです。いのちに至る門は小さく、その道は狭く、それを見いだす者はまれです。

（マタイ七・一三、一四）

狭き門とは何のことでしょうか。いのちに至る門です。日本のキリスト教人口は一％未満と言われています。確かに、日本人にとって、救いに至る門は狭いようです。

しかし、素直な人にとっては決して狭い門ではありません。私の子どもたちも、小学校に入る前に創造主である神様を信じ福音を理解し、イエス・キリストを信じていました。

一方、知的に聖書を理解しようとする人には狭き門です。真理を求めていた芥川龍之介も最期の時まで聖書を読みながら自らの命を絶ちました。

他方、日本人が影響を受けている儒教や仏教もこの門を狭き門にしています。「日本には儒教や仏教があり、間に合っている。これ以上、何の必要があろうか」と。

いのちに至る道は宗教と同列に考えられているのです。儒教も仏教も道徳的にはすばらしいものですが、永遠のいのちという概念は本来ありません。日本に伝わった大乗仏教はキリスト教の影響を受け、また浄土真宗の浄土という概念は法然が考え出したもので、聖書の天国と同じもののように考えられていますが、むろん違います。けれども、それがいのちに至る門を閉め出しています。

儒教、仏教いずれにも聖書の言う「神への罪」（ルカ一五・一八）という概念はありません。道徳や義理、格式を守れば、罪の赦しの必要はないという理屈になります。

もしや、私たちも、いのちに至る門をくぐった後も、いまだにこのような非聖書的な考えに影響されてはいないでしょうか。考え直す必要があります。

七月二十五日　情緒のコントロール

しかし、主よ。あなたは私の回りを囲む盾、私の栄光、そして私のかしらを高く上げてくださる方です。私は声をあげて、主に呼ばわる。すると、聖なる山から私に答えてくださる。私は身を横たえて、眠る。私はまた目をさます。主がささえてくださるから。私を取り囲んでいる幾万の民をも私は恐れない。

（詩篇三・三～五）

余裕のない時代です。社会で働く人は以前にも増して多くのストレスを抱えるようになりました。職場で働く人たちの安全や健康、労働衛生行政でもメンタルヘルスケアは一つの大きな課題となっています。繁栄を追い求める人類の権利欲・物欲の当然の帰結でしょう。

しかし、私たちも他人事として済ませることはできません。現代に生きるキリスト者もそのただ中で、社会情勢の変化の波にもまれながら生きているからです。誠実に生きるからこそ、キリスト者の心の重荷やストレスはもっと大きいかもしれません。

その中で、私たちの心（情緒）が乱されることなく、装われた平静さでもなく、真の平安と感謝に満たされて眠りにつけることはキリスト者の大きな権利であり、テーマです。どうすれば私たちは自分の心（情緒）をコントロールできるのでしょうか？

私たち人間は自立・自存できる（誰の世話にもならず、自分の精神・身体を処することができる）存在ではなく、自分の全存在を、天地万物の造り主に支えられて生きています。

だとすれば、福音によるこの方との関係の回復が第一です。次に、この方がどのような方かを人格的交わりによりよく知り、この方に自分のすべてを任せてもいいと思えるような信仰になれば自然に与えられます。それは具体的には、私たちのうちにおられる御霊によって礼拝の心で主に出会い、その方を霊的に体験する営みを積み重ねて実現します。

七月二十六日　日常の中に神を見る

ピリポはイエスに言った。「主よ。私たちに父を見せてください。そうすれば満足します。」イエスは彼に言われた。「ピリポ。こんなに長い間あなたがたといっしょにいるのに、あなたはわたしを知らなかったのですか。

（ヨハネ一四・八）

私たちの幸せな人生の大きな部分を占める「心の平安」は目の前に展開される出来事や人間関係に大きく影響されます。しかし、簡単に影響される人もいれば、そうでない人もいます。

我が家の柴犬、故ペコちゃんは、ピカッゴロゴロと雷が鳴り出すと、尻尾をまいて首をすくめ、不安そうに玄関の隅に隠れます。雷の現象の意味がわからないからなのか、以前に恐ろしい雷の体験をしてそれがトラウマになっているからなのでしょう。

雷が鳴っても平然としている主人にペコちゃんが抱かれて、安心できる体験をしていたら、以後、少しは違ったものになったかもしれません。私たち人間も同様なところがあります。

ピリポは十二使徒としてイエス様と共同生活をしていたのに、この方のうちに父なる神を見ることができませんでした。イエス様と寝起きをともにしながらも、この方との人格的な交わりが薄かったのかもしれません。遠慮からか、消極性のゆえか、霊的感受性不足のゆえか……。

私たちの内には御霊によってイエス様が住み、聖書の御言葉や様々の出来事、人間関係を通して私たちに語りかけ、働きかけてご自分の私たちへの愛を知らせようとしていてくださるのに、私たちは気づかないのです。もし、気がつけば動かない平安を得るはずなのに。

ディボーションを通して、御言葉と御霊により、私たちの毎日がこの方とのもっと親しい、生きた関係になるなら、きっと違ったものとなるに違いありません。

七月二十七日　神の国モードに切り替える

信仰の創始者であり、完成者であるイエスから目を離さないでいなさい。イエスは、ご自分の前に置かれた喜びのゆえに、はずかしめをものともせずに十字架を忍び、神の御座の右に着座されました。

（ヘブル一二・二）

昔から、ストレスや憤りに捕らわれていないで、気持ちを切り替えなさいとよく言われます。今の時代ほどこの言葉がふさわしい時代はないかもしれません。鬱憤を抱えた多くの若者たちによる無差別殺人事件という、おぞましい事件が相次いでいます。

私たちキリスト者もある意味では、例外ではありません。私たちも、この地上ではいつも順風満帆なわけではなく試練に遭遇します。そして、それに捕らわれていると余裕がなくなり、気が重くなったり、いつい、八つ当たりしそうになったりします。しかし、心が「神の国モード」に切り替われば、幸せで平安な気持ちになります。そうではありませんか。

しかし、心を重くするその問題は放って置いてもいいのでしょうか。安心してください。それまで一つのことに捕らわれ、閉鎖されていた思考回路が解放され、神の国モードで考え、祈り、主に相談すると、思わぬ方法で解決の道を示してくださいます。それが信仰であり、信仰の先輩者たちが持っていた、可能性思考です。私たちも彼らに見習わなければなりません。

では、「この世モード」に捕らわれ、自分でもどうしてよいかわからない閉鎖的で、重い心を、どのようにすれば神の国モードに切り替えることができるのでしょうか？

ある人は讃美歌を歌い、ある人は慰めに満ちたある聖句を思い出し、ある人は十字架の主を連想し、ある人はディボーションで主の臨在の前に出ます。そこで十字架の主を見上げ、神の国モードに切り替えられ、神の国の民であるすばらしい立場からものを見ることができます。

七月二十八日　赤信号、みんなで渡れば……

あなたはその地の住民と契約を結んではならない。彼らは神々を慕って、みだらなことをし、自分たちの神々にいけにえをささげ、あなたを招くと、あなたはそのいけにえを食べるようになる。あなたがその娘たちをあなたの息子たちにめとるなら、その娘たちが自分たちの神々を慕ってみだらなことをし、あなたの息子たちに、彼らの神々を慕わせてみだらなことをさせるようになる。

（出エジプト三四・一五、一六）

「赤信号、みんなで渡れば怖くない。」　これは以前はやった流行語です。冗談半分の川柳ですが、人間の心の恐ろしい真理を内包しています。昨今のおぞましい集団リンチ殺人事件もその延長線上にあります。みんなと一緒なら、集団の陰に隠れて罪意識が薄れるというわけです。

しかし、やっているのは自分だけではないという一種の安心感が曲者で、これが広がると、歯止めが利かなくなります。新聞やテレビでこれらの事件がお茶の間に入って来ると慣れっこになり「みんなもやっているから」という相対的な倫理観が刷り込まれていきます。子どもたちもそれを普通のこととして受け入れ、それが次の世代の価値観を形成していきます。

今日の若い世代の、性道徳や善悪の基準等も含めた倫理観は地に落ちています。朱に交われば赤くなりますが、赤くなっている自分に本人は気づきません。そして、その赤くなった自分が言葉や行動に現れ、子孫に引き継がれます。恐ろしいことです。

主を信じ、この主に仕えたいと願う者、自分の子どもを主を畏れる人に育てたいと思う者は、自分の身の回りのこのような主を畏れない倫理観を常識としては困ります。御言葉の原則を知るだけでなく、悟り、それが常識となる必要があります。常識になれば、そのように行動します。私たちの常識、無意識の言動はどうでしょうか？

七月二十九日　神の導きVS人の選択

わたしの民は二つの悪を行った。湧き水の泉であるわたしを捨てて、多くの水ためを、水をためることのできない、こわれた水ためを、自分たちのために掘ったのだ。

（エレミヤ二・一三）

人が神のみこころ、特に自分に対する具体的なみこころを日々、また人生の節目節目に見極め、それを選択することは、私たちの人生を決定付ける大変重要な事柄です。

とかく私たちは右の聖句のイスラエルの民のように神が沈黙しておられる時や神の導きに素直に従えない時には、自分で何らかの手段を講じて、それに頼ろうとしがちです。しばらく、あるいは全く、その役に立たない代物《しろもの》なのに……。

神は、私たちに対する基本的なみこころを、聖書や自然界の中に示しておられます。

さらに個人に対する具体的なみこころを、御言葉（聖書全体、あるいは個々の御言葉）や人や本による勧め、ある時は環境による導き、ある時は御霊による不思議な方法で私たちに示し、私たちにその選択と裁量を任せられます。それを信頼のおける信仰の先輩の意見も聞きながら、聖霊のご臨在の前に出て祈りの内に選び取るのです。祈っているうちに神様が環境を開いたり、御言葉で語ったり、人との出会いをさせてくださることもあります。

神様が示されたことは、たとい小さなことであってもそれを忠実に行っていけば、神様は少しずつ大きなことを任せてくださいます。それによって、神様と私の合作である私の人生が少しずつ拓《ひら》かれていきます。それは私やその周りの祝福、神の国の拡大につながります。

それは、ちょうど、親が子どもの成長にしたがって、子どもとの人格的な関わりの中で、少しずついろいろなことを任せていくのと同じです。私たちは神様の子どもなのですから……。

七月三十日　ふたりで行動する

また、十二弟子を呼び、ふたりずつ遣わし始め、彼らに汚れた霊を追い出す権威をお与えになった。

（マルコ六・七）

主は弟子たちをふたりずつお遣わしになりました。七十人を遣わされた時も同様です。主が乗られるロバを引いてくるよう命じられた時もそうでした。なぜふたりずつなのでしょうか。片方が倒れても、もう一方が助け起こすことができるからでしょうか。ひとりよりもふたりのほうが力強いからでしょうか（伝道者四・九～一二）。

もちろん、それもあるでしょう。一人＋一人は二人以上の力があり、互いに助け合うためであるのも事実です。しかしそれだけではなく、理由は主がそこにご自分の臨在を約束されたことにあります。

主はその重要性を知っておられたので、ご自分が去った後も、弟子たちがひとりで行動するのではなく、ふたりで行動するようにと早くから訓練づけられたのです。

人がひとりでは、いかに弱い存在であるかは、私も自分の経験によってよく知っています。ですから、主は御霊によって弟子たちのうちに住み、弟子たちとともに幸いな時を過ごし、相手を通して互いを励まし、力づけようとされました。主は、ふたりまたは三人が主の名によって集まるところにご自分の臨在を約束し（マタイ一八・二〇）、そこで弟子たちに会おうとされました。そのところで、弟子はまず自分が真の慰めと上からの力を与えられ、癒されます。

次に、弟子たちはそこで隣人を愛する主の愛と力を与えられ、主も彼らとともに働かれ、弟子たちの愛のわざを通して主ご自身が福音を運び、周囲に祝福をもたらされるのです。それが主の弟子のあり方、それがふたりずつ遣わされた意味、それが主にある交わりです。

あなたが誰かと一緒に働こうとする主の訓練を妨げているものは何でしょう？

七月三十一日　真理を悟る秘訣、それは……

私は、これを知ろうと思い巡らしたが、それは、私の目には、苦役であった。私は、神の聖所に入り、ついに、彼らの最後を悟った。

（詩篇七三・一六、一七）

私たち人間の目はカメレオンのように、二つのものを同時に見ることはできません。

私たちの目がこの世に注がれる時、それだけしか見えないので、この世の物や人に心動かされます。肉の欲、目の欲、暮らし向きの自慢に心奪われ、他人の言動に心が散らされます。

この詩篇の作者が前半で、神様は心のきよい人たちにいつくしみ深いとうたい上げた、そのすぐ後に、誇り高ぶる者を妬み、悪者の栄えるのを見、「しかし、私自身は、この足がたわみそうで、私の歩みは、すべるばかりだった」（同二節）と述懐しているとおりです。妬みに心が乱れ、理不尽さに憤慨し、心の平和を乱してしまっていたのです。それは地上の世界しか見えなかったからです。私たちはどうでしょう？

しかし、この詩篇の記者はそれだけに終わりませんでした。彼はこの世と同時にもう一つの世界が見える場所を知っていました。そこに行けば、この世とそこに住む者をお造りになった方の臨在があり、この方に出会い、自分が何者であるか、同時にその栄える者の運命がこの方の前にどうなるのかを悟らされます。その時初めてすべてを悟るのです。

真理を悟るのは主を礼拝する時です。その時、神様は真理を啓示されます。私たちに礼拝の心が準備される時、つまり私たちの心が世俗モードから礼拝モードに切り替わる時、私たちは御霊によって心の目が開かれ、真理を悟らされるのです。

ですから、重要なのは、自分や教会をいつでも礼拝モードにさせる術《すべ》と感覚、霊的雰囲気と祈りの風土を造り上げることなのです。

私たちはどうでしょう？

8月

August

八月一日　この世の権威も神による

人はみな、上に立つ権威に従うべきです。神によらない権威はなく、存在している権威はすべて、神によって立てられたものです。

（ローマ一三・一）

筆者は、救われて間もない初心者の頃、天地万物の創造主から救いを受けたのだから、私には神様がついている、「この世の権威、何するものぞ！」というう思いがありました。ですから、この聖句に接して、びっくりしたことを今でも思い出します。

私たちは、滅びゆくこの世から救い出されたからと言って、自分たちだけ浮世離れした世界に住むわけではありません。現実のこの世の中に、世の光、地の塩として生かされています。

神様は神の国だけでなく、この世も含めた全宇宙の主権者です。この世を治めるために、その主権の一部を委譲して、権威を立てられました。

ここでパウロは、教会に立てられた権威より、むしろ、この世の権威について語っています。たとえば、総理大臣以下の権威者、官憲、等々、彼らが立てた法律、制度等に従いなさい、彼らも益を与えるために立てられた神のしもべだからです、と言っています。

ちなみに、この世の法律も人と人との基本的あり方を示した十戒の後半の六戒（両親を敬え、殺すな、姦淫するな、盗むな、嘘をつくな、隣人のものを欲しがるな）に準じています。ですから、この権威に逆らうことは、神に逆らうことになります。したがって、これは神を真に畏れることなしには守れないことです。

たとえば、選挙について考えてみましょう。これは私も若い頃に諭されたことですが、投票に行くのを疎かにしていることは、神が、権威者たちを決めるために定められた公職選挙法という、法律に従うことを疎かにして、神の意図を無視しているのです。あなたはいかがですか？

八月二日　今時の若い者は……

年老いて、しらがになっていても、神よ、私を捨てないでください。私はなおも、あなたの力を次の世代に、あなたの大能のわざを、後に来るすべての者に告げ知らせます。

（詩篇七一・一八）

「今時の若い者は……」という言葉は、現代の年配の人たちの専売特許ではありません。遠い昔の人たちも全く同じ言葉を使っていたようです。

これは、今昔を問わず、年長者たちにとって、若い者は自分たちの常識からすると、とんでもないと映るのでしょう。経験を通して人は学んでいきますから、ある程度は仕方ないことかもしれません。

昔は親の世代と子の世代の間にそれほどの価値観の違いはありませんでした。しかし、物事の変化の激しい現代では、世代間のものの考え方や文化の違いは、お互いにとって想像もできないほどです。ですから、年長者にも若者にも、互いに相手が何を考え、どう感じ、どう行動するのか、そして、なぜそうするのかさっぱりわかりません。

これは、時代とともに変化していく若者の価値観や文化に年配の者はついていけない、ということかもしれません。一方、若者が経験に裏打ちされた大人の価値観を経験なしに理解するのは難しく、年配者たちの言うことは古臭いと感じる若者たちの反発も見え隠れします。

この波は教会にも押し寄せて来ています。次世代に敬遠されて、若者の少ない教会が多々あるのを見聞きします。まずは若者たちを寛大に受け入れることが重要なのに……。

若者に迎合するのでなく、自らを固守するのでなく、彼らに耳を傾け、文化や価値観を超えた、永遠不変の神の大能のわざを彼らに伝わる形で証しし、若者を福音と神の国の価値観に導き、信仰とその働きのバトンを渡すことは、年長者の避けられない重要な役割ではないかと思います。

八月三日　主の愛は伝染する

私たちが神を愛したのではなく、神が私たちを愛し、私たちの罪のために、なだめの供え物としての御子を遣わされました。ここに愛があるのです。愛する者たち。神がこれほどまでに私たちを愛してくださったのなら、私たちもまた互いに愛し合うべきです。

（Iヨハネ四・一〇、一一）

愛は本来、神の属性（神に属している性質）であり、人間が生まれつき持っているものではありません。神の愛の働きによって、人が神を信じキリスト者になると、その人に分け与えられます。ヨハネはその愛をもって互いに愛し合うべきだと語っています（同一一節）。

神の愛に満たされた人の、愛の行為により神の愛が相手に伝わり、その愛に呼応して神様を信じ受け入れるなら、その人にも神の愛が分け与えられます。

しかし、私たちはそれを聞いても、「私にはとてもそのような働きはできない」と言って、自分とはほど遠い他人事と考えてしまいます。もっと信仰に熟達した人のことだろう、と。とんでもありません。それでは、私たち信じる者に働く神のすぐれた力を過小評価しています。

たとい、信じて間もない小さな者であっても、御霊の語りかけを聴く素直な心を持っているなら、その人のうちに隠されていた宝、神の愛が現れその人を動かし、神の愛を伝える者になります。その愛に触れた者は、自分も優しい愛の人に変えられます。そこに働くのは人の愛ではなく、主の愛です。いわば、主の愛は伝染するのです。しかも、人が御霊に満たされた時、伝染し、御霊を消す働きによって簡単に、この愛は雲散霧消してしまいます。

神の国はこの世と違います。効率優先ではなく神の愛が優先します。主のみこころは、私たちキリスト者がそのように御霊に満たされ、互いに愛し合うことです。

八月四日　十年後を見て、今を

それゆえ、私たちに自分の日を正しく数えることを教えてください。そうして私たちに知恵の心を得させてください。

（詩篇九〇・一二、一三）

モーセは、夕べには枯れていく草花のような人のいのちのはかなさを詠い、その視点に立って、自分の「今」を正しく把握して日々歩むことを神に願っています。

私たち人間は、幼い頃はそのようなことは夢にも考えませんが、長ずるに及んで身近な体験を通して、人のいのちに限りがあることを知ります。しかし、自分にかぎってはそうではない、という漠然とした希望のようなものを持っており、これが邪魔をします。

大人の世界では、全体像の中で今を考え、計画的、継続的に事を運んで目的にたどり着くという統合的な物の考え方が必要になってきます。あなたや私の人生にもこれは真理です。

モーセはまさしく、自分の人生という限られた全体像の中で、今をどう生きるかという知恵を与えてくださいと願ったのです。人生の春夏秋冬には、春には春、夏には夏のそれぞれなすべき課題がありま す。私たちは、神様に助けを仰ぎながら、一つ一つそれを成し遂げていくことにより自分の人生を築き上げていきます。目先のことに捕らわれたり、その課題から逃げたりしていては、本来の目的にたどり着くことはおぼつかなくなります。

これは、凡人にはなかなか具体的には難しいので、「十年後を見て、今」という合言葉というか、モットーをいつも意識することは一つの助けになります。

十年後の日本や世界の状況、その中での家庭人や職業人としての自分、キリスト者としての自分、自分の周囲の人、物、環境等々の状況をイメージしながら、では今をどう生きるかを神様に尋ねるのです。

私や皆さんの十年後はいかがでしょう？

八月五日　赦せない心

また立って祈っているとき、だれかに対して恨み事があったら、赦してやりなさい。そうすれば、天におられるあなたがたの父も、あなたがたの罪を赦してくださいます。

（マルコ一一・二五）

人を赦さないことは苦しいことです。相手が「不特定」の人ならともかく、自分に近い「特定」の人であれば大変苦しく、時には、赦せない思いが沸々と起こって眠れなくなります。時間が経ったり、忘れようとしたりしても、どこかに残っている赦せない思いは、何かのきっかけに頭をもたげ、私たちの心をつつきます。相手はそのようなことは夢にも思ってないことが多く、別に苦しくはありません。それがますますこちらの赦せない思いを掻き立てます。怒りを爆発させれば、心は一気に晴れるでしょうが、そうするわけにはいきません。

こう書いてくると、何か自分のことを言われているみたいだと思われるかもしれませんが、こだわりの強かった私の経験でもあるのです。経験しているからリアルに書けるのです。

赦せない心はどこから来るのでしょうか。よく考えてみると、あることに関して確かに自分が正しいのに、相手がそれを認めないか、気にしてないことにあります。その「あること」が、御言葉に照らし合わせて、一番大切なことなら、相手がそれに気づくように祈る必要があるでしょう。しかし、そこまではない事柄に関しては、赦さない思いをこちらが持っていることこそ、御言葉で一番大切な「愛」の戒めに悖《もと》ることになります。

重要なことは、赦さない心の、処理の仕方です。それが御言葉の一番大切な戒めに悖る重大な罪であることに気づき、主の前に真にへりくだり、自分の罪の赦しを乞い、相手を赦す祈りをし、もし、牧師を仲介に頼み互いに赦し合うミニストリーを持つことができればよいかもしれません。

八月六日　バルナバ・ミニストリー

そこで彼らは、断食と祈りをして、ふたりの上に手を置いてから、送り出した。ふたりは聖霊に遣わされて、セルキヤに下り、そこから船でキプロスに渡った。（使徒一三・三、四）

ふたりでも三人でも、主にある交わりの中には主がその臨在を約束してくださいました（マタイ一八・二〇）。その交わりの中でキリスト者は癒されながら育っていきます。

イエス様は三年半の間に、十二人の弟子を、寝起きをともにしながら、どのように神の御言葉に生きるかを教え、育てられました。ある程度成長すると、ふたりずつ遣わされました。

私たちの交わりの最小単位である「ふたり」の中にも主が臨在してくださり、ふたりで行動しながら互いに成長していきます。一方が先輩で、もう一方が後輩ということもあります。

先輩バルナバと後輩パウロもそうでした。彼らはいつもふたりで行動しました。ふたりで、エルサレムに旅行し（使徒一一・三〇、一二・二五）、ふたりで第一次伝道旅行に出かけます（一三・二～一四・二七）。エルサレム会議に出席した時もふたりでした。彼らはふたりとも、アンテオケ教会の重要な教師でもありました（一一・二六、一五・三五）。

バルナバは手取り足取り、頭でっかちであったパウロを育て（使徒九・二七、一一・二五、二六）、パウロが育ったら、次にマルコの育成を手がけます（一五・三九）。これを取って、若い信徒を主の弟子に育てるのを「バルナバ・ミニストリー」と言われます。

後輩は先輩からどのようにして育てられたかを思い出しながら、今度は自分が先輩として後輩の面倒を見ていきます。パウロはその後、次々とシラス、テモテ、ルカ、テトスと育てることになります。けれども、パウロ自身も人を育てながら、自分も育っていったのだと思います。

あなたのバルナバは、テモテは誰でしょう？

八月七日　ディボーションの成否は

耳を傾けて、知恵のある者のことばを聞け。
あなたの心を私の知識に向けよ。
（箴言二二・一七）

ディボーションとは何でしょうか。それは主の前に出て主と過ごす静かなひと時です。

右の聖句の「知恵のある者」とは誰でしょう？　ほかでもない神ご自身です。そこでどのような主との交わりがなされるのでしょうか。聖書日課から、主が自分に何と語っておられるかを聴き取り慰められ、御言葉を実践して造り変えられるひと時です。

御声を聴き取るのは、まず主ご自身についてです。静かに主について想い巡らす時、その聖さといつくしみ、その栄光を感じ取ることができ、感謝し、その御名をあがめるのです。

次は自分自身についてです。静かに御言葉を思い巡らす時に、御言葉の光に照らし出されて自分の姿があらわになります。御言葉や、その中の主人公の言動を通して主が私に語られます。人を赦さず神に代わって人を裁く自分、日頃、意識しない自己中心の自分の姿がはっきりわかってきて、いやになります。けれども、それで終わらないのは恵みです。

さらに想いを潜めていると、そのような罪深い自分のために主が十字架にかかってくださった恵みと、そのすばらしさも同時に思い出し、慰められ、感謝し、主の栄光をほめたたえます。

そして、示された自分の弱さや罪を改めようという気持ちにさせられ、その勧めや命令に従い、具体化し実践しようという意欲と力も与えられます。

けれども、ディボーションの成否を決める鍵は何でしょうか。それは「礼拝の心」です。主の前にそのような神様を意識し、畏れをもってその臨在の前に出る時に、素直な自分になれるのです。その時に初めて人は自分の罪と弱さを認め、主の前に心を開き、主から癒され、造り変えられ、主に真心から従いたいという思いにされるのです。

八月八日　信仰のＯＪＴ

さて、七十人が喜んで帰って来て、こう言った。「主よ。あなたの御名を使うと、悪霊どもでさえ、私たちに服従します。」

（ルカ一〇・一七）

私たちが新しい、未経験のことを始める時、二つの方法があります。とりあえず具体的なことに手をつけるという方法と理論を先に学ぶという方法です。

前者は本質を学ばずに始めるので、方向性が定まらず、意味のない無駄なことをしているかもしれません。やっている意味がわからず、モチベーションを保てないかもしれません。一方、後者は理論ばかり学んで、現場を踏んでないのでイメージできず、学んだ内容の実際を理解できません。具体化して実現するのに時間がかかります。

これを補うのが理論と現場を同時進行させるＯＪＴ（on-the-job training ＝実地訓練）です。実は、私たちは日常でもこれを無意識にやっていることが多いのです。

私たち、キリスト者もこれを自分の人生に意識的に取り入れる必要があります。私たちの最大の問題は、聖書の教え（理論）と現実の生活（現場）とが、かけ離れているからです。

日曜日（聖日）にはその気になっても、六日間の平日には御言葉は単なる「お題目」になってしまって、私たちの現実の生き方を変えることがありません。「わたしが来たのは、羊がいのちを得、またそれを豊かに持つためです」（ヨハネ一〇・一〇）とイエス様は言われたのに、なぜなのでしょう？

御言葉が私たちを慰め、肩を押し実践させるのは、上の聖句の弟子たちのように、イエス様を信頼して歩み、御言葉に従順に従う時です。その時、困難なことも実践でき、思ってもみなかったすばらしい恵みを体験し、信仰生活が楽しくなります。

これこそ主が言われた豊かないのちの生活、御言葉と現実生活が乖離しない生き方です。

八月九日　肩書きが人を造る

こういうわけで、私たちはキリストの使節なのです。ちょうど神が私たちを懇願しておられるようです。私たちは、キリストに代わって、あなたがたに願います。神の和解を受け入れなさい。
（Ⅱコリント五・二〇）

「肩書きが人を造る」という言葉があります。肩書きはその人にその肩書きとしての自覚を持たせ、相手もその肩書を見てその人に接するので、本人にさらにその立場を自覚させ、当事者意識を強め、その人の成長を促すというわけです。

「キリスト者」という肩書きも私たちをキリスト者としての自覚を持たせますが、それは、本来はキリストの信奉者、弟子という意味であったはずですが、「キリスト者らしく歩まなければ」と間違って道徳的な品行方正さを自覚させる肩書きに誤用されています。

冒頭の聖句にある使節とは、本来は国を代表して外国に遣わされる代理者のことです。その人は文化・風俗、国益の違う相手国に自国の意思を伝え、両国間を取り持つ役目を果たします。

人（生まれつきの）は天地万物の創造主である神を知らないどころか、罪によってその間は隔てられ、永遠の滅びに定められています。その間を取り持つのがキリストの使節です。

パウロは、神と人との間をとりなすキリストの使節としての明確な自覚を持っていました。彼がまだキリストを知らなかった時、キリストの弟子たちを迫害したことに対する咎めが大きかったがゆえに、この役目を人一倍自覚していたのでしょう。

しかし、パウロや聖職者だけでなく、キリスト者なら誰でもキリストの使節なのです。この明確な自覚がキリストの使節としての当事者意識を私たちに持たせ、あらゆる時にキリストを隣人に証しし、推薦する働きに私たちを押し出すのです。あなたはいかがですか？

八月十日　自分のこととは感じない

するとその人は答えて言った。「『心を尽くし、思いを尽くし、力を尽くし、知性を尽くして、あなたの神である主を愛せよ』、また『あなたの隣人をあなた自身のように愛せよ』とあります。」イエスは言われた。「そのとおりです。それを実行しなさい。そうすれば、いのちを得ます。」

（ルカ一〇・二七、二八）

主は、知っていても自分のこととは感じていない律法学者に右のように言われました。

最近のテレビニュースは殺人事件、危険ドラッグによる殺傷事件等々、数え上げれば、きりがありません。いずれも律法に悖《もと》り、自分中心にしかものを考えない人間の罪の結果です。

殺人など自分には関係ない、と私たちは思っています。他人のことには無関心な人が多いと口で言っても、それも自分には関係ないと思いがちです。

ある真夏の午後三時頃、教会近くの郵便局を曲がって教会のほうへ向かっていました。六十代の男性がその横の掲示板をつかんで立ち上がろうと、もがいています。私は車を止め、助けようとしました。意識も脈もしっかりしていて、足が悪いようです。郵便局にはひっきりなしに徒歩や自転車で人が通りかかりますが、誰も声を掛けません。自分のことで頭がいっぱいで、その人には関心がないようでした。暑い中です。このままでは熱中症になるかもしれません。私は、一一九番に電話をかけました。すぐに救急車が来て病院に搬送してくれました。

自宅に帰って妻と話し合い、考えました。私はその日たまたま気づいたけれど、自分のことで頭がいっぱいの時、私も他人に関心を払わず気づかないかもしれません。

この隣人愛という律法から自分も基本的には離反しているのだ。主を信じて罪を赦されていてよかったと感謝しました！　皆さんはどう考えられるでしょうか？

八月十一日　礼拝の心で御前に

神は霊ですから、神を礼拝する者は、霊とまことによって礼拝しなければなりません。
（ヨハネ四・二四）

「礼拝の心／畏れの心で御前に」　これが、癒されて解放され、平安と喜びに満たされる出発点です。しかし、御前に出る、その相手がどのようなお方かを知らなければ、癒しや解放、まして喜びや平安もありません。ですから、「父なる神様はどのようなお方か」とか、「イエス様はどのような方か」という目で、聖書の御言葉の中から探っていくのです。そのようにしながら、「神様は天地万物の創造主である」とか、「神様はうわべを見ずに、その心を見られる方である」とわかってきます。しかし、それはまだ頭の中の知識にとどまっています。

人を知るとは、ネットでその人に関する情報を知ったとしても、その人を本当に知ったことにはなりません。その人と挨拶だけでもなく、単なる情報交換だけでもなく、人格的な交わりで意見を交換し、気持ちを通じ合えて初めて、その人を知ったことになります。さらに一緒に仕事をすればその人についてもっと知り、寝起きをともにすると裸の彼をも知ることになります。

神についても同様です。人格的な交わりが必要です。それが礼拝です。初めは聖書を通してこのお方を知ることです。そのうちこの方が、とんでもなく偉大で畏るべき方であることがわかり、膝をかがめ、畏れの心で御前に出ることになります。その時、人の心は素直になり、自分の罪を知っているだけでなく、愛し、赦してくださる方であることを知り、自分の罪を告白するでしょう。紋切り型の祈りでなく、心を注ぎだす祈りをするでしょう。心からの感謝の歌を歌うでしょう。御言葉に従いたいと思うでしょう。

御言葉に従い、霊的な仕事を主とともにすれば、さらに深くこの主を知ることになるでしょう。

八月十二日　聖書はどんなものですか？

あなたがたは、聖書の中に永遠のいのちがあると思うので、聖書を調べています。その聖書が、わたしについて証言しているのです。

（ヨハネ五・三九）

聖書は世界のベストセラーと言われますが、私たちは「聖書」についてどのようなイメージを抱いているでしょうか。古典の書物の一つ？　それとも、仏教の経典やコーランと同じようなキリスト教の経典？　それとも、論語と同じような道徳書？　それとも、それらと同列には論じ得ない、まことの神が定められた、人間のあるべき行動指針？　それとも、神からの永遠のいのち付き保険の契約書？　それとも、神が人間に語りかけられたラブレター？

これらの聖書についての見方は、全く見当違いのものもあり、また全くそのとおりでも、それだけでは言い尽くしていないところもあります。聖書を自分と関係ある重要なもの、と捉えるなら、神様はあなたや私にとって極めて重要な方、しかも、親しい方となります。

では、聖書自身は聖書についてどう語っているでしょうか。冒頭の聖句で主が言われたとおりです。古今東西、人間にとって「永遠のいのち」は極めて重大なテーマです。ユダヤ人たちもそれを求めて聖書を読んでいました。しかし、木を見て森を見ることのできなかった彼らは、永遠のいのちがイエス・キリストのうちにあり、そのキリストについて聖書が証言していることを読み落としていました。

パウロも書きました、「この福音は、神がその預言者たちを通して、聖書において前から約束されたもので、御子に関することです」（ローマ一・二、三）と。そして、そのくだりの最後に、「福音は……信じるすべての人にとって救いを得させる神の力です」と。

あなたはこの聖書をどのように定義し、説明されるでしょうか。

八月十三日　キリスト者の第一の使命は？

それゆえ、あなたがたは行って、あらゆる国の人々を弟子としなさい。そして、父、子、聖霊の御名によってバプテスマを授け、

（マタイ二八・一九）

キリスト者の第一の使命は何でしょうか。それは人を導いて主の弟子とすることです。自分の弟子でなく主の弟子です。そして、それは右の言葉のとおり、主の至上命令です。主の弟子とは言っても、弟子の最初の姿は、信じたばかりの人です。

ですから、宣教が私たち弟子の第一の使命で、次にその人を主の弟子として育てます。そして、これは私たちが、自分のいのちを使い尽くしてもそれだけの価値のある事柄です。

人が信仰に導かれる時、そこで働かれるのは主です。とは言え、その手足となって働くのは私たちです。ですから、いつも意識してこの第一の使命をまっとうする心がけが必要です。

ところが、私たちはこの大事な使命を避けたり、疎かにしたりする危険があります。一つの危険は、自分は宣教ができないと諦めてしまうことです。宣教は主がなさるのに！　しかし、いつも意識して心がけていれば、主は宣教のチャンスを与えてくださり、私たちが大したこともしないのに、人が新しく霊的に生まれる際の産婆の役をさせてくださいます。

もう一つの危険は、他の楽しいことや、第二、第三のことに没頭し、第一の使命を忘れ呆けてしまうことです。これでは私たちは私たちの主（主君、師匠、親分）の命令を疎かにしていることになります。弟子のくせに、師匠の言うことを聞かないのですから、本来なら、雷、下手すると鉄拳が落ちてくるところです。私も若い頃、一時そうでした。

私たちは命令している方が誰であるかをわきまえ、この使命に戻らなければなりません。

あなたの主はどのような方で、あなたとの関係はどのような方でしょう？

八月十四日　福音とは何か？

「主は私の羊飼い。私は、乏しいことがありません。」（詩篇二三・一）

福音とは何でしょうか。何の働きもない者がキリストの十字架の贖いを信じる信仰によって義と認められ、神の救いを受けることができるという知らせです。しかし、その福音の中身を私たちはどれだけ知り、実感し、世に伝えているでしょうか？

熱心な人は、その救いの内容を頭で理解すると、さっそく、自分と同じ知的内容を人々に伝道しようとし、救われた人に教理を教え込もうとします。

しかし、教会の門を叩く多くの人は人生の戦いに疲れた人、傷ついた人、自分は駄目だと感じている人たちです。完成度の高いものを要求する管理・競争社会で、戦いと緊張の内にあり、癒しを求めています。私たちもそうではありませんか！

癒しを求めて来ている人に福音の知識を教え込み、何かを守らせようとしたら、福音のすばらしさが伝わるでしょうか。まずは、そのすばらしさを交わりの中でともに味わうことが重要です。

日本人、特に若者たちの心は劣等感や満たされない思いでいっぱいです。彼らには福音による癒しと神の家族としてのアイデンティティーをしっかり実感できることが必要です。

福音とは人が神様とのすばらしい人格的交わりを体験することです。それをダビデは羊飼いの経験から、羊と羊飼いの関係に譬えて、実感をもって言い表しています。これが福音です。

自分と神様との関係をこのようにイメージでき、実感できるなら、教会に来て救われた人は皆、癒され、うれしくなり、神様に自分の生涯をささげたいと真に思うに違いありません。

この実感が伝わるような聖日礼拝、伝道と教育の仕方、その受け皿、つまり温かい交わりが必要です。そのすべてに「礼拝の心」が必要です。その時、人は素直になり、福音の内容が伝わるからです。

八月十五日　勝海舟の求道心

だから、あなたがたは、天の父が完全なように、完全でありなさい。　（マタイ五・四八）

勝海舟の嫁（息子の妻）がクララ・ホイットニーという青い目の外国人で、勝の救われることを母とともに毎日祈っていたということはクララの日記により、知る人には知られています。

今日考えたいのは、勝の求道心です。勝は幼少の頃から剣道と儒教を習わさせられました。確かに儒教は人の道についてのあるべき姿を教えています。その中に救いはなくても、それにそぐわない自分を見せられ、そういう自分を目指したいという求道心は与えます。

勝は二十三歳の時、江戸で民子という女性と結婚します。彼女は貧しい勝の生活を支え、彼がオランダ語の勉学に励むのを助けます。勝三十一歳の時、黒船が来航し日本は開国を迫られ、三十三歳の時、長崎の海軍伝習所への出張を命ぜられます。

そこで近代航海術を教えたオランダの海軍武官、カッテンディーケに出会い、そのキリスト者としての姿に心を打たれます。

実はここ長崎で、勝は奥さんとは別の女性に子どもを産ませています。それが勝の三男の梅太郎、クララの夫です。師であるカッテンディーケの姿を目にするたびに、勝の心は疼《うず》いたに違いありません。

勝が三十八歳の時、咸臨丸《かんりんまる》で米国に渡りますが、毎週、教会に通ったと自分でも書いています。それは単に世界に広く目を開くという意図とはまた別の思いがあったのだと私は思っています。

キリシタン禁制の時代です。低からぬ位の者が信仰を公言するには勇気がいります。勝はキリスト者だったクララの両親一家には、自分の屋敷の一角に住まわせて寛大な保護と助けを与えています。その一家との交わりの中、特にその奥さん、アンナ夫人の信仰と祈りにより、勝は聖書の神に自らを託し、その求道の航海は望む港に着きます。

八月十六日　主にとどまっていなければ

わたしにとどまりなさい。わたしも、あなたがたの中にとどまります。枝がぶどうの木についていなければ、枝だけでは実を結ぶことができません。同様にあなたがたも、わたしにとどまっていなければ、実を結ぶことはできません。

（ヨハネ一五・四）

私たちは、自分自身の力で、実を実らせることはできません。それをされるのは主です。主は私たちとともに働き、私たちを通して実を結ばせられます。私たちは、しばしばこの世の風潮に従って、自分自身のために実を実らせようとして、主につながるのを忘れています。私たちは単独で働いても、「骨折り損のくたびれ儲け」です。私たちは何度そのようなことをくり返してきたでしょうか！（ローマ六・二一参照）

私たちキリスト者の一番大切な最初の、そして生涯続く訓練は「主にとどまる」ことです。それは主からいのちと力を受けるためです。これはお題目でも、永遠に手の届かない目標でもありません。救いを受けたその日からでもできる人がいます。

それは、ディボーションの時に臨在の前に出て、素直な礼拝の心と受けた御言葉を、その時だけでなく一日中持ち続けることです。ディボーションは朝の二十分で終わってしまうものではなく、一日中、いやそれ以上続くものです。日々主にとどまることは、信じたその日からさっそく、訓練して身につけるべきことで、これが主の弟子としての訓練の中核となります。

これは教えられなければできないことですが、教えられなくてもできる素直な人もいます。

重要なことは、初心に帰って謙虚にディボーションの訓練を受けることと、それを分かち合う霊的な組織風土を教会や交わりの中に造ることです。私たちが主につながり、主が私たちの間で実を結ぶ働きをなさるために……。

八月十七日　神とともにある幸せ

「見よ、処女がみごもっている。そして男の子を産む。その名はインマヌエルと呼ばれる。」（訳すと、神は私たちとともにおられる、という意味である。）
（マタイ一・二三）

イエス・キリストはともにいる神として地上に来られました。十字架で私たちの罪の贖いを成し遂げた後、復活し、今も生きていて私たちとともにおられます。

一九世紀のキリスト者であったカール・ヒルティが『幸福論』第三部の二種類の幸福という項で、お金や権力などの幸せと比較して「神の近くにある幸せ」について述べています。私も、今になればよくわかりますが、主を信じる前にこの本を読んだ時には、彼が言いたかったこの幸せは全く印象に残っていません。私には意味がわからなかったのです。

私だけではありません。ネットで、多くの人が感銘を受けたヒルティの名言集を引くと、この幸せについては全く触れられず、枝葉《えだは》の処世術のヒントなどが引用されています。

それほどこの「神とともにある幸せ」が見逃されるのは、おそらくこの幸せが信じない人には、ピンとこないからです。非人格的な神しか知らず、儒教的な精神風土の中で育った日本人には、人を愛し語りかける聖書の神は想像もできないのでしょう。これは、主との交わりを通した日常生活や人生体験を積み重ねて、初めて、しかも次第に形作られてくるものだからです。

御言葉（聖書）から神の御声を聴き、慰められ、示された御言葉に歩んで主の御手を見る体験を積み重ねて、神ともにいますという実感を体得することの重要性をあらためて感じます。

神の御声を聴くとか、主の御手を見るとか、御霊に導かれるとかが自分の体験となり、実感となれば動かされることがありません。

皆さんのインマヌエルの実感はいかがですか？

八月十八日　あんたには言われたくない！

しかし、人が主に向くなら、そのおおいは取り除かれるのです。主は御霊です。そして、主の御霊のあるところには自由があります。私たちはみな、顔のおおいを取りのけられて、鏡のように主の栄光を反映させながら、栄光から栄光へと、主と同じかたちに姿を変えられて行きます。これはまさに、御霊なる主の働きによるのです。（Ⅱコリント三・一六～一八）

非常に身近な話題です。介護される親と介護する家族との間では、しばしば争いや揉《も》め事が起こります。家族間では遠慮がなく、日頃の相手を知っているので、「あんたには言われたくない！」という心理が働くのでしょう。けれども、日頃から双方が尊敬している第三者から同じことを言われると、今度は素直に心に響き、その提案を受け入れるのです。

どこがどう違うのでしょうか。心がどこを向いているか、つまり、相手をどう見ているかということです。自分と同格かそれより下と思っている相手には、「あんたには言われたくない」と思うのです。言っている内容ではなく相手がどうかなのです。

これは私たちにとっても同じことが言えます。親の言うことは聞かない子どもでも、お隣りのお姉さんやお兄さんの言うことは素直に聞き入れます。大人の場合でもそうで、牧師の勧めには従います。では、いつも牧師の出番が必要なのでしょうか。

ここが多くのキリスト者の課題ではないでしょうか。つまり、牧師の助けがあってもなくても、心を「主に向ける」ことが解決の鍵なのです。その時、私たちの心をおおっている神様に関する真理や奥義、恵みや喜び、平安への理解を妨げている闇は取り除かれるのです。その時、御言葉の戸が開け、光が差し込み、悟りが与えられます（詩篇一一九・一三〇参照）一日のうちのしばらくでも、この「心を主に向ける」習慣が必要です。

さて、皆さんの日常生活ではいかがですか？

八月十九日　主に従う

イエスは彼らに言われた。「わたしについて来なさい。あなたがたを、人間をとる漁師にしてあげよう。」

（マタイ四・一九）

弟子たちは、人間をとる漁師になりたいから主について行ったのでしょうか？　そうではなく、魅了されたので、素直に従ったのではないでしょうか。その結果、彼らはそれぞれがすばらしい使徒、伝道者（つまり、人間をとる漁師）になっていったのです。

主は私たちをあるがまま受け入れてくださり、ついて来なさいと言われます。弟子たちも、それぞれが人間臭く、個性的な人たちでした。しかし、主についていて行くうちに主に似る者へと変えられていったのです。

造り変えられる第一歩は、主に従うことです。それは、①御言葉（聖書を通して語られる勧め）に従うことです。それは、②聖書が全体として語る原則（みこころ）に従うことであり、さらにまた、③日々の御言葉の勧めを自分への語りかけとして従うことです。それは、④自分の人生計画、お金や時間の使い方、対人関係、具体的な行動に及び、⑤主に倣《なら》い、主がされたように人に接し、主がされたように行動することです。

こう書いてくると、とても自分にはできないと投げ出してしまいたくなります。しかし、とにかく、祈りつつ――祈りのうちに主の愛に答えたいという思いが強められるので――聖書の言葉どおりに従うことです。必要な時に主は助けてくださいます。

キリストも神としてではなく、肉体を持った人間としての制限の中で、抱え切れない課題を抱えながら、父なる神に助けを祈り、その父の愛に支えられて、十字架を全うされたのです。

御言葉で示されたことに従順に従うこと、それが祝福を受ける秘訣です。

八月二十日　主の弟子のしるし

しかし、聖霊があなたがたの上に臨まれるとき、あなたがたは力を受けます。そして、エルサレム、ユダヤとサマリヤの全土、および地の果てにまで、わたしの証人となります。

（使徒一・八）

主の弟子のしるしは何でしょうか。それは師である主の証人であるということです。

弟子になれば、主の証し人としての使命を果たすようになります。「あなたの先生はどんな先生ですか？」と聞かれた時に自分の知っている先生について語ればよいのです。

そう聞かれるのは、その人が、自分が神の国の一員であることを喜んでおり、それが外にも表れているからにほかなりません。おそらく他の人とは違うしるしがあるのです。

御言葉の大系（全体像）がわかり、それによって神の国の全貌《ぜんぼう》がわかり、自分が神の国の一員であることのすばらしさを知り、それを喜び、幸せになれれば最高です。そうすれば、その先生と自分とのすばらしい関係についても証しできます。

その証しによって、人が「私もぜひ！」と言うなら、失われた魂が救われます。それを私たちはともに喜び、主に感謝します。天の父はそれによって栄光をお受けになります（ヨハネ一五・八）。父のみこころは私たちの幸せとご自身の栄光なのですから。

自分にはとてもできないと言われるかもしれませんが、上の御言葉を見ると、この使命を全うできる力は自分自身の力ではなく、聖霊ご自身からの力であると書かれています。

聖霊の力を帯びるかどうかが問題なのです。私たちがいつも、主の臨在の前に出て礼拝の時を持ち、日々聖霊ご自身とともに歩み礼拝の心を持っているかが問われているのです。

キリストの御霊（ローマ八・九）とともに歩んでいる、これが基本的な弟子のしるしです。

八月二十一日　裸の王様

偽善者よ。まず自分の目から梁を取りのけなさい。そうすれば、はっきり見えて、兄弟の目からも、ちりを取り除くことができます。

（マタイ七・五）

みことばを聞いても行わない人がいるなら、その人は自分の生まれつきの顔を鏡で見る人のようです。自分をながめてから立ち去ると、すぐにそれがどのようであったかを忘れてしまいます。

（ヤコブ一・二三、二四）

日本で何年か前、若者の間で〝K・Y〟という言葉が流行したことがあります。「空気が読めない」の頭文字をとってK・Yと表したものです。その場の雰囲気が読めず、ひとりだけ浮いた状態で、その浮いた自分にも気づかない時、「彼はK・Yだ」と皆で面白がる言葉で、あまり感心できる言葉ではありません。少なくとも、人を揶揄《やゆ》する側に立ちたくはありません。

同様の思いを私たちは他人に対して持つ時があります。もしかすると筆者自身もK・Y的な一面を持っているかもしれません。いや、神様の目から見ればK・Yそのものです。アンデルセンの童話（むしろ寓話）『裸の王様』の中の、王様のようです。

私たちは、他人のことは見えても、自分自身については、なかなか見えないからです。ですから、自分の目の中にある梁《はり》は見えず、相手の目にあるちりにはすぐ気づいて取ってあげようという気持ちになるのです。どうすれば自分が見えるようになるのでしょうか?

聖書の御言葉を、自分を見る鏡とすることです。その中で神様が語っておられる御言葉に照らして自分を見、教えられたことを実行することだとヤコブは記しています。鏡を見るだけでは、そこを立ち去ると忘れてしまうからです。それを実行することで、神の国の価値観を知るだけでなく身につけ、K・Yを脱していくのです。

八月二十二日　生きた礼拝

そういうわけですから、兄弟たち。私は、神のあわれみのゆえに、あなたがたにお願いします。あなたがたのからだを、神に受け入れられる、聖い、生きた供え物としてささげなさい。それこそ、あなたがたの霊的な礼拝です。

（ローマ一二・一）

パウロがローマの聖徒たちに切望したことは、彼らが、すべてのものの根源であり、帰結者であられる神をしかるべき方としてあがめ、この方に生きた、霊的な礼拝をささげることでした。

私たちの礼拝が主体的で生きたものであるか、それとも形だけでいのちに乏しいものであるかどうかは、私たちの礼拝が神様に喜ばれるかどうかだけの問題でなく、キリスト者の人生が日々、生き生きとして、実り豊かな人生であるかどうかを左右する極めて重要な問題です。けれども、多くのキリスト者はこのことをあまり真剣に受け取っていません。

たとえば、賛美する時、心からの感謝をもって、その歌詞と同じ気持ちでアーメンという思いを込めながら賛美するのか、それとも、習慣的に歌っているだけなのか、その間には天地の開きがあります。両者を左右する鍵は、いったい、何なのでしょうか。

パウロは、私たちの身体を生ける供え物としてささげなさいと勧めています。つまり、自分の時間や計画、思い、考えすべてを二の次にして、礼拝をささげなさいと言うのです。

神が万物の根源者、帰結者であり、礼拝を受ける方、私たちが当然礼拝をささぐべき方であると認めて御前に膝を屈め、すべての思いを神様に向けて主体的に奉仕や賛美、礼拝をささげるなら、それは「神に受け入れられる、聖い、生ける供え物」です。すなわち、主への畏れの心をもって主体的に礼拝をささげているかどうかが問われているのです。

あなたの場合はいかがですか。もし妨げているものがあるならそれは何でしょう?

八月二十三日　こだわりと譲歩との間

キリストは、神の御姿である方なのに、神のあり方を捨てられないとは考えず、ご自分を無にして、仕える者の姿をとり、人間と同じようになられました。（ピリピ二・六、七）

誰でも、自分が育った環境の中で培《つちか》われた、自分の世界観やものの考え方を持っています。しかし、一歩外に出ると、自分とは違う信条や価値観の人ともやっていかなければなりません。人は人間関係の中で生きているからです。けれども、大抵の場合、無意識のうちに自分の主義・主張にこだわるか、相手に譲歩するかの間を上手に調整しています。

自分と相手との隔たりがあまりにも大きすぎると、日本人は自己主張が下手なので、譲歩してしまって、ある人は自分のうちでそれを感情的に消化しきれず、悩みます。

一方、それが自分の強い志や信念に基づいたものであった時には、そのこだわりを貫くことができ、どんな困難にもひるんだり、挫《くじ》けたりすることはありません。

信仰の戦いも同じです。この世の価値観と神の国の価値観との間には、天と地との隔たりがあります。福音を明確に伝えるために人の罪を気づかせたり、キリストの十字架を語ったりすれば、人は敬遠するかもしれない。このような恐れが相手への譲歩となり、譲歩が妥協になり、その結果、妥協したことに悩むことになり、まして、福音を伝えることなどできません。

福音を人に伝えるには、こだわりが必要な部分と譲ってもよい部分があります。

譲歩は犠牲を伴い痛いものですが、それが相手の益になれば、そのことに意味があるので、自分も相手も喜ぶことができます。それが、キリストが私たちに与えてくださった愛です。そこに良い関係ができるなら、私たちを通してキリストご自身とその愛が相手に伝わります。

八月二十四日　神の主権と人のわざ

愛する人たち。自分で復讐してはいけません。神の怒りに任せなさい。それは、こう書いてあるからです。「復讐はわたしのすることである。わたしが報いをする、と主は言われる。」

（ローマ一二・一九）

私たちの感情的な問題、怒りや不安、妬み、悲しみなどの多くは、神の主権に属することと、人に委ねられていることとの取り違えというか、その峻別のあいまいさにあります。

これらの問題のもたらす結果は言わなくても想像できます。相手に対する怒りで興奮し、あるいは自分の大事なものが心配で寝つけず、いったん眠っても眠りが浅く目が覚めて心身を消耗させてしまいます。残念ながら、キリスト者の中にもそのような人が少なくありません。

パウロは、復讐をしてはならないことを申命記から引用して読者を諭しています。復讐が神の主権に属するということはパウロには常識なのです。聖書を開かなくても、金銭感覚と同じように一種の感覚として備わっているのです。御言葉の真理が感覚として生きていて、日常生活や人生の様々な問題を右に左に切り分けることができるのです。

一方、人のわざについては神からの使命として尊んで実践し訓練される必要があります。

どうすれば、そのような境地に達することができるのでしょうか。パウロと同じように、御言葉の真理を現実の生活や人生の中に落とし込める感覚を身につけるしかありません。

日々の御言葉から示された真理や勧めが自分の日常生活や人生の中で具体的に何を意味しているかを考え、思い巡らす習慣をつけるのです。それはディボーションにほかなりません。その積み重ねが次第に私たちの感覚を、世俗的な感覚から神の国の感覚に変えてくれます。

千里の道も一歩から。今日から始めることです。

八月二十五日　安眠を習慣化

だから、あすのための心配は無用です。あすのことはあすが心配します。労苦はその日その日に、十分あります。（マタイ六・三四）

この聖句の文語訳は「一日の苦労は一日にて足れり」となっています。すなわち、明日のために心配する必要はなく、与えられた力で一日働けばそれで十分で、安心して眠りにつき、明日はまた、新しい気持ちで働けばいい、というのです。

これは主イエス・キリストが生活上の思い煩いの多い私たちに語られた言葉です。ですから、決して、軽い言葉ではなく、真摯に受け止め、従うべき言葉なのです。

しかし、この日本の多くのメンタルクリニックでたくさんの睡眠薬や安定剤が処方されています。その対象の多くは若い人や社会人です。いかに多くの人が明日のために思い煩い、不安で眠れなかったり、明日のための準備で頭が冴えて寝つきが悪くなったり、眠りが浅くなったりすることでしょうか。そして、その不眠が翌日の心身の不安定を招くのです。

キリスト者であれば、主がいつもともにいてくださり（マタイ二八・二〇）、主が心配してくださる（Ｉペテロ五・七）のですから、この主に信頼して、委ねる信仰の訓練が必要でしょう。

年齢が進むと身体を動かして働くことが少なくなり、眠りを誘う健康な身体的疲れを経験できなくなり、眠りにくくなるのは事実です。また、この厳しい競争社会の中で、多くの社会人が苦しんでいます。ですから、人によっては軽い安定剤や睡眠剤が必要かもしれません。

私が申し上げるのは、主イエスの言葉やペテロの勧めに従い、すべての思い煩いを、いっさい、神に委ねる（Ｉペテロ五・七）信仰の習慣を身につけましょうとの提案です。これがだんだん身につけば、薬は必要でなくなるでしょう。

八月二十六日　主からいのちを……

……私が来たのは、羊がいのちを得、またそれを豊かに持つためです。

（ヨハネ一〇・一〇）

福音の、福音たるところは、聖なる神様が罪人《つみびと》の私たちをあるがまま受け入れ、永遠のいのちを与えてくださることです。これは報酬ではなく「恵み」です。福音の恵みは信じる者に平等です。しかし、残念ながら「恵み」の受け取り方は様々です。

ある人はこれを聞いて短絡的にもう救われたのだから何もすることはない、天国行きの列車の中で一眠りしよう、と、それ以上の霊的なことに関する興味が薄れ、仕事や好きなことに打ち込み、永遠の実が実る尊い仕事に目を向けることがありません。

ある人は、恵みを完全には信じ切れず、善行を積んで、それで自分の罪悪感を相殺しようとします。しかし、それで罪悪感が完全になくなることはなく、平安や喜びも今ひとつです。

ある人は福音の恵みもわかり、福音に生かされ、救ってくださった神様を礼拝し、福音を宣べ伝えるべきことは理屈ではわかっても、そのための霊的な力がない、と言います。

イエス様が冒頭に語られた御言葉は、真実なのでしょうか。イエス様が約束された豊かな永遠のいのちとはそのように、軽いもの、実体のないもの、期待はずれのものなのでしょうか。

そうではありません。真に恵みが理解でき、自分の罪深さがわかれば、心からの感謝の思いで主を礼拝し、自分が受けた恵みを他の人に宣べ伝えないではいられなくなるでしょう。

その出発点は何でしょうか。主を知ることであり、しかも頭で理解するだけでなく、主との人格的交わりの中で素直にされた心が御霊によって悟らされることです。その時、主にあるいのちが私たちに流れ込み、力を与え、泉となって外に溢れ出すでしょう。

八月二十七日　主の臨在を保つコツ

見よ。兄弟たちが一つになって共に住むことは、なんという しあわせ、なんという楽しさであろう。……主がそこにとこしえのいのちの祝福を命じられたからである。

（詩篇一三三・一、三）

キリスト者の成長とは、いつも御霊とともに歩み、礼拝の心で生活するようになることです。しかし、成長するまで、キリスト者の使命である福音の証しができないというのではなく、初心者でも聖霊に満たされるなら、それは可能です。その中でキリスト者は成長していきます。ではどのようにすれば、聖霊に満たされ続けることが可能なのでしょうか。

ある人は身近に御言葉を貼り、賛美歌を流し、いつも主を思い出し臨在に満たされます。

ある人は大好きな慰めの御言葉を口ずさみ、それに生かされ、聖霊に満たされます。

ある人は朝の聖書の日課の勧めの御言葉を実行しようと思い巡らし、一日中御霊に満たされます。

ある人は同じく朝の御言葉で、ある真理を示され、具体的にはどういうことなのだろうと思い巡らし、悟ることができるなら主に感謝です。そうでなくても、終日御霊に満たされるでしょう。

ある人は主にある交わりに加わり、そこに臨在される御霊に導かれてすごします。その人たちが、互いに連絡を取り合い、慰めや恵みを分かち合い、その交わりの中で、愛のわざによって主の証しや奉仕の働きをし、御霊に満たされるなら、それは小グループそのものです。

ある人たち、特に女性たちや若者の間に、意図的にではなく自然に、生きた小グループが出来上がり、集まって聖書日課の御言葉の分かち合い、祈り合い、時にはケータイやEメールで分かち合いができます。そこにあるのは主の臨在です。

あなたはどのようにして主の臨在を保っておられますか。分かち合ってみましょう。

八月二十八日　イエス様のように生きると…

「あなたがたは、世にあっては患難がありま
す。しかし、勇敢でありなさい。わたしはすでに世に勝ったのです。」
（ヨハネ一六・三三）

イエス様の生涯は苦しみと患難の生涯でしたが、同時に、喜びの生涯でもありました。イエス様は苦しみの中で、大きな叫び声と涙とをもって父なる神様に祈り、その敬虔のゆえに聞き入れられ、平安と勝利の確信を得られたのです。

キリスト者の人生は、喜びと安楽だけの人生ではありません。その人がイエス様のように生きる時、患難があります。この時、イエス様のように、父なる神様から慰めと励ましとを与えられることがなければ、とても生きていくことはできないでしょう。

ただでさえ現代社会は競争社会です。所属している企業、学校、団体等のため自己犠牲を強いられます。そのため、弱い自分と戦わなければなりません。そのうえ、さらに主に従い主のように生きる時、必ず患難が生じます。なぜなら、御言葉に従い、イエス様のように歩む時、それはこの世の考え方、価値観とは相容れないからです。

一方、あいまいに妥協して生きるなら、患難もなく、主のように涙をもって祈る必要もないでしょう。一見、安楽な人生と思えます。けれども、御言葉に出会う時、あるいは、イエス様のように生きている人を見る時、きっと自責の念にかられ、苦しい思いをするのは必定《ひつじょう》です。

人は、慰めや望みなしに苦しい中を生きていくことはできません。望みの信仰あってこそ、イエス様のように、自分自身を父のみこころの中に差し出すことができます。私たちが、そのように、全面的な信頼と礼拝の心で御前に出る時、その人その人に合わせて、イエス様と同じような、患難の中でも生きる力と慰めを神様は与えてくださるに違いありません。

八月二十九日　コーチして人を育てる

ところが、バルナバは彼を引き受けて、使徒たちのところへ連れて行き、彼がダマスコへ行く途中で主を見た様子や、主が彼に向かって語られたこと、また彼がダマスコでイエスの御名を大胆に宣べた様子などを彼らに説明した。

（使徒九・二七）

子どもが生まれると、両親には「子育て」という新しい経験が始まります。つまり、子どもに善悪の基準や、ものの考え方等を教育する立場になります。子どもが素直なうちはともかく、彼の内に「自我」が出来上がってくると、他人から教えられることを嫌い自分で主体的に学びながら育っていきます。

ですから、親の価値観を押し付ける教育ではなく、考えさせる教育、体験を通して本人が学び取っていくような教育が重要になります。これは子育てだけでなく、一般社会や学校等でも重視されるようになってきています。

スポーツ以外の分野で活躍しているコーチのことをご存じでしょうか？　彼らは比較的若いのに、心理学や社会学、経営学やコミュニケーション等の教育を受け、会社のリーダーたちをコーチします。コーチは、インタビュー形式で質問を交えながら、リーダーたちの考えやビジョンを聞いていきます。

一方、コーチを受ける側は話しているうちに、今まで漠然としか考えていなかったことがその人自身のうちで整理され、もっと豊かで深い理解や大きなビジョンに到達するのです。お仕着せ型の教育は受ける側のモチベーションを削《そ》いでしまいますが、コーチ型の教育はモチベーションを高めます。自主的に自分の目標を創り上げ、動いていきます。

とは言っても、初めは親のような見守りと愛が必要です。バルナバもこのようなコーチ型の教育と私心のない愛でパウロを引き受け、養育したのです。私たちもバルナバのように後輩を育てるなら、その人が私たちを越える人に育つかもしれないのです！

八月三十日　自分と向き合う

神のことばは生きていて、力があり、両刃の剣よりも鋭く、たましいと霊、関節と骨髄の分かれ目さえも刺し通し、心のいろいろな考えやはかりごとを判別することができます。

（ヘブル四・一二）

素直で謙虚な人は人の意見を聞き、模範と仰ぐ人を真似ながら、「学習」して多くのことを身につけていきます。プロゴルファーや野球選手など、一流の人は同じ仲間やライバルから、その長所を学び取るそうです。だから一流になれるのかもしれません。

私たち凡人は、人の意見は聞きたくないとか、人真似はしたくないとか、面子や感情が先に立ち、あるいは、無意識にそれを取捨選択するフィルターを掛け、本当の自分に向き合うことを避ける肉の性質を持っています。足りない自分を認めることは嫌で面倒なことだからです。

御言葉により指摘されても、それは自分の生まれつきの顔を鏡で見る人のようです。自分をながめてから立ち去ると、すぐにそれがどのようであったかを忘れてしまいます（ヤコブ一章）。しかし、それが続くと、キリスト者としての成長の機会を失ってしまいます。私たちは大人のキリスト者として、自分に向き合うことに取り組まなければなりません。

ではどうすれば、それを避けようとする肉の性質を断ち切ることができるのでしょうか？

御前に出て御言葉の前に立ち、自分自身、つまり自分の霊的生活（神様との関係）、人生計画、精神生活、日常生活、人間関係、等々を御言葉と御霊の前に晒《さら》すことです。

人間の心を探り窮める方は、私たちのうちに住まわせた御霊の思いが何かを知っておられ、御霊は、神のみこころ（御言葉）に従って、聖徒のために愛のうちにとりなしをしてくださるからです（ローマ八・二七）。これが礼拝の生活、大人のキリスト者の生き方です。

八月三十一日　契約の神

見よ。その日が来る。――主の御告げ――そ
の日、わたしは、イスラエルの家とユダの家と
に、新しい契約を結ぶ。（エレミヤ三一・三一）
まことに、わたしは公義を愛する主だ。わた
しは不法な略奪を憎む。わたしは誠実を尽くし
て彼らに報い、とこしえの契約を彼らと結ぶ。
（イザヤ六一・八）

「キリスト教の神はどんな神か？」　それは契約の神です。高きに住まい、人間から遠く離れた存在ではなく、契約を結んでまで私たちと人格的つながりを願っておられる神です。

しかも、その契約はイスラエルと結ばれた、十戒や律法を基準にした古い契約ではなく、全人類との新しい契約、永遠の契約だというのです。

プロ野球で新人選手が入団する球団を選ぶ時、その決め手となるのは何でしょうか。契約金の額でしょうか。そうでもありません。相手がどのような球団であるか、どれくらい誠意をもって自分を評価し、来てほしいと願っているかという心情的なものが大きな決め手になります。

聖書の神も私たちに対して同じような熱い思いを持っておられます。聖書の神を知らない人にとっては自分とは縁遠い、あるいは煙たい存在の方なのかもしれません。しかし、私たちは意識していなくても、神にとって私たちは大切な存在なのです。どうにかして、ご自分と契約を結んでほしいと願っておられます。なぜなら、聖書の神は私たちの生みの親だからです。「親ばか」という言葉は、聖書の神にとっても例外ではありません。親にとって、自分の子どもほど素敵で可愛い存在はありません。ですから、契約を破った者に対しても誠実を尽くし、新しい永遠の契約を結び、親子のような麗しい関係を築こうとしておられるのです。

このような神様なら、その招き、その呼びかけは一考に値するのではないでしょうか？

9月

September

九月一日　聖書の神はかかあ天下？

というのは、律法はモーセによって与えられ、恵みとまことはイエス・キリストによって実現したからである。

（ヨハネ一・一七）

私たちが聖書の神はどんな方だろうかと考えるその第一印象、すなわち神様を厳正で、近づきにくい方と考えるか、逆に自分を愛し、守ってくれる頼もしく、優しい方と考えるかによって、神様を知る霊的理解や、その結果とも言えるキリスト者人生は大きく変わってきます。

右の聖句の「恵みとまこと」、これは神様のご性質、人間に対する神様の思いとも言うことができます。恵みは、神様が罪に目を留めず人間をあるがまま受け入れられるということです。

一方、まことは、神様が人間に対して厳正に正義、真理を貫き通されるということです。ですから、恵みとまことは、本来、互いに相反する言葉です。ちょうど、言うことを聞かない子どもに厳正な父親と愛に溢れた母親が対立している構図です。

人が、恵みだけを神様の本音と考えれば、心は軽くなり楽しくなる一方、神様と馴れ合いになり心が緩み、罪は次第にエスカレートし、放漫なクリスチャン人生となります。

一方、人がまこと（神様の厳正さ）だけを神様の本音と考えると、神様の恵みには気づかず、罪の自覚にオドオドし、命令と禁止に縛られた、笑顔のない苦しい人生になります。

どちらが神様の本音かと言えば、どちらも本音です。イエス様は、自分は律法を廃棄するためではなく、成就するために来たと言われました（マタイ五・一七）。旧約（古い契約）の時代に神様はその厳正さを律法で示し、新約（新しい契約）の時代に神様はイエス・キリストを救い主として遣わし、私たちの身代わりにさばき人の罪を赦すこととされました。これで、恵みとまことが両立したのです。キリストによって恵みがまことを包み込んだのです。

九月二日　主を尊ぶ者は主から尊ばれる

わたしは、わたしを尊ぶ者を尊ぶ。わたしをさげすむ者は軽んじられる。

（Ｉサムエル二・三〇）

これは、私たちへの厳粛な神の言葉です。神は、祭司エリとその二人の息子ホフニとピネハスへの預言とその成就を通して私たちに警告しておられます。

人は誰でも、幸せな人生を心から望んでいます。それはどこから来るのでしょうか。滅びゆくこの世のものからでなく、神から来ます。私たちはその方の恵みにあずかり、本来、不相応な身分なのに、神の子どもとして神様から愛され、破格の待遇を受ける身となったのです。

それは、自分の罪を認め、悔い改めて、この方を自分が尊ぶべき人生の主として受け入れたからです。以後もこの方を尊び、この方を礼拝し、この方の意向（みこころ）に従って歩み、喜びと平安に満ち、目的（神と人とに仕える）を持った人生を送るはずでした。しかし、日々幸せと喜び、平安を得ている人は、意外にも多くはありません。それはなぜでしょうか？

「幸せを得る道」は「神を尊ぶ」ことだと知っていても、自分の人生や日常生活の中に具体化されていないのです。御霊によって私たちのうちにおられる神を尊ばず、無視して自由に行動し、悪いと知りつつ悪を行い、神が自分を置かれた場所に文句を言い……。

主の弟子である私たちがなにかと相談し、指示を仰ぐべきは私たちの師である主なのに、人生や日常生活の大小様々な事柄を、主に相談（祈り）もしないで勝手に決めているとすれば、それは主を尊んでいないことにならないでしょうか。

それは主から軽んじられる道です。主から軽んじられることをしている自分に気づかないで、どこに幸せな人生があるでしょうか。幸せな人生の出発点、それは主を尊ぶことです。

九月三日　交わりを妨げるものは？

しかし、もし神が光の中におられるように、私たちも光の中を歩んでいるなら、私たちは互いに交わりを保ち、御子イエスの血はすべての罪から私たちをきよめます。（Ｉヨハネ一・七）

御言葉が人に対して力をもって働くのは、主の豊かなご臨在の中で初めて可能です。

御言葉そのものは変わらなくとも、人のほうが素直にされ、御前に膝を屈め、御言葉に対して従順にされるからです。その中で人は御言葉の意味を悟り、御言葉によって心の闇を照らしだされながらも慰められ、御言葉に従い、造り変えられていきます。

聖日は、礼拝を目的に集まる民の、御父および御子イエス・キリストとの交わりです。けれども、私たちが心を開いて自分の真の姿を光の中に出さなければ、主との交わりに入ることができず、主の御言葉はその力を振るいようがありません。

日本人の、特に男性たちにはなぜそれができにくいのでしょうか。企業戦士たちでさえ、自分の家に戻ると背広と靴下を脱ぎ、ネクタイを外します。

私たちも同じです。戦いの心と出で立ちでこの世に出て行き、その中で傷つき、罪を犯します。しかし、自分の家の打ち解けた交わりの中に戻って来ても、まだ背広とネクタイ姿でいるなら、それは奇妙です。無意識のうちに、人に対して、主に対して心を許すのを恐れているのです。そうさせる競争社会、日本がたどってきた、儒教的文化、恥の文化がそこにあります。

しかし、主にある信徒同士の交わりは戦いではありません。心の背広とネクタイを外し、自分の裸の姿を主の前にさらし、きよめられ、癒される必要があります。その姿のまま、互いが交わるなら、それが主にある交わりであり、そこには主がおられるので礼拝そのものです。

あなたの主との交わりはどんな出で立ちですか？主はすべてお見通しなのに！

九月四日　我がうちに働く主のいのち

「それは、イエスのいのちが私たちの身において明らかに示されるためです。」
（Ⅱコリント四・一〇）

福音とは何でしょうか。単に、無代価で与えられる「天国への救い」だけでしょうか。

今の私に生きる力を与え、私たちを造り変える、神からのいのちです。苦しみや困難を乗り越える力を与える神からの賜物です。その福音を私たちはすでに受けているのです。

福音の、そのいのちは具体的にはどのような形で現れるのでしょうか。

一つは、「自分が神の子どもである幸せを実感できる」ことです。暗いこの世の目先の現実に動かされない平安と喜びを実感できることです。それは、神様や神の国に関する主の力、恵み、愛を体験して得た知識からきます。

もう一つは、「神の国建設のために働くことに生きがいを感じる」ことです。福音によりこの世を救おうという、神様の壮大なご計画のすばらしさがわかり、それに参画することです。これは若者の特権です。若者は失敗を恐れず試行錯誤しながらそれを見出し、教会は現場を与え、失敗をとがめないで指導すべきでしょう。今の若者にはこのような生きがいが必要です。

三つ目は、そのように喜びと生きがいをもって神の愛と導きに従って歩むうちに、私たちが「主に似る者へと造り変えられる」ことです。これには少し年期がいるかもしれません。

福音は喜びと生きがいを与え、私たちを造り変えます。それが福音の力です。このいのちはすでに与えられていますが、どうすればこれが私たちの身に輝き出るのでしょうか。朱に交われば赤くなりますが、主に交われば聖くなります。主との交わりのあるところ、そこに主の臨在といのちがあり、私たちを癒し、育み、造り変えるのです。

九月五日　今の時代は御霊が主役

わたしは父にお願いします。そうすれば、父はもうひとりの助け主をあなたがたにお与えになります。その助け主がいつまでもあなたがたと、ともにおられるためにです。

（ヨハネ一四・一六）

しかし、その方、すなわち真理の御霊が来ると、あなたがたをすべての真理に導き入れます。御霊は自分から語るのではなく、聞くままを話し、また、やがて起ころうとしていることをあなたがたに示すからです。

（同一六・一三）

子どもを育てたことのある人は誰でも、食事の前に甘い物を食べさせることはしません。食欲をなくし、本当に必要な栄養がとれなくなるからです。

キリストの十字架上での贖罪の御業《みわざ》によって救いの道が開かれ、救いは万人に差し出されています。

しかし、現代人は霊的に渇いているはずなのに、物質的なものや情報の氾濫に眼を奪われ、救いを求めようとはしません。たとい求めても、この世の知恵では、キリストの十字架の救いがそれとはわからないのです。御霊によって初めて人は霊的な渇きを自覚し、霊の目が開かれ、キリストを受け入れる心が起こされます（Ⅰコリント一二・三）。

キリストは天に昇られた後の事業を聖霊に託されました。聖霊はキリストの霊、父なる神の霊ですので、三位一体の神が福音宣教、教会の建設、教会における、礼拝、教育、宣教等の働きを聖霊に委ねられたわけです。御霊は個人的に働いて霊的な渇き、悔い改めの心、福音を受け入れる信仰、神様を真に畏れ、ご臨在の前に出る礼拝の心、隣人を愛する心、聖化を慕い求める心、等々を私たちの心に引き起こし、御霊の賜物（ガラテヤ五・二二、二三）を与え、私たちを成熟、つまりキリストの御姿に似る者へと導いてくださいます。

このように、今は御霊が主役であり、必要なのは、その方を知り、導きを求め、聞き分ける耳です。

九月六日　あなたはエリート

すなわち、神は私たちを世界の基の置かれる前から彼にあって選び、御前で聖く、傷のない者にしようとされました。　（エペソ一・四）

今日のタイトルを見ても、聖句を読んでも、多くのキリスト者はその実感がなく、ピンとこないかもしれません。そのような待遇を神から受けているにしては、今の私はどうなのだろう？　聖くはないし、傷だらけだし、苦しいことばかりだし……と。

しかし、聖書（神）は、すべてのキリスト者がエリート（選び抜かれた人々）であると断言します。この御言葉と私たちの現実との較差は、いったいどういうことなのでしょうか。

この世でエリートと言われる人でも、初めはそう呼ばれるにふさわしい素養と品性を備えているわけではありません。けれども、そこを支配する精神風土の中で無意識のうちに同じような価値観やそれにふさわしい品性を学び取り、エリートとしての当事者意識を身につけていきます。そして、その中のすばらしい人、素敵な人を模範《モデル》として倣《なら》いながら、エリートにふさわしい言葉と振る舞い、品格を備えた人に成長していきます。

やがて消えゆくこの世の栄光のためにであっても、人はこのようにして、生まれつきの素材の上にふさわしい品性を建て上げる過程をたどるわけです。まして、神の国の栄光に輝くためにはそれ以上にエリートとしての自覚と訓練と祈りが必要なことは申すまでもありません。

とはいえ、私たちは、すでに神様によって、神の国建設という神様との壮大な共同事業のために、この世から選び抜かれたエリートなのです。

この世の人々は、そのことを私たち以上に知っています。ですから、人に知られないようでもよく知られ（Ⅱコリント六・九）、この交わりにすぐさま加わろうとはしない人々からも尊敬されているのです（使徒五・一三）。

九月七日　モチベーションが人を生かす

ところが、神の恵みによって、私は今の私になりました。そして、私に対するこの神の恵みは、むだにはならず、私はほかのすべての使徒たちよりも多く働きました。しかし、それは私ではなく、私にある神の恵みです。

（Ⅰコリント一五・一〇）

昔から言うように、馬を川まで連れていくことはできますが、のどが渇いてもいない馬に水を飲ませることは到底できません。これは寓意で、人間にも当てはまります。

人間の場合は、社長が力ずくで社員に水を飲ませることはできるでしょう。しかし、それは本心からのものではありません。面従腹背《めんじゅうふくはい》という言葉のとおりです。逆に、本人にその思いと意欲があれば、引きとめることはできません。その人を内から動かす動機、それがモチベーションです。これがその人を、その人らしく生き生きと動かします。

では、人間のモチベーションに火をつけるものはいったい、何なのでしょうか。本能、生理的欲求、楽しさあるいは知的興味、あるいは物欲、金銭欲、権利欲、名声欲、あるいは反骨心であるかもしれません。けれどもこれらはこの地上に属するものです。

私たちキリスト者を、内から動かすものは何なのでしょうか。パウロはそれを「私にある神の恵み」（上記聖句）と表現しました。過去の自分をすべて帳消しにして、新しいいのちに生きる自分に造り変えてくださった方への感謝の思いだったのです。

パウロの過去の罪と罪への悔いが大きかっただけに、それほど感謝の心は深くされ、それは激しくそのモチベーションに火をつけたのです。これが「キリストが私のうちに生きておられる」（ガラテヤ二・二〇）とパウロが言った私たちを動かす力です。

それは日々主の前に出て、罪人《つみびと》の自分をさらに深く知らされ、その罪を赦してあまりある神の恵みを知らされることにより始まります。

九月八日　なぜ？を自分に問う

ですから、私は選ばれた人たちのために、すべてのことを耐え忍びます。それは、彼らもまたキリスト・イエスにある救いと、それとともに、とこしえの栄光を受けるようになるためです。

（Ⅱテモテ二・一〇）

子どもは物心がついてくると、そのような質問の仕方を教わったこともないのに、「なぜ？」という質問を親に向かって連発するようになります。親はほんとうに答えに窮します。人間は生まれつき、意味を考える動物なのでしょう。

しかし大人になると、この純粋な「なぜ？」という意味を問う質問をどこかに置き忘れてしまうようです。忙しすぎて、考える暇がないのかもしれません。初めは意味を考えて始められたことが、いつの間にか惰性になってしまうのかもしれません。

苦しみの中にいても、それは同様で、嘆いてばかりいるうちにマンネリ化して、「なぜ？」という質問を自分に問いかけることを忘れてしまいます。

日常のどんなことでも「なぜ？」を自分に問うことは極めて重要です。それは、あいまいであった目標や問題点を明確にさせ、惰性を正し、新たな意欲を蘇らせてくれます。

パウロは、私たちとは比べものにならない苦しみと屈辱の中にあったにもかかわらず、その苦しみの意味を明確に認識していました。ですから、彼にとって苦しみは苦しいことではなく、目標への通らなければならない通過点にしかすぎなかったのです。否、むしろ、パウロにとっては、自分の人生に飛び込んでくる、人との関わり、出来事、患難のすべてが、神様が用いられる手段であり、主が十字架の苦しみを通して栄光に入られたように、自分もそれに倣《なら》うことは主の弟子として当然のことと心得ていたからです。

さて、私たちは「なぜ？」という自分への問いを忘れてはいないでしょうか？

九月九日　感謝の心をどのように?

すべての事について、感謝しなさい。これが、キリスト・イエスにあって神があなたがたに望んでおられることです。

（Iテサロニケ五・一八）

神は、パウロを通して私たちにすべての事について感謝しなさいと語っておられます。感謝の心で毎日を過ごすことができれば、これほどの平安、これほどの幸せはありません。しかし、つらいこと、嫌なこと、悲しいこと、理不尽な事に感謝することはなかなかできません。では、なぜこのようにむずかしいことを神は勧められるのでしょうか?

子どもは、親元を離れて初めて親のありがたさがわかり、感謝の気持ちになります。さらに、子どもを生んで育てて、初めて親の苦労がわかり、親の言っていたことの意味がわかります。つまり、自分の知っている世界がまだ狭かったのです。知ってもいないし、経験もしてないので、思いもつかなかったのです。そのような経験を親と話せばその交わりは深くなります。

しかし、私たちは御言葉から、少なくとも主イエス様の愛や十字架の苦しみ、神の尊厳や栄光を知っています。イエス様の忍耐と労苦が私たちへの愛のゆえであったことに思いを巡らし、森羅万象を御手に治めておられる神の主権を信じることができれば、目の前の事柄に心を動かされることなく、万事につけ神に感謝する気持ちになるでしょう。

また、もし私たちがイエス・キリストを信じるがゆえに苦労しながら人のために働き、裏切られる経験をする時、初めてキリストの苦難と痛み、その愛の幾分かでもわかるようになるのです。

その時、主の痛みと忍耐もこうだったのかとあらためて感謝の気持ちになるでしょう。

私たちの主を知る世界、しかも主との交わりによって体験する世界が広がるにつれて感謝の心も広がり、深まってきます。それがキリスト者の道です。

九月十日　福音は神との平和、人との平和！

キリストこそ私たちの平和であり、……ご自分の肉において、敵意を廃棄された方です。

（エペソ二・一四、一五）

人は永遠に心の平安を求めており、地位や財産を築き、地縁や血縁に頼ります。神様はこれを人類に与えようと律法（古い契約）を制定されました。律法の本質は神との平和、人との平和を築くことです。しかし、これはイスラエルによって見事、裏切られました。

けれども、神様はイエス・キリストの贖い（新しい契約）によってこれを回復されました。

それは来るべき罪の裁き、日々の罪に対する神の裁きから私たちを解放し、今を生きる私たちに、この世の現実に動かされない確信と心の平安を与えるものです。ですから、福音のすばらしさがわかり、実感できるようになれば、神との平和は人に平安と喜びをもたらします。その人は人に対して赦しと愛をもって接し、人との平和を築きます。神との平和、人との平和、これこそ人生の鍵です。これをもたらしたのが福音です。

一方、平安や喜びがなく、恨みや不満があれば自分だけでなく人との関係もうまくいきません。それはますます彼を心の鬱積《うっせき》や不満に追いやります。人との平和どころではありません。

また、人には良心が与えられているので、罪を犯すと心は平安を失います。神との和解なしに人は良心の呵責《かしゃく》を消し去ることができません。それはいつもその人に心の重荷を負わせ、その心に平安はありません。このように、人が心の平和、心の平安を保つためには神との平和が必要なのです。そのために、神はキリストを十字架につけられました。

私たちが自分の罪を言い表すなら神はその罪を赦し、きよめてくださいます（Ｉヨハネ一・九）。互いに罪を言い表し、互いのために祈るなら、癒されます（ヤコブ五・一六）。

九月十一日　自分を受容する

そのために私は、高ぶることのないようにと、肉体に一つのとげを与えられました。それは私が高ぶることのないように、私を打つための、サタンの使いです。このことについては、これを私から去らせてくださるようにと、三度も主に願いました。しかし、主は、「わたしの恵みは、あなたに十分である。というのは、わたしの力は、弱さのうちに完全に現れるからである」と言われたのです。ですから、私は、キリストの力が私をおおうために、むしろ大いに喜んで私の弱さを誇りましょう。

（Ⅱコリント一二・七～九）

世の中、大抵の人は、多少弱いところはあっても、それとは反対の強い部分に目を向けて、自分はこれで良いと考えています。本当にそうだろうかと深く考えることなく、意識せずにそう思っています。そうでないと確信とプライドを保てないからです。

しかし、弱いところが原因で、日常生活、社会生活が思いどおりにいかない時に、今度は、その弱い点を意識するようになります。自信を持ってやってきた自分に、弱いところがあるという事実は受け入れることができません。自分を受容することができないのです。他人は気を使って声をかけてくれますが、本当の自分を知っているのは自分です。

実はパウロほどの人でも受容できない弱さがあったのです。それはパウロのプライドを打ち砕くのに十分でした。彼はどうにかして、神様がそれを取り去ってくださるように祈りました。結果は、神様からの、こうだ、という明確な答えでした。

人はどのようにして、自己受容、自分の弱い点をあるがまま受け入れることができるのでしょうか。人に優しく寄り添ってもらって、でしょうか。人から理路整然と説得されて、でしょうか。

否、自分が一番信頼できる方、神ご自身から答えをいただくことによって、です。

九月十二日　あなたの最優先順位？

だから、神の国とその義とをまず第一に求めなさい。そうすれば、それに加えて、これらのものはすべて与えられます。（マタイ六・三三）

イエス様は、今までのお話で、宝を地上に蓄える愚かさ、神と富とに兼ね仕えようとする人間心理の危うさについて語られた後、「だから」と言って、右の言葉を述べられました。

私たちは、この御言葉をよく知ってはいますが、それに従っているかについては疑問符がつきます。

ある人は、神の国とその義はイエス様を信じた時にすでに与えられたと思われるでしょう。その方に尋ねたいと思います。「神の国はそのように簡単なものなのでしょうか？」と。また、「神の国の入り口で、あなたはなぜこんなところに来たのか？と問われたら何と答えられますか」と尋ねたいのです。

それに対して、「私の罪が赦されているから」と答えられたら、「なぜその罪が赦されたのですか、死に値する罪なのに！」と問い返されるでしょう。その時、「それは知っています。イエス様が私の身代わりに殺されるほどですから。キリストの贖いに頼るほかありません」と答える方は幸いです。

けれども、私たちは何を食べ、何を着ようかと考える時間はあっても、神の国とその義について考える時間は二の次になっていないでしょうか？

神様は天国から「神の国とその義とを第一にすれば、必要なものはすべて与えられ、朽ち果てるものに全精力を注いで徒労に終わることはないのに」と思っておられるのではないでしょうか？

神の国は、あらゆる恵みや奥義の宝が隠された畑です。畑を買ったら、その奥義や恵みを一つずつ掘り起こすのです。（四月十三日参照）

人が、神の国とその義とを第一とし、神の国への霊的理解が深まるにつれて、神の国の広がりはその人のうちで益々大きくなっていきます。

私たちは何を最優先順位にしているでしょうか？

九月十三日　霊の必要をどうして満たす？

神は、むかし先祖たちに、預言者たちを通して……語られましたが、この終わりの時には、御子によって、私たちに語られました。

（ヘブル一・一、二）

人は一人で生きているのではなく、人と人との人格的交わり（関係）の中に生きています。否、その交わりの中で癒され、生かされていると言ったほうが正しいでしょう。

健全な交わりや対話を失うと、人は心の健康を失います。人は胸の内を誰かに聞いてもらわずにはいられないのです。「もの言わぬは腹膨《ふく》るるわざなれ」と昔の人が言ったとおりです。

さらに、人は、人と人との交流だけに満足せず、人間の存在を超えた方（神）との人格的交流を無意識のうちに求める霊的な必要（Spiritual needs）を持っています。一方、主イエス・キリストの父なる神も私たちとの交わりを望んでおられます。

神は、旧約の時代には預言者たちによって語られましたが、この新約の時代にはキリストによって、私たちに語られました。つまり、キリストが神の代弁者になられたのです。そして、その神は、「私はあなたをあるがままで愛しているから、この愛に答えなさい」というメッセージを、御子によって語られたのです。その証拠に、神はご自分の御子、イエス・キリストをこの世に下し、病で苦しむ者やその家族を癒しその愛を示されました。さらに私たちの罪の身代わりに御子を十字架につけ、その勘当を解き、私たちを神の家族としてくださいました。

それで終わりなのでしょうか。そうではなく、それは始まりです。神の家族には交わりがあります。キリストは単なる神の代弁者でなく、神と人とのコミュニケーションのパイプ、否、神ご自身として来られたのです。人は、人と人との交わりの中で満たされる以上に、キリストとの人格的交わりと対話の中で癒され、霊的な必要を満たされるのです。

九月十四日　御言葉と実生活の溝を埋める

こういうわけで、私たちとしてもまた、絶えず神に感謝しています。あなたがたは、私たちから神の使信のことばを受けたとき、それを人間のことばとしてではなく、事実どおりに神のことばとして受け入れてくれたからです。この神のことばは、信じているあなたがたのうちに働いているのです。（Ⅰテサロニケ二・一三）

私たちキリスト者は、ともすると御言葉と日常生活が二重構造になっていて、それに気づかないことがあります。御言葉の示すところと私たちの実際生活の間には大きな落差というか、溝ができているのです。それは筆者の経験でもあります。今もってそうですが、昔はもっとひどいものでした。

原因にはいろいろあります。まず、聖書を読み込んでないので御言葉を知らないということがあります。次に、福音の全体像がわからないために、個々の御言葉の意味を理解できないということもあります。さらに悲しいことには、御言葉の意味はわかっても自己を優先し、それに従わないということがあります。神の御言葉を自分の下に従えているのです。そのことが神を畏れぬ、とんでもない罪そのものであることにも気づきません。

御言葉と実生活の間のその溝はどのようにして埋められるのでしょうか？

テサロニケの人々は、御言葉を神の言葉、しかも自分に対する神の言葉として受け入れて従い、それに生かされていたのです。

これは、御言葉を知っているかどうかではなく、御言葉を神からの言葉として受け入れ、従うかどうかなのです。そうすれば御言葉は神の言葉ですから私たちのうちに働き、私たちを内から動かし、造り変える力となっていきます。

御言葉を神の言葉として受け取る、それが御言葉と実生活の溝を埋める原点です。

あなたの場合はいかがでしょうか？

九月十五日　教会とは何か？

これは、今、天にある、支配と権威とに対して、教会を通して、神の豊かな知恵が示されるためであって、

（エペソ三・一〇）

一　**教会は、神を礼拝する「聖所」**

教会は人が神と出会い、癒され、新たな力を与えられ、主を礼拝し賛美する所です。なぜ、礼拝すべきなのか、礼拝の対象となる方はどのような方なのか、わからなければ、礼拝は形だけに終わります。神の家族の中でそれらを自然に教えられていきます。

二　**教会は、人を養育する「神の家族」**

ここで、人は霊的に生まれ、神の家族の一員となります。親の教えや愛を受けつつ、親や兄貴を見ながら、新しい神の国の価値観や実感を無意識のうちに身につけ、養育されます。一番大事なのは御霊とともに歩む日常生活です。人はこれが習慣化され、交わりの中で共同体意識、自分の役割や使命（ビジョン）を見出し、外に出て行きます。

三　**教会は、伝道に人を遣わす「基地」**

癒され、養育された人は、主の世界宣教命令に従い、自分の使命を知り福音を携えてこの世（職場など）に出て行きます。毎日の生活が礼拝・伝道・訓練なのです。疲れを癒し、明日のための新たな励ましと力を得、祈りをもって支える基地が教会です。

四　**教会は、「交わりの場」**

これらの礼拝・養育・伝道は、使徒時代は家々で行われました。その具体的受け皿が小グループの交わりです。その中での礼拝やディボーションや分ち合いで、癒され、御言葉の実践を通して人は学び、訓練され、育っていきます。

そして、家々（教会）からいのちを与えられてこの世に出て行きます。

九月十六日　あなたも呼ばれています

夜明けになって、弟子たちを呼び寄せ、その中から十二人を選び、彼らに使徒という名をつけられた。

（ルカ六・一三）

イエス様は、徹夜の祈りを通して様々のタイプの人たちを選んで十二弟子とされました。

玉石混淆《ぎょくせきこんこう》の中から、今は荒削りでも後の日に、聖められた器となるべき人を選び出すためには、徹夜の祈りが必要だったのです（ルカ六・一二）。

それだけではありません。主にはあらゆる種類の人たちを選ぶ必要がありました。父のみこころを受けて、弟子たちを通して世界に福音を、という視点で主は彼らを見ておられました。

世界中の特定の人たちだけでなく、あらゆる風俗、あらゆる職業、あらゆる階層の、しかも、十人十色の性格の人たちに福音を宣べ伝えるためには、バラエティーに富んだ人たちの集団が必要だったのです。人は誰でも自分と同じようなタイプの人には近づきやすいからです。

この十二弟子の周りに七十二人が、さらに百二十人が、さらに五百人以上が、三千人が、と教会は人数が増えていきました。これは働かれた聖霊のゆえですが、人を通してでした。この原則は今も変わりません。神様は御霊の働きにより、人を用いて事を行われます。

人は、同じタイプの人に親和性を持ち、正反対のタイプの人に憧れを感じるものです。そのようにして、神様は人を通して渇いた魂に語りかけ、その魂を救いに導かれます。

教会は確かに主のみこころを、という点では全員が同じ方向を向いた集団ですが、皆が皆、同じタイプの人間ばかりではありません。自分と同じ考えでなければならないこともありません。上のような理由で、主がいろいろな人を教会に集められたのです。あなたも主に呼ばれています。あなたのタイプのそのままで！

九月十七日　過去を問わない神

わたし、このわたしは、わたし自身のためにあなたのそむきの罪をぬぐい去り、もうあなたの罪を思い出さない。（イザヤ四三・二五）

私たちの過去には、消し去ってしまいたいおぞましい罪、忘れてしまいたい他人への恨み、神に背いた多くの罪、さらには、意識しないで相手を深く傷つけた罪もあるに違いありません。年をとると、だんだんそれらがわかってきます。しかし、神様は、過去は問わない方です。私たちの過去には望みも未来もないからです。

神は聖にして義なる方ですから、私たちの背きの罪にとても耐えられません。

それで、人間が罪を消そうとやっきになり、かえって汚れをひどくしているのを見かねて、神ご自身が人間のそむきの罪をぬぐい去られました。キリストの十字架による贖い（身代わりの死）です。神はその贖いが必要十分であるとし、私たちを完全に赦し受け入れてくださいました。

誰でも、キリストの贖いを信じ受け入れるなら、その過去を完全に赦されます。それはまだ自分も気づかない罪を含む、生まれつき持っている罪の性質（原罪）そのものの赦しです。

それでは、過去は問われなくても、今とこれからを問われるのだとしたら、どのような厳格な戒めが私たちを待っているのでしょう？

神様は、私たちを戒めに従わせるために、救われたのではありません。そうではなく、赦された私たちがその赦しを喜び、神様のいつくしみに感謝し、ほめたたえるため、また、この喜びを多くの人に宣べ伝えるためです。そのような目的のために私たちは召されたのです。

そのためには新しい戒め（ヨハネ一三・三四、三五）が必要です。これは、もし私たちが、主とともに歩むなら難しい戒めではありません。

あなたの毎日はいかがですか？

九月十八日　今を問われる神

見よ。主の御手が短くて救えないのではない。その耳が遠くて、聞こえないのではない。あなたがたの咎が、あなたがたと、あなたがたの神との仕切りとなり、あなたがたの罪が御顔を隠させ、聞いてくださらないようにしたのだ。

（イザヤ五九・一、二）

神様は過去を問わない方です。十字架の贖いのわざにより私たちの過去の罪すべてを赦してくださいました。罪により断たれていた神様との関係がこうして回復されたのです。ですから、感謝して神様をほめたたえ、その喜びを隣人にも宣べ伝えましょう。

しかし、同じ罪を今も続けていたり、過去の罪の影響が今もあなたやその周りに、みこころに沿わない影響を及ぼしたりしているなら、それは放置すべきではありません。それがあなたと神様との関係を損ない、真心から神様をほめたたえ、救いの喜びを隣人に宣べ伝えることができなくなるからです。つまり、真の礼拝や主の証しを妨げるからです。

その状態で「私は神様に心から感謝し、ほめたたえている」と言う人がいるとすれば、その人は自分の罪深さをまだ悟っていないか、それに真剣に向き合っていないと言うべきでしょう。もちろん、これは他人事でなく、筆者自身にも言えることです。

人は種を蒔けば、その刈り取りもすることになります（ガラテヤ六・七）。悪い種を蒔き、それが今も周囲に影響しているなら、その刈り取りもしなければなりません。それは、救われた後もそうです。それは、その人が負うべき十字架かもしれません。一人で負うなら重い十字架ですが、誠実に主とともに負うなら重くはありません。負ってもらうためには、形ばかりではなく謙虚に主の前に出て現状を正直に披瀝《ひれき》し、主の憐みに、より頼むほかありません。

私たちの今を問われる神の前に私たちはどうでしょう？

九月十九日　蛇の如く聡《さと》く、鳩の如く素直に

いいですか。わたしが、あなたがたを遣わすのは、狼の中に羊を送り出すようなものです。ですから、蛇のようにさとく、鳩のようにすなおでありなさい。　（マタイ一〇・一六）

今日の聖句は、イエス様が「福音宣教」のために弟子たちをイスラエルの家の滅びた人たちのところに遣わすにあたって言われた戒めです。これは、私たちにも当てはまります。

狼、羊、蛇、鳩、四つの動物がこの世の人々や私たちの姿をありありと描き出しています。悪意と貪欲に満ち、鋭い牙を持って集団で襲ってくる狼の前に無力な羊が迫害に見舞われる時、「蛇のようにさとく、鳩のようにすなおでありなさい」と言われたのは、何を意図しておらたのでしょうか。それはその後を読むとすぐわかります。私たちが遣わされるのは、イスラエルの滅びた人たちと異邦人に「証しする」ためです。つまり、この世の人々自体が狼であるわけがなく、その不従順の子らの中に働いている霊（エペソ二・二）が狼なのです。その狼が戦っているのは私たちではなく、神様なのです。神の国がさらに拡大するのを恐れ、それを阻止しようとして神様に戦いを挑み私たちを迫害するのです。

狼の迫害の中で、羊のような私たちが、蛇のように聡く鳩のように素直になれる余裕はありません。どうすれば、蛇のように賢明で機敏な理性と鳩のように純粋で素直な感性をもって遣わされた目的「福音宣教」を実現できるのでしょうか。それはその後を読むとすぐわかります。「人々があなたがたを引き渡したとき、どのように話そうか、何を話そうかと心配するには及びません。話すべきことは、そのとき示されるからです。というのは、話すのはあなたがたではなく、あなたがたのうちにあって話されるあなたがたの父の御霊だからです。」

鍵は、御国の兵士として霊の戦いの戦い方を悟る知性、素直に御霊に委ねる霊的感性です。

九月二十日　霊性の訓練と聖書の理解

「わたしは全能の神である。あなたはわたしの前を歩み、全き者であれ。」（創世一七・一）

私たちの内面を変化させるのは神のなさるわざであり（Ⅱコリント三・一〜八）、私たちのすべきことは霊的感覚を訓練して、主の御霊が私たちの中で自由にお働きになり、内側から造り変えられる場所に私たち自身を置くことです（R・フォスター）。

つまり、いつも神様に対して心を開き、いつでも神様との礼拝の場、神の恵みの通り道に自分を置けるようになることです。神のご臨在の前でのみ人は霊的に目が開かれ、造り変えられるからです。ディボーションが奨励されるのもそのためです。

ディボーションの目指すものは、それだけではありません。神の国の全体像と細部にもっと目が開かれ、その価値観のすばらしさがわかり、幸せな人になるためです。神を喜び、主の栄光を現す（主を礼拝する）人になるためです。

それにとどまらず、私たちが遭遇する人生や日常の複雑な問題をみこころに従って右に左にと切り分けることができるようになります。信仰が現実の生活に生かされるようになるのです。

礼拝モードになることと聖書の理解とは互いに相乗的な作用があります。ディボーションが身につくと、神のみこころの体系への知的理解だけでなく、霊的感覚が磨かれ、神のいつくしみと峻厳に目が開かれて聖書の霊的世界が広がり、神のご臨在の中にいつも身を置けるようになります。それは礼拝そのものです。その中で、神ご自身をもっと近くに実感できるようになります。

そうすれば、キリストの大宣教命令（マタイ二八・一九、二〇）に従って、聖書の福音を、知識だけでなくキリスト者の現実の生き方や救いの実感、自分の体験として証しすることができるようになります。スタートは礼拝モードでなされるディボーションです。

九月二十一日　良き敗者

そもそも、互いに訴え合うことが、すでにあなたがたの敗北です。なぜ、むしろ不正をも甘んじて受けないのですか。なぜ、むしろだまされていないのですか。（Ｉコリント六・七）

パウロはコリント教会の体質を叱責しています。互いに訴え合い、だまし合う、救われる以前の世俗的な生き方から抜け切っていないというのです。

罪に染まった世俗的な生き方の基本的な考え方は、利己主義です。自分が勝者となることです。相手も同様なので次第に競争がエスカレートし、手段を選ばないようになってきます。今の時代と同じです。

英語圏の言葉に「Good Loser（良き敗者）」という言葉があります。このような理不尽な相手との戦いに陥った時に勧められる考え方です。日本にも「負けるが勝ち」ということわざがあります。良き敗者は良き勝者なのです。古今東西、普遍的な真理なのでしょう。

パウロは「良き敗者」となることを勧めたのであって、「単なる敗者」となることを勧めたのではありません。彼が願ったのは、高い観点から互いに良き敗者となり、通すべきところは通し、譲るべきところは譲る、そのような神の国の価値観に沿った組織風土が出来上がることを期待していたのです。

これは他人事ではありません。私たちも会社や家庭、教会で相手とのやり方や考え方の違いに問題を抱えているからです。その時いつも単なる敗者になっていては、臨界点まで来ると爆発したり、そこから逃げたり、他の誘惑に誘われたり、精神的におかしくなったり……。

信仰者のあり方は、「主はどうなさったであろうか」と、主のご生涯を仰ぐことです。それで真に慰められ教えられるなら、良き敗者であって、おかしいことにはなりません。

私たちはどうでしょう？　変なところでこだわっている事柄や相手はいませんか？

九月二十二日　感謝できる心

しかし、満ち足りる心を伴う敬虔こそ、大きな利益を受ける道です。

（Ⅰテモテ六・六）

前の節を見ると、エペソ教会には信仰を利得の手段と勘違いしていた者がいました。異教を説く者や、背教者もいたようです。パウロは、直接エペソに行って問題の解決に当たりたいと思っていましたが、事情が許しませんでした。

そのような教会を託された、年若く経験の浅いテモテにとって教会を指導・運営していくことは簡単なことではありませんでした。このテモテに、晩年を迎えていたパウロが書き送ったことは単なる教理や小手先のことではなく、永年の信仰体験を通して得た、一つの大きな教訓でした。それは、「感謝できる心」です。何かしなければならないと勘違いし、落ち着かない心で忙しく働き、挙句の果ては徒労に終わることの連続ではなく、現在の自分に御霊によって働いておられる主を喜び心から感謝し、平安のうちにその恵みに浸る……、これが、信仰生活のコツだというのです。そうすれば、自分の周りの出来事や人間関係に一喜一憂することなく、主が示されることには喜んで従えることになります。

この「感謝できる心」こそ、人々に教え、自分自身も会得すべきことであるとパウロはテモテに書いたのです。

情緒的なことだけではありません。心が満たされれば、身体にもその影響は及び、交感神経は緩み、副交感神経優位となって手足は温かくなり、心も身体も満たされることになります。

しかし、「すべての事について、感謝しなさい」（Ⅰテサロニケ五・一八）と言われても、すぐには納得できません。何が秘訣なのでしょうか。

いつもその答えは同じです。神の聖所に入り（詩篇七三・一七）、自分への神の恵みや周囲の事柄に霊の目が開かれることです。

九月二十三日　生ける望み

私たちの主イエス・キリストの父なる神がほめたたえられますように。神は、ご自分の大きなあわれみのゆえに、イエス・キリストが死者の中からよみがえられたことによって、私たちを新しく生まれさせて、生ける望みを持つようにしてくださいました。（Ｉペテロ一・三）

私たちは苦難に満ちた人生、苦労の多い毎日を何に支えられて生きているのでしょうか？

ヤコブのように（創世二九・二〇）、愛する者のためでしょうか。つまり、家族や学校、職場の温かい人たちとのふれ合いの中に自分の居り場と持ち場（役割）があり、それに支えられて生きているのでしょう。確かにこれは人間にとって現実的で必要な大きな力です。つまり、人はひとりでは生きていくことはできず、人と人との関係の中で初めて生きていけるのです。

人間がそれだけで真の満足を得、一生を終えるにあたって安心して死んでいけるのであれば、それで良いかもしれません。しかし、神のかたちに似せて造られた人間は霊的な存在であり、人間の存在を超えた方、神を慕う霊を与えられています。ですから、神様との関わりなしには真の満足を得ることはできません。また、永遠への思いを授けられており（伝道者三・一一）、死の向こうに休み場を確保できなければ安心して生涯を終えることができません。

つまり、人間は、人と人との関係だけでなく、神様とのふさわしい関係を得て初めて人間らしく、生きがいと平安な心を持って生涯を送り、天に凱旋《がいせん》していけるのです。

主の復活を目の当たりに経験したペテロは、この世のはかない望みではなく、今も生きておられる主が可能にしてくださった、生ける望みを持って彼自身が生き、これを人に伝え、これを与えてくださった神をほめたたえているのです。

あなたの望みはどこにあるでしょうか？

九月二十四日　神様の本懐は何か？

そのころのあなたがたは、キリストから離れ、イスラエルの国から除外され、約束の契約については他国人であり、この世にあって望みもなく、神もない人たちでした。しかし、以前は遠く離れていたあなたがたも、今ではキリスト・イエスの中にあることにより、キリストの血によって近い者とされたのです。

（エペソ二・一二、一三）

キリスト者になるということは、主の教え（聖書の教え、神の国の価値観）を悟り、自分の罪を教えられ、救い主を信じることがそのスタートです。その後は、主の教えを自分の人生や毎日の生き方に生かし、そのように生き、生かされることです。

こう書くと、聖書を「厳しい律法の書」とイメージし、何か窮屈な思いに捕らわれるかもしれません。それは神様の本意ではありません。神様が厳しいことを語っておられるとしても、それは私たちの幸せのためです。

聖書をすばらしい「慰めの書」とイメージしている人は、水路のそばに植わった木のように、主のおしえを喜びとし、昼も夜もその教えを口ずさみます（詩篇一・二、三）。

御言葉を喜ぶことを神はお喜びになり、神をあがめ賛美することにより、神は栄光をお受けになります。神様の本意は「人の幸いと神の栄光」です。

その手段が「神と人との関係の回復」です。罪によって絶たれた神と人との関係がキリストの血によって回復されました。その新しい関係、その関係のすばらしさが福音です。

それを確かめるために主の教えを生活の中に生かすのです。その意味が本当にわかると、人は幸せになり神に感謝し栄光を神にお返しし、それにより神が栄光をお受けになるのです。

そのように人の幸せと神の栄光が実現する、それが神様の究極の思い、神様の本懐です。

九月二十五日　朱に交われば赤くなる

遊女と交われば、一つからだになることを知らないのですか。……しかし、主と交われば、一つ霊になるのです。

（Ⅰコリント六・一六、一七）

キリスト者のアイデンティティーは、①神の子どもとされた幸せ、②神の国建設のために生きる幸せ、③日々主に似る者へと変えられる幸せということに尽きます。もちろん、④その生涯の終わりに御国への凱旋が待っています。

これらの幸せを実感できるか否かは重要です。もし、どれかについてピンとこないと感じられるなら、牧師に遠慮なくお尋ねください。私自身も昔はそうであったのですから。

その原因は、神様のイメージが厳父だけで慈父の面が乏しい、聖書の道徳観を律法的に理解する、軽い罪は自分の善行で償おうとする、罪が地獄行きに値するとは思いもつかない、神の国のイメージが貧弱である、知性ばかりで霊的感覚に乏しい……等によるものです。

これらは、主ご自身とのもっと深い交わり、これらに対する正しい認識とイメージを持っている人々との交わりによって、次第に矯正されていきます。ですから交わりが必要です。

闇の世の主権者に支配され神を認めないこの世界は、気づかないうちに政治や教育、マスコミや大衆文化、人間関係や儒教的なものの考え方などを通して影響を与え、神や聖書を正しく理解できないようにさせています。私も皆さんも同じと思います。

ディボーションが主と交わる礼拝となれば主に癒され、その影響は一日中続き人をハッピーな愛の人にします。御言葉で示されたことをその愛の心で実践すれば主がともに働き、豊かな恵みを経験し神の国のために働く幸せを実感します。それはその人を練達した人に造り変えます。こうして、人は主に似る者へと恵みのうちに造り変えられます。

九月二十六日　自己肯定と自己満足の違い

神は人をご自身のかたちとして創造された。神のかたちとして彼を創造し、男と女とに彼らを創造された。
（創世一・二七）

現代社会は今や厳しい競争社会、格差社会です。人の価値がお金や能力によって測られます。「昔はよかった！　のんびりしていて、そんなことは考える必要がなかった」というのは簡単です。しかし、現に今、私たちはその社会に生きています。逃げないで、尊厳と確信、志をもって生きていくためには、どのように考えればいいのでしょうか？

私たちが、この世の価値観を基準に考えるなら、多くの人が自分を否定され、自分でもそう思い込み、その結果、誇りを持つことができず、生きる意欲を失ってしまいかねません。

しかし、誰であっても、人は神のかたちに造られています。そして、人の価値を、「神のかたちに造られた」という基準で見直す時、私たちは互いに相手の中に神から与えられた尊厳を認めます。人は大切にされ、自分も相手を大切にします。このような価値観が生きている共同体の中で、私たちは人としての尊厳を大切にされ、自分を肯定できます。

教会はそのようでなければなりません。人が、近視眼的でなく、思い巡らす視野を広くして見渡す時、私たちは、互いに周りの人にとって「大切なあなた」であることを知るのです。

私たちが互いにそうであるだけでなく、神様もご自身のかたちにお造りになった人間に強い愛着を持っておられます。

それゆえ、神様は、「わたしの目には、あなたは高価で尊い。わたしはあなたを愛している」（イザヤ四三・四）と言われます。私自身が人にとっても神様にとっても「大切な私」なのです。

これは、お金や能力、知識や若さがあると言って自己満足することとは本質的に違います。私たちはこの世の価値観に眩惑《げんわく》されてはなりません。

九月二十七日　人が作った神？
人を造った神？

というのは、すべてのことが、神から発し、神によって成り、神に至るからです。どうか、この神に、栄光がとこしえにありますように。アーメン。

（ローマ一一・三六）

人はなぜ神を造るのでしょうか？　無論、木石で造った偶像そのものでなく、その背後に存在する神を拝むのでしょうが……。そして、その神に心の拠り所を求め、人生のすべてではなくとも、平安で、安定した、豊かな人生を、と頼み託すのです。

人間は弱い存在ですから、人間以上の存在の頼りがいのある神を想定して造ります。しかし、所詮、人が造った神は、人間の考えや想像の域を超えて造ることはできません。つまり、その神は、せいぜい人間と同レベルの神なのです。そのような神にご利益や一時的な心の拠り所を求めることはできても、人の魂の飢え渇きを満たすものを期待し、地上の人生のすべてとこの地上の向こう（彼岸）への希望を託すことは到底できないでしょう。

聖書の神は人間が作った神でなく、人間を造られた神です。人間のみならず、天地万物を創造した神としてご自分を聖書の中に表し、大自然や歴史の中に生きておられます。

この神に造られ、失楽園以後、その神とのすばらしい交わりを失ってしまった人間には、霊的渇きがあります。人間には満たされない心の空洞があり、この神に出会うまで、その空洞が満たされることはないとアウグスティヌスも言ったとおりです。この神は天地万物の主、一切のものの主権者です。今はこの世界を人間の善意の裁量に任せておられますが、収拾がつかなくなった時、神が決着をつけられます。その時、キリストにあってこの方を主権者として信じ、頼り、あがめることのできる人は幸いです。

あなたの神はあなたと同レベルでしょうか、それとも御前に膝を屈むべき方でしょうか？

九月二十八日　アンテナを張り巡らす

主はモーセに告げて仰せられた。「人々を遣わして、わたしがイスラエル人に与えようとしているカナンの地を探らせよ。」

（民数一三・一、二）

秋の朝、露に濡れて美しい幾何学模様のクモの巣に気づかれた経験はありませんか。クモは網を張って美しさを狙っているのではありません。獲物を狙っているのです。クモは空中に広く巣を張り拡げます。どうにかして獲物を得たいのです。

同様に世界各国の諜報機関も、莫大な費用を使って様々な方法や機器、人員により世界中に情報網を張り巡らします。どうにかして自国の益、あるいは不利益になる情報を得たいがためです。その情報を分析・整理し、外交や経済的交渉、あるいは戦争に具体的に役立てるのです。

私たちも、うさん臭い諜報機関のようにではなくても、情報網を張り巡らすことには熱心にならなければなりません。

では、何に関する情報でしょうか。神様がくださるカナンの地（神の御国）に関する情報です。なるだけたくさんの詳しい情報を得て、自分自身のために、あるいは自分たち（教会）、あるいは家族や親しい友、さらには困っている人たちのためにそれを分析・整理し、いつでも具体的に利用できるようにそれに精通するのです。

いや、実際にその情報を使ってみて、その情報の真偽やすばらしさを試すのです。これから、かの地（神の国）に侵入するわけですから。

キリスト者はすでに入っていますが、征服すべき地は残されていてその情報が必要なのです。ですから、日々の御言葉を軽視してはあなたが苦労し、神様が嘆かれます。それは神の国の恵みに関する貴重なあなたへの情報源です。それを分析・整理して蓄えるだけでなく、その情報を利用して、あなたの日常生活に適用して役立てなければなりません。

九月二十九日　アンテナを張り巡らす（二）

ペテロが幻について思い巡らしているとき、御霊が彼にこう言われた。「見なさい。三人の人があなたをたずねて来ています。さあ、下に降りて行って、ためらわずに、彼らといっしょに行きなさい。彼らを遣わしたのはわたしです。」

（使徒一〇・一九）

昨日はアンテナを張り巡らして得る情報の情報源について考えました。今回はアンテナそのものについて考えましょう。

アンテナは固定されて動かないアンテナと、グルグル回ってあらゆる方向からの情報を得るアンテナがあります。前者は一定の方向に情報源があって、そこから送られてくる情報を得ます。後者は、あちこちからの多様な情報をリアルタイムに捕らえます。

私たちの心のアンテナは、カメレオンの眼のように神と富とに向かって同時二方向であってはならず、神様の方向にだけ向いていなければなりません。

一方、神は私たちの想像を超えて遍在し、多様な可能性を持つお方ですから、御霊により私たちを導かれる時は、そのなさることの多様性や可能性を心に留め、霊のアンテナをあらゆる方向に振り向ける必要があります。

ペテロは幻の中で語られた言葉をどんな意味なのだろうと思い巡らしていました。すると御霊の語りかけを聞き、ある一連の出来事を示され、それをされたのは神だと知らされました。

ペテロのように御霊の声を、幻や声として見たり聴いたりすることはないにしても、私たちも御霊によって、あることを、それをなさったのは神様だと知ることができます。ですから、自分の計画、周りの人や環境、あるいは出来事の中に御霊の語りかけ、祈りへの答えが現されていないか探査する心のアンテナをその方向に振り向けることが必要です。

あなたの心のアンテナはどちらに向いていますか。その感度はいかがですか？

九月三十日　交わりの中で育つ

私たちの見たこと、聞いたことを、あなたがたにも伝えるのは、あなたがたも私たちと交わりを持つようになるためです。私たちの交わりとは、御父および御子イエス・キリストとの交わりです。

（Ⅰヨハネ一・三）

赤ちゃんは、両親、特にお母さんとの関わり（交わり）の中で育ちます。お乳を飲みながら、たとい乳児の間はしゃべれなくても、泣くという手段で自己表現しながら、お母さんとの関わりを保っています。その関わりの中で赤ちゃんの言語は発達し、並行して自分の知っている世界、感じる世界も広がってきます。そして、自分の思いや考え、望みを成し遂げようとする意志の世界も広がってきます。

このような赤ちゃんの知性・感性・意志の世界は、お母さんがどのような人であるか、つまり、どのような価値観・人生観で生きているか、どのように接するかによって、結果はまったく違ってきます。それは発達精神医学の示すとおりです。

子が親元を離れると、今度は交わる人々によって、違った色に染め上げられていきます。交わる人々がどのような人々であるか、つまり、どのような価値観を持っているか、どのような世界観を持って生きているかによって、彼自身の価値観や世界観も無意識のうちに造り上げられていきます。一方、すばらしい人々との交わりの中で生きていても、その交わりの深さや頻度がどうであるかによっても、その結果はまるっきり違ってきます。

私たちキリスト者の交わり、その交わりの中には、主が臨在しておられます。その交わりの頻度や深さにしたがって、私たちは主と同じ姿に変えられていきます。成長の著しい若い時は、この交わりを大切にしなければなりません。それによって彼／彼女の人生がまったく違ってくるからです。

私たちはどのような人々と、どのような頻度や深さで交わりを持っているでしょうか？

10月

October

十月一日　御手のうちにある我が人生

しかし、あわれみ豊かな神は、私たちを愛してくださったその大きな愛のゆえに、罪過の中に死んでいたこの私たちをキリストとともに生かし、……キリスト・イエスにおいて、ともによみがえらせ、ともに天の所にすわらせてくださいました。それは、あとに来る世々において、このすぐれて豊かな御恵みを、キリスト・イエスにおいて私たちに賜る慈愛によって明らかにお示しになるためでした。（エペソ二・四〜七）

細事に捕らわれると全体像を見失う。これは誰でもよく知っている真理です。

しかし、今日のような情報化社会では、自分の興味をそそる情報に心を奪われ、不安を掻き立てる情報に捕らわれ、全体像という枠組みの中でものを見るという習慣はふっ飛んでしまいます。しかし、そのような時代だからこそ、大局的にものを考えることは重要です。

特に神の民（キリスト者）がそのような考え方を忘れ、些細な情報に踊らされるとすれば、それはいかにも愚かしいことです。なぜなら、神の民はこの世界をも支配なさる神の子どもとしての身分が保証され、神の救済計画のただ中に置かれ、その中で幸せを得、そのご計画に貢献する使命とやりがいを与えられている者だからです。神は一人ひとりに違った賜物と使命を与え、その中で自分の居り場と出番を見つけて生きていくようになさったのです。

これが信仰です。この枠組みの中に、キリストの十字架や復活もあります。

私たちは、天地自然や歴史すら神の御手の中にあることを知っています。しかし、自分の人生や日常生活も、実はこの恵みの枠組みの中にあることを忘れています。

私たちがこの事実を悟り、賜っている慈愛を実感し、それをこの世界の人々に分かち合うならば、それこそが神の御旨なのです（七節）。

十月二日　実践して体験する祝福！

あなたがたがこれらのことを知っているのなら、それを行うときに、あなたがたは祝福されるのです。
（ヨハネ一三・一七）

日本人の自殺が年間三万人弱であるということは誰にでも知られています。最近の厚生労働省の人口動態統計によると死因は、がん、心臓病、肺炎、脳卒中の次に来る死因は、老衰ですが、四十代、五十代では自殺です。二十代、三十代ではなんと、死因の一位は自殺です。これらのことは、一般にも、キリスト教界にもあまり知られてはいません。

これに対する第一印象はどうでしょう？　目を背《そむ》け重い心になる自分でしょうか。それとも、これを単なる事実として受け止めて記憶に残し、次の瞬間には目の前の仕事に心を向けている自分でしょうか。それとも、悲しくなるとともにハッとして、生かされている自分に感謝し、主を証しするようにとの主からの語りかけだと悟り、自分にできることは何だろうか、あの人のことだろうかと具体的に祈り、手紙を書くように示される自分でしょうか。

日常の出来事や情報を主からの語りかけだと悟る霊的感覚を持つ人と、霊的感覚が鈍く悟らない人がいること、また、悟っても具体的な行動にまでは至らない自分がいるのは筆者の経験でもあります。

キリスト者なら、主の語りかけを御言葉や日常の出来事や情報の中から聴き取り、それは、ほかでもない、主と仰ぐ神様からの情報だからと心に留め、自分にできることを思い巡らす習慣が必要です。それを実践して恵みを体験し、御霊に導かれる感覚を身につけなければなりません。この感覚は、実践して初めて神様がともにいて働いてくださり、恵みを経験するという成功体験をすることによって身につくものです。

ところで、今日の御言葉によって、神様はあなたに何を語りかけられたでしょうか？

十月三日　忠実な人に！

多くの証人の前で私から聞いたことを、他の人にも教える力のある忠実な人たちにゆだねなさい。

（Ⅱテモテ二・二）

教会は数ではありません！　教会は、真に主に仕える礼拝の心を持った忠実な信徒がどれ位、定着しているかで決まります。そうなれば、その人たちのうちに神様が働かれます。そうしてようやく人が集まって来ます。そこに神様が働かれ、主のいのちがあるからです。

教会は、忠実で志のある人たちを訓練し、他の人にも教えることができるように育てる必要があります。それは主の遺言でもあります（マタイ二八・二〇）。軽んじてはなりません。

第一の訓練は、神様への大路を通ってご臨在の前に出て主に出会う訓練、つまり、日々「御霊に導かれて御言葉に歩む」ことが習慣になるための訓練です。これができると、主のご臨在に触れ、神の聖さと愛を体験します。聖さに触れ、神の義の標準と自分の罪深さを知り、十字架の赦しの尊さがわかるようになります。

もう一つは、神様との関係が回復され、神様と親子のような関係にあり、自分が愛されていると実感できるようになるための訓練です。

これらは指導する者自身がその経験や感覚を持っていなければ伝わりません。単なる教理や知識ではないからです。神様が働かれ、神様の愛が伝われば訓練を受ける者もそれを実感できるようになります。その人はその次の人を指導できます。訓練のコースを終えたからではなく神の愛を実感したからです。

この二つの訓練が多くの人で疎かにされています。しかし、これこそ極めて大切な訓練で、その人のキリストを証しする証しは生きた証しになり、主の愛が伝わります。

こうして、その人は自然に主からの癒しと訓練を受けながら忠実な人に育っていきます。

十月四日　わたしに触ってよく見なさい

するると、イエスは言われた。「なぜ取り乱しているのですか。どうして心に疑いを起こすのですか。わたしの手やわたしの足を見なさい。まさしくわたしです。わたしにさわって、よく見なさい。霊ならこんな肉や骨はありません。わたしは持っています。」

（ルカ二四・三八、三九）

「百聞は一見に如かず」ということわざのように、人は自分の眼で確かめなければなかなか信じることができないものです。

先日、久しぶりに釣りに行き、妻がカナトフグという三十センチ超級のフグを釣りました。その晩は家族でフグ鍋に舌鼓を打ちました。肝臓も食べたのですが、その美味しかったこと。フグの肝臓は下手すると生命を失いかねませんが、現場の漁師さんにこのフグは安全だと聞いて、安心して食べたのです。彼らのフグに関する知識は、その先輩の体験に基づく確かな情報に依っており、それは延々とさかのぼり、初めてそのフグをおっかなびっくり、食べて安全であった人の体験と証しにまでたどり着きます。

イエス様は、「見ずに信じる者は幸いです」とは言われましたが（ヨハネ二〇・二九）、見て、触って確かめることを拒まれませんでした。そのようにして確かめたイエス様に関する弟子たちの体験は、彼らの生存中に次の世代に伝えられ、次々と同様な形で伝えられ、連綿と今日に至っているのです。

つまり、私たちの信仰は、私たちより前に福音を聞き、それをイエス様に霊的に触れて確かめ、確かな証しとして伝えてくれた人の、生き生きとした信仰に依っており、それはその前の人の信仰に、それはその前の人の信仰にと延々とさかのぼり、十二弟子たちの信仰にたどり着くのです。このことから、私たちは何を学び、どう応答するのでしょうか？

あなたは自分に伝えられ、永遠のいのちを得た福音を次のどの人に伝えますか？

十月五日　誠実も御霊の実

しかし、御霊の実は、愛、喜び、平安、寛容、親切、善意、誠実、柔和、自制です。このようなものを禁ずる律法はありません。

（ガラテヤ五・二二、二三）

キリスト者にとって御霊の実はあまりにも知られすぎ、暗記され、暗記したら安心して置き忘れられ、自分にとってその一つ一つがどんな意味があるのかという観点からはあまり顧みられない箇所かもしれません。それが本当は重要なのですが……。

御霊の実の徳目の中で、寛容や親切、善意や柔和も人間関係を円滑にしてくれますが、誠実であることはもっと深いレベルで人間関係、特に信頼関係を築きます。神様や人に対して誠実で一貫性があり、約束を守るなら、神様や相手と深い信頼関係を築くことができます。

教会には神様に会いに行きます。誠実に礼拝を守る人は神とも人とも信頼関係を築きます。逆に理由なく簡単に礼拝をキャンセルする人は、神様との約束をキャンセルしているのです。神様をどんな方と考えているのか、その結果がどうなるかは想像に難くありません。

教会で人が人につまずくのは、往々にして相手に裏切られるからです。もちろん御霊の実を実らせている人は人につまずきません。教会には人にではなく神様に会いに来ているからです。また、「過つは人の常、許すは神のわざ」ということを知り、寛容であるからです。

しかし、互いに寛容すぎて、馴れ合いになっては困ります。私たちキリスト者は互いの働きによってキリストの身体である教会を建て上げているのですから。その中で、信頼関係は特に重要です。そして、そのキーワードは誠実です。口語訳の聖書では「忠実」となっています。

私たちは、この御霊の実の「誠実」という言葉に心の耳を傾けなければなりません。

十月六日　主を捜し求める者は見つける

もし、あなたがたが心を尽くしてわたしを捜し求めるなら、わたしを見つけるだろう。
（エレミヤ二九・一三）

教会での結婚式や葬儀に参列した人が、よく、「襟を正すような厳粛な気持ちになります」と言われます。礼拝に初めて出席した人も同じようなことを言われます。その雰囲気が目に見えない偉大な方を想像させ、畏敬の念を起こさせるのでしょう。

神を礼拝するとは、その雰囲気によって畏敬の念を生じ素直な気持ちになり、その後は薄れていく情緒的で一時的なものを指しているのでしょうか?

私の勤務している病院で、患者さん向けの朝の礼拝が週三回行われており、私も月に一回、担当しています。礼拝出席者は三、四人と自室のテレビでの参加者です。

礼拝後、六十歳前後の女性に声をかけました。お会いするのは二回目でした。ホスピス病棟の方のようで、毎回来ているとのことで、「ここに来ると、心がすっきりする」と言われていました。私が、「聖書の話がおわかりですか?」と尋ねると、「よくわかります」と言われました。

「では、クリスチャンになりたいと思われますか?」と問いかけると、「ええ、ぜひ、なりたいです」と言われます。「では、二、三お尋ねします。ご自分が神様の前に罪人《つみびと》であることをおわかりですか?」と尋ねると、「よくわかっています」と答えられました。

「イエス様が神から遣わされた救い主で、人々の罪の身代わりに十字架にかかられた方であることもご存じですね?」と尋ねると、「知っています」と答えられました。「ではあなたのためにも十字架にかかられたのですよね?」とお尋ねすると、「そうですね!」と納得されました。

その後、そこにおられたクリスチャンの二人を証人に、信じる決心の祈りをされました。

十月七日　信なくば立たず

私は言い続けた。「あなたがのしていることは良くない。あなたがたは、私たちの敵である異邦人のそしりを受けないために、私たちの神を恐れながら歩むべきではないか。

（ネヘミヤ五・九）

私たちキリスト者が神を畏れながら歩む時、私たちは互いを信ずることができ、心を一つにして皆で難事に当たることができます。

エルサレムの城壁再建に取り組んでいたイスラエルの民の問題は何だったのでしょうか。それは、敵の妨害の中での城壁再建を前に、各自が神を畏れず自分のことばかり考えて歩んでいたことでした。そのような状況の中で、誰がその難工事に自分だけ犠牲を払うでしょうか。とても城壁再建に皆が心を結集することはできないでしょう。

ネヘミヤがしたことは、イスラエルの民の心を、もう一度、彼らを導いてこられた神に向けさせることでした。彼らの心の依り所はこの神でした。ですから、その臨在される神の宮を守る城壁を再建することは、彼らの大きな目標だったはずです。そのことを忘れていたばかりか、彼らのしていたことはこの神の律法に悖《もと》ることだったからです。

この指摘に、民はその非を認め、祭司を呼び、ネヘミヤの勧めに従うことを誓いました。

私たちが、難事に当たる時には力を結集しなければなりません。犠牲的なことも必要です。そのためには、互いを信じ合えることが鍵です。互いが正直に主の前に畏れの心を持ち、自分のことはさておき、目標に向かって心を一つにして歩むことが必要です。その時、私たちは敵のそしりを退け、神の国の建設という尊い働きに皆で取り組むことができます。

あなたが主を畏れる信仰を維持するために、どのようなことを心がけておられますか？

十月八日　神のみこころは何か？

主は、ある人たちがおそいと思っているように、その約束のことを遅らせておられるのではありません。かえって、あなたがたに対して忍耐深くあられるのであって、ひとりでも滅びることを望まず、すべての人が悔い改めに進むことを望んでおられるのです。（Ⅱペテロ三・九）

水曜日の青年中心の小グループで、聖霊について皆で考えました。五、六人いたと思います。

御霊は私たちに何を教えてくださるだろうかという質問に、ある兄弟が、御霊は神様のみこころを示してくださるだろうと答え、皆も賛成します。では、そのみこころとは具体的にはどういうことだろうかという質問に、皆が考えます。他の兄弟がみこころとは、神様の思い、考え、計画だろうと答え、皆も納得します。リーダーが、「では、神様の思いとは具体的にはどういう感覚でしょうか」と聞くと、皆は考え込みます。その時、年配の兄弟が父親としての経験から、「親が子を思う、そのような思いでしょう」と答えると皆が納得、さすが親だね！

では、神様の思い、神様の願いを一言で表せばどうなるだろうという質問に、皆がまたも考え込みます。リーダーが「人の幸せと神の栄光」の二つだろうと言うと、皆も納得します。

では、もし、その中から一つを選ぶとすれば、どちらになると思う？　との問いに意見は二分します。

一方が、神の栄光のほうでしょう、と言えば、他方が、いや、それは人間の側から見た答えであって、神の側から見れば、人間の幸せだろうよ、その幸せが神様からの恵みとわかれば、それを人は心から感謝し、栄光を神に帰するから……、と答えは分かれます。どちらもそれなりの理由があり、結論はその時は出ずじまいです。けれども、皆がそれなりの満足感を持って帰路につきました。私もこんな集まりは初めてでした。

皆さんの答えはいかがでしょうか。

十月九日　ディボーションの全体像

だから、わたしのこれらのことばを聞いてそれを行う者はみな、岩の上に自分の家を建てた賢い人に比べることができます。

（マタイ七・二四）

どんな人が賢い人でしょう？　聖書を読むだけでなく悟り、感動し、御言葉に従う者です。

どんなに良いとわかっても行わなければ信仰生活の進歩も、成長もありません。人が礼拝の心で御前に出るなら、御霊はご臨在を現し、聖書日課の御言葉を通して語りかけ、神様の「真理・慰め・勧め」の御声（神様について、罪の指摘、慰め、禁止、命令、模範例など）を霊の耳を通して聞かせ悟らせてくださいます。御言葉に感動し癒され、御言葉を具体的に実践して、恵みを分かち合う……それは知・情・意の全人格的な主との交わり、礼拝の生活です。経験した恵み、悩みを持ち寄り分かち合えば、慰められ、教えられ、新たな力を持ち帰ります。

つまり、主の臨在と愛の中で主の御声を聞き取り、神様や御子キリスト、御霊がどんな方であるかを教えられ、罪を悔い改め、あるいは慰められ、御言葉に従って経験した恵みを分かち合い、人も教会もみこころに沿った形に造り変えられていきます。

鍵になるのは聖霊のご臨在に触れるに至る、開かれた礼拝の心です。

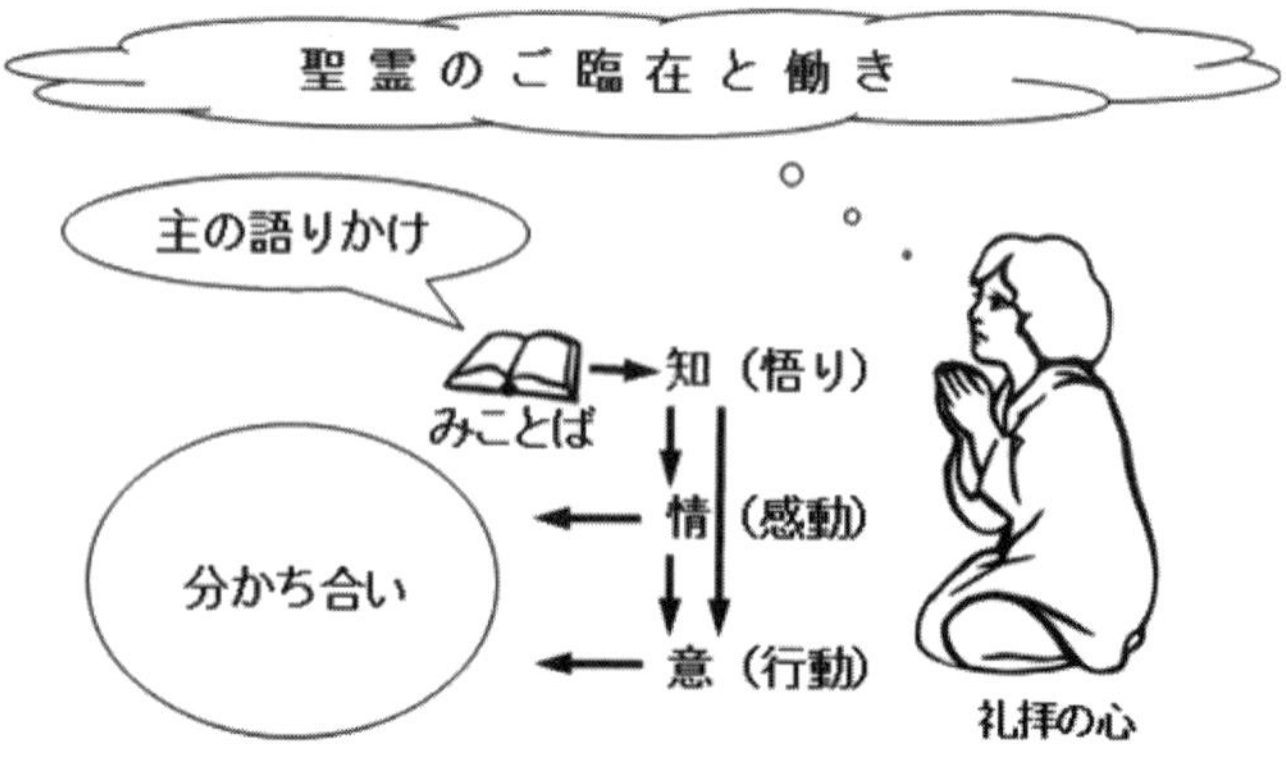

十月十日　主を仰ぐ心に主が働かれる

しかし、人が主に向くなら……、私たちはみな、顔のおおいを取りのけられて、鏡のように主の栄光を反映させながら、栄光から栄光へと主と、主と同じかたちに姿を変えられて行きます。これはまさに、御霊なる主の働きによるのです。

（Ⅱコリント三・一六、一八）

「救い」は、徐々に達成される性質のものではありません。人が心を主に向け（一六節）、ご臨在の前で主の聖さに触れ、自分の罪とそれを赦す神の愛と主の十字架の意味がわかる時、今までの生き方を改め、この方を信じて生きる決心をします。その時を境にその人は神の国に移され（救われ）ています。これは、一瞬のうちに起こる聖霊なる主のみわざです。救いの実感は、その時は私たちの感覚でわからないこともあります。しかし、後でわかってきます。

一方、「聖化」は、徐々に私たちを変える聖霊なる主のみわざです。私たちが主に向くなら、主や御国に属することをいつも「意識」します。意識していれば、神様は御霊によって「気づき」を与えてくださいます。日常生活の中で気づかされる具体的な自分の弱さ、あるいは悪口、皮肉、自己中心などの罪。それを通して、神様の聖さの基準に達し得ない自分に気づかされます。その人は、赦しの尊さをあらためて体験し、主に感謝し礼拝するのです。

心を主に向けていなければ、弱さや罪に向き合うのを無意識に避け、ごまかし、いつの間にか忘れてしまいます。一方、主に心を向けていれば、ごまかすことはありません。とは言え、自分の弱さや罪に向き合うことはつらいことです。

主に心を向けているなら、神様は罪の指摘や命令だけでなく、慰めや励ましを御言葉や日常の出来事の中で御霊によって気づかせてくださいます。ですから望みがあります。

こうして、人が主を仰ぐなら、救いを与えられ、聖められていきます。

十月十一日　弱音を吐かない心

「立ちなさい。さあ、行くのです。見なさい。私を裏切る者が近づきました。」

（マタイ二六・四六）

右のテーマも聖句も、「弱音を吐かず福音のために前進しよう！」と勧めているように見えます。

たしかにイエス様は、生身の人間であるがゆえの弱さや困難の中で、弱音を吐くことなく神と人とに仕え、自分を犠牲にする模範を示されました。特にその後半の生涯は十字架への道をまっしぐらでした。そのことを少しも否定しようとは思いません。

とはいっても、困難や弱さの中で、「イエス様のようにはできない」とか、「この問題は、私には無理だ」とか、弱音を吐きたいのが私たちです。

一方、弱音とは縁がなく、日頃から会社でバリバリ働いている人は、弱音を吐く人を女々しいとか、キリスト者らしくないとか、レッテルを貼ったり、裁いたりします。

弱音を吐くことは、イエス様には無縁だったのでしょうか。上の聖句の少し前に目を移してみると、弟子たちからも、父なる神からも見離されることを予期しておられたイエス様が、弱さと孤独を感じておられたことがわかります。イエス様は父なる神に素直に弱音を吐き、助けを求める弱いありのままの自分を、弟子たちに見せられました。

日頃、忙しく働いている私たちは、弱さを人に隠し本当の自分以上に見せることはあっても、弱いありのままの姿を素直に現すことには慣れていません。それが習慣化すると、御言葉に接する時も、祈る時も弱音を吐くことを忘れ、普段着の自分でなく、背広姿で主の前に出ていながら、そのような自分の姿に気づかないことがあります。

自分のありのままの姿を弟子たちにさらし、父なる神にあわれみを乞い、その後に聖なるみこころを決断される主の思いを知った時、弱い私たちでも聖なる決意をもって立ち上がれるのです。

十月十二日　目標を目指して

兄弟たちよ。私は、自分はすでに捕らえたなど考えてはいません。ただ、この一事に励んでいます。すなわち、うしろのものを忘れ、ひたむきに前のものに向かって進み、キリスト・イエスにおいて上に召してくださる神の栄冠を得るために、目標を目ざして一心に走っているのです。

（ピリピ三・一三、一四）

二十年も前になりますが、私はタクシーにはねられ左の脛《すね》を骨折しました。救急室で意識が戻り、事の次第がわかりました。今も私の脛にはプレートが入っています。術後、松葉杖がとれても、膝が途中までしか曲がらず正座できませんでした。客間に案内されても畳の間なら正座できないため困ります。それから、正座できることを目標に、私の自主リハビリが始まりました。

毎日お風呂の中で膝を温め、正座の格好をしながら曲がらない膝関節を曲げ、伸びない足関節を伸ばすのです。そのうち膝が少し曲がるようになり、二～三か月もすると風呂の中で正座できるようになりました。さらに短時間なら正座できるようになり、一～二か月もすると正座できるようになりました。今は歩くにも座るにも全く違和感がありません。

使わない関節は拘縮（縮んで固まる）し、屈伸が制限され正常な動きができなくなります。リハビリは現状より少し上を目指してストレッチや筋トレを続けます。すると拘縮していた関節が次第に曲がるようになり、委縮した筋肉が太ってきて筋力がアップし、それを司る脳・神経も活性化してきます。現状に満足せず少し上を目指すことが秘訣です。これは私たちの頭の使い方、物事への取り組み方、霊的な事柄への感じ方、つまり霊的感覚でもそうです。

リハビリのように、目標に向かって、現状よりちょっと上を目指して倦まずたゆまず、です。これは「足るを知る」とは別次元の信仰のあり方です。あなたの目標はどんなことでしょうか？

十月十三日　あなたの霊的誕生日

アビブの月を守り、あなたの神、主に過越のいけにえをささげなさい。アビブの月に、あなたの神、主が、夜のうちに、エジプトからあなたを連れ出されたからである。（申命一六・一）

私たちには皆、誕生日があります。子どもはその日がうれしくてたまりませんが、親も、その子が生まれた頃の悲喜こもごもの出来事を思い出しながら誕生日を祝います。

イスラエルにも歴史的な誕生日がありました。申命記はこの日を心に刻み、神様のみわざを思い巡らし、その月に記念の礼拝（過越の祭り）を行うように命じられました。

神様は四百年余の間、エジプトを通してイスラエルを養われました。デルタ地帯の豊富な食物で養われただけでなく、奴隷としてエジプトの農業、土木工業、繊維工業などの技術も学ばされました。それらは自分たちのためでなく、エジプトのために奴隷として働くためでした。けれども、それは出エジプト後のイスラエルの産業を支えることになり、また、その技術によって牧羊民族であった彼らが、幕屋とその中の諸道具を造ることができたのです。

時が満ちて神様はイスラエルの悲鳴を聴き、エジプトの奴隷状態から救い出されました。その前後に神様は驚くべきみわざを行われますが、その詳細は出エジプト記に譲ります。

私たちの救いのためにも神様は驚くべきみわざを行われました。イスラエルの過越の時と同じように、御子が十字架の上で子羊のようにほふられ、その血によって私たちは罪の奴隷状態から救い出されました。自分の受洗記念日に、霊的エジプトで自分は何のために何を学んだのか、自分を導いた霊的な指導者はどのような苦労や悲喜こもごもの体験をしたのか等々、覚える時があれば幸いです。

あなたのバプテスマ記念日はいつですか。その頃あなたを救いに導いた人はどなたですか？

十月十四日　世は惜しみなく奪う

だれも、ふたりの主人に仕えることはできません。一方を憎んで他方を愛したり、一方を重んじて他方を軽んじたりするからです。あなたがたは、神にも仕え、また富にも仕えるということはできません。

（マタイ六・二四）

神様が創られたこの世界はあらゆる魅力と不思議に満ちています。この魅力に人の心は惹きつけられ、その神秘さに好奇心、探究心はくすぐられ、気づいた時には私たちはその虜《とりこ》になっています。この世は、私たちの時間や精力、家庭等、人生に大切なものすべてを惜しみなく奪い、吸い取ってしまいます。

私自身も若い時、研究や仕事にのめり込み、その面白さ楽しさに誘い込まれ、神様のことを疎かにしていた期間がありました。確かに私の宝（一番大事にしているもの）のあるところに私の心もあり（マタイ六・二一）、その心を神様に向けることは形ばかりでした。

もちろん、このように仕事や研究、芸術に打ち込む人たちの努力によって文化や学問、芸術や経済が花開き発展して、私たちはその恩恵に与《あずか》っています。

しかし、私たちの人生は一回きりしかありません。しかも、この世のものすべては過ぎ去ります。私たちはキリストという土台の上に、金、銀、宝石、木、草、わらで自分の人生という建物を建てています（Ⅰコリント三・一〇～一五）。

どのように建てるかは、人生の若い時によくよく考える必要があります。確かに、火の中をくぐるようにして助かりはしますが、下手すると建物は焼けてこの地上には何も残らないからです。宝は天に蓄えなければなりません。

主が言われるのは、これかあれか、すなわち、この世のものか神様に属するものかであって、それらを同時にということはできません。

あなたの場合はいかがでしょうか？

十月十五日　みこころを選び取る

この世と調子を合わせてはいけません。いや、むしろ、神のみこころは何か、すなわち、何が良いことで、神に受け入れられ、完全であるのかをわきまえ知るために、心の一新によって自分を変えなさい。

（ローマ一二・二）

神のみこころは「人の幸せと神の栄光」という二つの言葉でくくることができます。

では、もっと細かな自分への具体的なみこころはどうすればわかるのでしょうか？　人生の岐路で選択を迫られ、神様のみこころを尋ね求める時、どうすればよいのでしょう。

それは、次のように言うことができます。つまり、「その選択が最終的には自分の幸せと神の栄光とを同時に満足させるように、選択することです」と。自分の幸せだけ求めては問題ですし、神の栄光のため、と背伸びしすぎてもおかしなことになります。

みこころを問う方法はディボーションと似ています。①主のご臨在の前に白紙の状態、礼拝の心で出る。②選択が御言葉にかなっているかを祈りながら主に尋ねます。③尊敬できる信仰の先輩の意見も聞きます。④自分の周囲の状況や出来事の中に祈りの答えを探します。⑤その答えを自分の良心の前に置き、動かない平安があればそれがみこころです。

陥りがちな誤りは、礼拝の心や祈りの心がなければ自分の願いの方向に神様を誘導しようとします。御言葉に基づかないと人間的な価値観に基づいて選択してしまいます。適用を誤るととんでもない非常識な答えを選択してしまいます。神は非常識な方ではありません。

礼拝の心で祈りと御言葉により主に尋ねながら現実の生活の中に示された具体的なみこころを選択しながら、一歩一歩進んで行く時、生きがいのある、主の栄光をあらわす人生がそこに現れてきます。ジグソーパズルが完成する時のように！

十月十六日　癒される体験を

そうして、神が確かにあなたがたの中におられると言って、ひれ伏して神を拝むでしょう。

（Ｉコリント一四・二五）

一般の人が日常では体験できないことを教会で体験し、それが感激的な体験であったとすれば、その人はリピーター（また来る人）となるでしょう。その非日常的体験の第一のものは、教会で神を礼拝し、情緒的に癒される体験です。

今日の世界が抑圧された人々で満ちていて、癒しを必要としていることは多くの人が指摘しているところです。日本もそうです。神の臨在に触れる真の礼拝が教会でささげられるなら、人は神に出会い、御前にひれ伏し主をあがめるでしょう。その時、人は癒されます。自分の罪を指摘されてもむしろ罪を自覚し、神の福音の恵みに触れ、癒されて帰ります。私たち（教会）が真の礼拝者となることを目指すべき理由がここにあります。

第二の非日常的体験は教会で自分の尊厳が尊ばれ、愛されていると感じる体験です。自覚していなくても、日頃、減点主義的教育、管理主義的な社会・家庭で尊厳を蹂躙される体験をしている人が教会で神の愛を感じる温かい雰囲気に触れるなら、また来たいと思うはずです。

逆に、教会が同じような冷たい雰囲気が支配的であるなら、新しく来た人は神の愛を感じ取ることができず、二度と教会に来ないでしょう。私たちはじっくり考える必要があります。

私たち自身にとって日々のディボーションがごく日常的なこととなり、与えられた恵みを分かち合う準備と犠牲をもって聖日礼拝や小グループに出るなら、そこで恵まれ、周囲にも溢れる愛の人にされるでしょう。その時、人は温かい神の愛を教会で感じ取るでしょう。

ここに、私たちがそれを造り上げる真の礼拝者となることを目指すべき理由があります。

十月十七日　人と人とのつながり

私たちがあなたがたについて抱いている望みは、動くことがありません。なぜなら、あなたがたが私たちと苦しみをともにしているように、慰めをもともにしていることを、私たちは知っているからです。

（Ⅱコリント一・七）

二〇一〇年八月五日に起きた南米チリの鉱山の落盤事故とその後の救出劇は、あらためて、苦楽を分かち合う、人と人とのつながりがどんなに人間にとって大切かを教えてくれました。

想像してみてください。いつもと同じように、今晩は帰ってくると思って送り出した夫、あるいは息子が、突然、鉱山の地下深く生死がわからなくなり、音信が途絶えたのです。最も親密であるはずの夫と妻、婚約者同士、あるいは親子のつながりが、突然、地上と地下で途切れ、生死がわかりません。喜びはおろか、悲しみすらともにできない状態になったのです。

しばらくは希望をつなぎとめることができても、限界があります。それが何日も続くと人は希望や生きる力を失います。その中で地下の人たちの希望をつなぎ止めたのは、神への祈りと運命をともにし励まし合う、閉じ込められた三十三人の、人と人とのつながりでした。

十七日目に、ドリルにくくりつけられ、地上に引き上げられた手紙によって、途切れていたつながりが再び回復したのです。地上に喜びが走りました。地上の人たちは、地下の人たちと、喜びと苦しみをともにすることができました。それは地下の三十三人に、新たな望みと生きる力を与えました。

人は自分の喜びや悲しみをともに分かち合う相手を必要とします。それなくして明日への希望や生きる力をつなぎ止めることができません。教会こそ、神と人、人と人との真のつながりを見出せる所です。そのためにあなたや私にできることは何でしょう？

十月十八日　過去と他人は変えられない

ああ。陶器が陶器を作る者に抗議するように自分を造った者に抗議する者。粘土は、形造る者に、「何を作るのか」とか、「あなたの作った物には、手がついていない」などと言うであろうか。（イザヤ四五・九）

私の父の田舎は、床の高い家で、同い年の従兄の子とよく床下に入って遊びました。所々に三～四センチ径のすり鉢状の砂の穴があり、その底にアリ地獄が棲んでいます。アリを入れると、虫はその底にアリを引きずり込もうとします。哀れなアリは逃げようとしますが、崩れ落ちる砂の坂を這い上がれず、次第に底の方に引きずり込まれていきます。

あの時こうだったら、あの人がこうだったら……、今の私はこうではなかったのに。これは私たちの「損な考え方」のアリ地獄です。今の自分や自分の環境を過去や相手のせいにしている間は、到底、そのアリ地獄から抜け出すことはできません。それに執着しているかぎり、無駄に時間が過ぎるばかりです。この考え方は間違っており、損な考え方です。

聖書は、私たちの周りのすべての出来事は神の主権に属していると記しています。上の御言葉のとおりです。そして、寛大な神は細かなことは私たちの選択に任せておられます。それだけでなく、愛の神は私たちの能力以上の試練は与えず、逃れの道も備えてくださいます（Ⅰコリント一〇・一三）。

さらに、過去や相手は変えることができないからです。それよりも、自分を変えることを考えたらどうでしょう？　それには可能性があります。

それは、Where there is a will, there is a way. とも言うように、その意志があれば、解決の道はあるものです。神様の主権、全能と愛の御手の中に、私たちの考え方や思い、環境や自分自身のすべてを委ねるつもりがあれば、その時アリ地獄からはい出すことができます。

十月十九日　危機感をもって

兄弟たち。私が心の望みとし、また彼らのために神に願い求めているのは、彼らの救われることです。
（ローマ一〇・一）

韓国では、どうしてキリスト教人口が多いのでしょう？　一方、日本ではどうしてこんなに少ないのでしょう。同じアジア系の黄色人種、同じ儒教的な道徳律に生きている国同士なのに？

いろいろな理由があるでしょう。しかし、最も大きな要因は危機感だと言われています。それは、北朝鮮への危機感です。韓国側から見ると、離れ離れになった親族間や同じ民族同士の親しい間柄であっても、北朝鮮の政府が韓国に対して何を考えているか全くわかりません。北朝鮮が国境に地下道を掘っていたことが明るみに出たことがあります。また、長距離弾道弾の実験や核実験をしていることも記憶に新しいところです。

つまり、韓国の人たちにとって自分のいのちが危ないかもしれないという危機感です。この危機感が、韓国の人々を物質文明の虜《とりこ》になることから防ぎ、神の救いに導いているのです。危機感は、自分が関わっている事柄の真相が伝わり、その人が真剣にそのことに取り組むようになるその糸口となります。これは霊的なことに関してはもっと必要です。

日本は物質的豊かさの中で自分の無知に気づかない「裸の王様」のようです。日本を外から眺めるとよくわかるようです。

アフガニスタンで医療救援活動を行っている、ペシャワール会代表の中村氏は日本を評して、「沈没しつつあることに気づかない人々を乗せた宝船」と表現しています。私たちもパウロのように、愛と危機感をもって人々に告げなければなりません。「日本丸は沈没しつつあるよ！　だから、船からすぐ降りなさい」と。

あなたが、それを告げるべき親しい人は誰でしょう？　告げるのはいつでしょう？

十月二十日　同じ穴のむじな

「ある人が、エルサレムからエリコへ下る道で、強盗に襲われた。強盗どもは、その人の着物をはぎ取り、なぐりつけ、半殺しにして逃げて行った。たまたま、祭司がひとり、その道を下って来たが、彼を見ると、反対側を通り過ぎて行った。同じようにレビ人も、その場所に来て彼を見ると、反対側を通り過ぎて行った。ところが、あるサマリヤ人が、旅の途中、そこに来合わせ、彼を見てかわいそうに思い、近寄って傷にオリーブ油とぶどう酒を注いで、ほうたいをし、自分の家畜に乗せて宿屋に連れて行き、介抱してやった。」　（ルカ一〇・三〇～三四）

入院して、看護師さんたちの対応の仕方をゆっくり経験する機会があり、一つのことに気がつきました。それは、人は無意識に相手ではなく、自分の都合で動いているということです。

病棟での看護師さんの仕事は体温や血圧を測るだけではありません。患者さんと直接、接することにより、患者さんに安心感を与え、その訴えを聞き取ってスタッフや医師と情報を共有し、適切な治療により早期退院に結び付けるのが本来の使命です。

ところが、それに近いことができているのは、十人中、一人か二人程度です。もちろん、それには理由があります。上の聖句の祭司やレビ人のように忙しく、次の仕事を抱えています。現在の日本の医療では、医療事故や不正請求を防ぐため、医療の経過を正確に記録に残すことが義務付けられています。彼女たちはそれに追われています。あえて上の聖句のサマリヤ人のように行うと、自己犠牲を強いられ、全体に迷惑をかけます。看護師さんたちも、切羽詰まった状況の中で働いているのです。

こう考えてくると、自分も本質的には同じではないか、つまり切羽詰まると自分の都合を優先する、律法に悖《もと》る者である、と考えさせられたのです。皆さんはいかがでしょうか？

十月二十一日　御言葉は何のため？

あなたの若い日に、あなたの創造者を覚えよ。
（伝道者一二・一）

御言葉は何のために読むのでしょうか？

一言で言えば、神のみこころを知るためです。さらに言えば、神のみこころ、その願いは、罪人《つみびと》である人間が救われることであると知り、救われるためです。さらに言えば、みこころを知って喜び、それを行うためです。（親の子への思いのように、人が喜び、道を踏み外さず歩むことは神のみこころです。）さらにダメを押すと、そのことを知り、神に感謝し、ふさわしい栄光を神にお返しするためです。

自分に対する神の愛のみこころを知り、慰めを得るためです。聖書の御言葉たとえば詩篇は、詩篇の作者と神様とのすばらしい愛の関係、すなわち、神の愛の御手のうちにあるすばらしさを自分の身に置き換え、平安を感じるのです。詩篇だけではありません。聖書の随所に神の私たちへの愛といつくしみがちりばめられています。

次に、世界に対する神のご計画を知り、自分に任された役割を果たすためです。神の御国の建設を任されている使命のすばらしさは神の国を知れば知るほどわかってきて、生きがいとなります。しかし、みこころを実践するためには、人間的な力ではできません。御霊に導かれる必要があります。

ですから、以上のように感じ取ることのできる霊的な感性、および実践できる霊的な力を得るため、御霊に導かれて歩む霊的な従順を身につけなければなりません。

そのため、日々の御言葉により、霊的な感覚を磨く訓練、御霊に導かれる霊的従順の訓練は欠かせません。訓練には、ＯＪＴのくり返しが必要です。ですから、日々御言葉を自分に適用（当てはめ）し、日常生活の出来事や出会いに神の答えはないかと注意深く読む（御声を聴く）必要があるのです。

十月二十二日　何のために召されたのか？

この世と調子を合わせてはいけません。いや、むしろ、神のみこころは何か、すなわち、何が良いことで、神に受け入れられ、完全であるのかをわきまえ知るために、心の一新によって自分を変えなさい。

（ローマ一二・二）

教会はこの世から呼び出された神の家族の集まりです。そこで人は神と出会い、救いの福音を聞き神の家族とされ、その幸せを喜び神をほめたたえ、神が栄光をお受けになります。

そこは神の御国のアンテナショップです。神の国を味見、下見ができるところです。

そのため教会はこの地上に留め置かれ、この世と接点を持っています。その接点は何のため、誰のためでしょうか。私たちの幸せと喜びの表現である礼拝をこの世の人々が、「どれ、どれ」と通りがかりや興味半分に、あるいは真剣な心で立ち寄って見ることができるためです。

一方、私たちにとって、福音を証しする尊い使命に生きがいを見出すためでもあります。

では、教会はその魅力を備えているでしょうか？もし、私たちが漫然と礼拝に出席してその魅力を自分たちが味わわないばかりか、この世の人にもそれが伝わらないとすれば、父親（神）の意志に反するとんでもない家族の集まりです。

「ミイラ取りがミイラになった」という風刺の効いたことわざのように、教会が本来の目的を忘れるなら、教会もミイラになってしまいます。

私たちがミイラにならないため、心の一新によって自分を変えるのは自力ではなく御霊によります。ご臨在の前に出て、その御力と愛とでみこころ（御言葉）にかなった人に変えられ続ける方法しかありません。それがディボーションです。

一人では雑音や誘惑でなかなか困難なら、御言葉とご臨在の場である、主にある交わりの中に加わり続けることが鍵です。

十月二十三日　弱い自分を分かち合う

私のからだの中には異なった律法があって、それが私の心の律法に対して戦いをいどみ、私を、からだの中にある罪の律法のとりこにしているのを見いだすのです。　（ローマ七・二三）

キリスト者、特に若い人々にとって、救われたのに、まだ時々、あるいはしばしば、罪に誘われて負けてしまう経験は、信仰を揺さぶられる大きな要素です。自分みたいな者はもう駄目だと思ってしまうのです。それは私自身の経験でもあります。

ここで考えなければならないのは、罪に負けてしまって惨めな思いをして助けがほしいのに、人前にそれが言えない、弱音を吐くのを嫌う日本人の「恥の文化」です。これによって、本音とは全く違う建前社会が出来上がっています。教会の中にすら、です。

表面的な付き合いでは、相手の建前の言動、つまり、立派に見える姿に惑わされて、自分だけが駄目なのだ、自分はもうキリスト者としての資格がないと決めてしまうことです。

しかし、冒頭のパウロの赤裸々な証しにもあるように、かの信仰の勇者パウロでさえ、罪の律法のとりこであったのです。そして、この後のくだりでこの神の律法と罪の律法の二重支配からの解決の鍵は「御霊」だと述べています。つまり、そうでない時には罪に負けてしまう経験をパウロもしていたのです。この事実を知る時、私たちは少し安心します。自分だけではなかったのか、パウロすら同じように罪に悩み、罪と戦っていたのかと。

私たちがもっと正直に、普段着の自分を見せることのできる交わりを教会の中に造り上げ、交わりの中に溶け込みさえすれば、ああ、みんなそうなのかとほっとするに違いありません。交わりの中で、互いに助けを求めてありのままを分かち合い、祈り合う時に、そこにおられる聖霊ご自身が姿を現し、うめきをもって神にとりなしてくださるのです。

十月二十四日　現代人の孤独

しかし、もし神が光の中におられるように、私たちも光の中を歩んでいるなら、私たちは互いに交わりを保ち、御子イエスの血はすべての罪から私たちをきよめます。（Ⅰヨハネ一・七）

「孤独」の問題は現代社会の深刻な問題です。少子化が進み、結婚しない世代が増え、将来はさらに深刻な問題となることが予想されます。昔は近所付き合いが煩わしいどころか、むしろ、それに負うところ大でした。「どこどこの、誰々さんが、ひとりで〇〇のため困っているから助けてあげなきゃ」という助け合いの精神がごく自然に行われていました。

今の時代は、浸透した個人主義や遠慮のせいか、効率を優先する無意識の知恵のゆえか、人との関係は台所や縁側での付き合いでなく、心の扉を少しだけ開いた玄関先での付き合いになってしまいました。人は真の会話や愛に渇いています。

一方、インターネットは、人が外へ出て他人と交わる時間をなくし、その人の好みに応じて、時には非常識な情報を提供し、ますますその人を世間から遊離させ人との交わりを妨げます。

たとい外へ出て働いていても、誰にも心を開けず、人は仮面をかぶって生きています。人は、家庭でも外の社会でも孤独です。その風潮に、知らず私たちも巻き込まれそうです。つまり、人とも神様とも玄関先の付き合いで済ませてしまう危険です。

上の聖句でヨハネは、私たちがすべてをご存じの神様の前に何も隠すことなく心の奥の扉を開き、明らかな心で歩むように勧めています。「歩む」とは習慣になることです。そうすれば神様がともにいてくださることを実感し、兄弟姉妹とも交わりを保つことができると言うのです。

人が自分の真実の姿を主に言い表して光の中を歩むなら、主と交わりを保ち、兄弟姉妹とも交わりを保つことができます。それはあなたや隣人の孤独を癒す真の交わりとなります。

十月二十五日　軽く見ていた分かち合い

見よ。兄弟たちが一つになって共に住むことは、なんという しあわせ、なんという楽しさであろう。……主がそこにとこしえのいのちの祝福を命じられたからである。

（詩篇一三三・一、四）

日本人は忙しい人種です。むしろ、忙しすぎる社会に急がされているのでしょう。特に、社会で忙しく立ち働いている人たちは能率優先で会話し、結論を急ぎ、結論のない話や内容の軽い話を軽蔑します。自分自身でもおしゃべりすることを恥ずかしいことと思っています。

実は私も、昔は、他愛ないおしゃべりをしている人たちを心の中で侮っていました。小グループの集まりでなされる、分かち合いについて、馬鹿にすることはないにしても、意味合いを十分に理解できませんでした。何がそんなに楽しいのだろう、と。

しかし、神様の恵みの御言葉は、単に、知性だけでなく、感性や意志（行動）にも及ぶものだと知るようになってから、これは馬鹿にならない、非常に重要なことだと思うようになりました。私自身も意識するようになり、楽しく幸せな気分に浸るようになりました。

上の聖句にあるように、そこには理屈ではなく、しあわせと楽しさがあります。きっと、くつろいだ雰囲気や食事もあったことでしょう。

「もの言わぬは腹膨《ふく》るるわざなれ」と昔の人が言いました。人が、何でも自由に言えないと、鬱屈した気持ちを吐き出せず、ふさぎこみ、眠れず、明日への働く気力を失います。

逆に、感じたことを自由に語り合える世界は、そこに生き生きとしたいのちがあり、人を癒し、生きる力と希望を与えてくれます。私も、ある時から能率一辺倒でなく、和やかな語らいの中に心を癒してくれる世界があることを知りました。きっと神様が、そこにいのちの祝福を命じておられるからです。

十月二十六日　主の御手を見る信仰

しかし、気落ちしている者を慰めてくださる神は、テトスが来たことによって、私たちを慰めてくださいました。ただテトスが来たことばかりでなく、彼があなたがたから受けた慰めによっても、私たちは慰められたのです。

（Ⅱコリント七・六、七）

私たちは毎日の生活、人生の時々に慰めを必要とします。生老病死いずれをとってもこの世は痛みや苦しみ、悲しみや不条理に満ちています。キリスト者とて例外ではありません。

謙虚な人、信仰の人は例外ですが、多くの人は調子の良い時、成功した時は得意になり、思いどおりにならない時や失敗した時は怒り、人を恨み、挙句の果ては落ち込みます。

落ち込んだ時、私たちは友人や信仰の友によって慰めを受けます。しかし、その背後に神が働いていてくださることを往々にして見落としています。それゆえ、神様への感謝がありません。

けれども、神がすべての出来事や人間の背後で働き、自分の身近で働いてくださることが常識となっている人は動かされません。いつも出来事の上っ面ではなく、その背後におられる主の御手を見る習慣がついています。それが信仰です。

パウロは、神がコリント教会の聖徒たちの心を動かしてくださるようにと祈りつつ厳しい手紙を書き、テトスに託しました。すると、果たせるかな、テトスがコリント教会の悔い改めと信仰の熱心という吉報をもたらし、神様はテトスばかりか、パウロをも豊かに慰めてくださいました。

このような信仰はどのようにして培われるのでしょうか。それは、その人が祈りのうちに信じ委ねて歩みだす時に働く神の御手を見るという恵みを幾度も経験しているからです。みこころとわかれば踏み出す信仰、背後に働く主の御手を見る霊的な眼、それが鍵です。あなたの課題はどちらでしょうか？

十月二十七日　心の客間と心の居間

イエスは、ちょうどそこに来られて、上を見上げて彼に言われた。「ザアカイ。急いで降りて来なさい。きょうは、あなたの家に泊まることにしてあるから。」ザアカイは、急いで降りて来て、そして大喜びでイエスを迎えた。

（ルカ一九・五）

ザアカイは、イエス様を信じ受け入れた時、どこにお通ししたのでしょう？　心の客間に？　それとも居間に？　では、あなたの場合はどうでしたか。どちらであったか今も定かでない？　今はイエス様をどこにお迎えしておられますか。客間？　居間？

私はと言えば、二十歳で、イエス様を信じ受け入れたのは客間でした。しかも、そこには私が獲得したトロフィーや表彰状（たとえばの話）が飾ってありました。確かにイエス様を自分の罪の贖い主として信じたのですが、私はイエス様にトロフィーや表彰状のことを得々とお話していました。居間もありましたが、そこにお通しすると都合が悪かったのです。今にして思えば、よそ行きの自分と世俗的に生きている自分との二重構造性があったのです。

しかし、社会に出るといろいろな人生経験を通して、自分の信仰の二重構造性を意識するようになりました。忙しい仕事に自分の全精力を傾け、それなりの力も身につけましたし、週ごとの礼拝や祈り会で少しは聖書に通じるようになりました。しかし、それは聖書に関する知識で、時々客間にイエス様をお迎えしても、心を開いた会話は忘れていました。

キリスト教病院で働くようになり、イエス様のように人に仕えるには、自分の身体や時間を削ることなしには仕えることができないことに気づきました。それは日々の祈りと戦いでした。

今は毎日イエス様を自宅に迎えています。そこには祭壇や感謝、賛美はあってもトロフィーはもうありません。しばしば居間にもお迎えしています。あなたはいかがですか？

十月二十八日　礼拝モードの習慣化

霊は私を引き上げ、私を内庭に連れて行った。なんと、主の栄光は神殿に満ちていた。

（エゼキエル四三・五）

人の心は一瞬で変わります。どんなに健康に自信がある人でも、血便が出たりすると急に不安になります。同様に主の臨在の中にある聖さと愛に触れると、どんなに傲慢で偏屈な人でも謙虚で素直になります。その時、人は主のいのちに与《あずか》り癒され、力を与えられます。

神様が私たちに望まれることは、神や他人のことを考える余裕のない、この世の世俗的な日常から、御前に膝を屈め、御声を聞く謙虚で素直な心（つまり礼拝の心）を与えられ、主の臨在に触れ、癒され、悔い改め、励ましと新たな力を与えられることです。心が世俗モードから礼拝モードに切り替わる、否、いつも礼拝モードが習慣になることです。言うのは簡単なことですが、それが可能になるのは簡単なことではありません。

周りの日常性の中に埋没し、この世の霊に引きまわされ礼拝モードになれず、それを続けていると、自分中心・自社中心・効率優先主義の価値観の中で、人の心の機微を感じ取る感性や愛が擦り切れ、御霊に呼応する私たちの霊的感覚が干からび、礼拝モードになるのに訓練を要します。

その訓練とは、礼拝の場に主ご自身が臨在されることを意識し、聖日礼拝やディボーションには漫然とでなく畏れと礼拝の心で臨み、御言葉と御力をもって語り、賛美を住まいとしておられる主（詩篇二二・三）の臨在を体験する訓練なのです。

それにより眠っていた私たちの霊的感覚が少しずつ回復され、御霊の臨在、導きや語りかけに鋭敏になり、謙虚で素直な礼拝の心が育ってきます。そのような心は日常の中でも御霊によって主の臨在の中へと導かれ、癒され、悔い改め、優しい心にされ、新たな力や希望を与えられます。

十月二十九日　主の臨在の体験

ヤコブは眠りからさめて、「まことに主がこの所におられるのに、私はそれを知らなかった」と言った。（創世二八・一六）

主の臨在を体験すると人は瞬時に変えられます。

ヤコブのハランへの旅は、母の兄ラバンとの縁故だけが頼りの、前途に不安を抱える旅でした。彼は親元を離れた孤独と不安の中で、初めて真剣に祈って寝たに違いありません。神は夢の中で答えられました。ヤコブの恐れを平安と確信に変えたのは主の臨在に触れる体験でした。この時までとその後と、どれほど彼の気持ちと歩みが変わったことでしょう。

「主がともいてくださる」という聖書的知識だけでも、その人の意識と歩みに影響を与えますが、それを超えて、人が主の臨在を体験し、神は私のすぐそばにおられるという体験をすると、ヤコブのような平安と確信を与えられます。これは福音の中核をなすものでもあります。

福音は、神が御子を十字架につけてくださるほどまで私たちを愛し、救ってくださったという事実に尽きます。

けれども、しばしば十字架による贖罪が強調され、主の愛によって回復されたはずの神と私との関係を実感できないことがあります。しかし、福音はそれだけのものではありません。福音の恵みの大海原に漕ぎ出し、ヤコブのような主の臨在の体験を祈り求めるなら、祈りやディボーションで、小グループの交わりや聖日礼拝で、日常生活の中で、主はそれを体験させてくださいます。主はその臨在を現し、それに触れた者を癒し、喜びと平安を与えてくださいます。その人に「神が私を愛し、ともにいてくださる」と実感させ、その歩みを平安と確信をもった歩みに変えてくださるのです。インマヌエルの体験です。

人が主の臨在に触れる、それは「主がともにいます」という実感であり、それは礼拝です。

十月三十日　神様の次の一手

神を愛する人々、すなわち、神のご計画に従って召された人々のためには、神がすべてのことを働かせて益としてくださることを、私たちは知っています。

（ローマ八・二八）

私たちキリスト者の多くは、今日の聖句が聖書の中にあることをよく知っています。

しかし、自分にとって悪いことや都合の良くないことが起こると、多くの場合、がっかりし、喜びや感謝を失ってしまいます。目の前のことに心を奪われ、全体が見えなくなり、信仰を見失ってしまいます。歯車が悪い方向に回転して悪循環に陥ってしまうのです。御言葉が生きた信仰によって私たちの日常生活に結びつけられていないからです。

しかし、これは私たちの幸せを願っておられる神様のみこころではありません。天地の創造主は私たちの父ではないでしょうか。その父なる神は私たちに悲しいことが起こっていることをご存じないでしょうか。賢い親は子どもを訓練しないでしょうか。パウロの信じた神は、我々の信じている神と同じ方ではないでしょうか。

ですから、今日、この時を期して、次のことを心に決め、人生のモットーとしましょう！

「何か悲しいことが起こった時にも感謝し、賛美しながら神様の次の一手に期待しよう。」

感謝し、信仰をもって祈りながら待っていると、きっと、神様の次の一手を見逃したり、神様の声を聞き逃したりしないはずです。そして、すばらしい恵みに与《あずか》るはずです。

さらにうれしいことには、自分にとって悲しいこと、苦しいことは、私たちを訓練する、神様からの贈り物です。それによって訓練された人々に平安な義の実を結ばせます。これが聖書の真理です。

ですから、いつも喜び、絶えず祈り、すべてのことについて感謝しましょう（Ⅰテサロニケ五・一六、一七、一八）。

十月三十一日　人の目／神の目に映る私

わたしの目には、あなたは高価で尊い。わたしはあなたを愛している。だからわたしは人をあなたの代わりにし、国民をあなたのいのちの代わりにするのだ。

（イザヤ四三・四）

私が思っている私と人が見ている私との間には、多少のズレがあります。

私は田舎から出てきて市内の中学校に入学した時のことを今でも覚えています。私は、誰ひとり友だちのいない教室で少し距離を置いて周りを観察していました。ある者が皆の目の前で零式戦闘機の絵を、手本も見ないで本物そっくりにスラスラと描いて見せました。私はびっくりして、すごい男がいるものだと自信をなくしました。しかし、時間の経過とともに級友たちが私にも一目置いていると感じるようになり、自信を取り戻しました。

これは「人」が私をどう思っているかですが、「神様」が私をどう思っておられるかは、人によって大きなズレがあると知るようになりました。

ある人は神様を何となく恐ろしい方と感じており、ある人は、この方を頼もしい親のような方と感じています。この違いはどこからくるのでしょう？

私自身について言えば、子どもを持つようになり、子どもへの親の愛がどれほど大きいかを実際に体験し、私への神の愛はこれなのかと知りました。以前は上の聖句に喜んでいる信徒の方（大抵は女性）を見ても、そんなこともあるだろうな、ぐらいにしか感じませんでした。もちろん、今は違います。

人は御言葉を頭で理解しようとしますが、感性で理解し、体験を通して悟ることが必要なのです。主の勧めに素直に従う時、ともに働いてくださる主の御手を体験し、主が私をどう見ておられるか、主にとってわたしがどのような存在なのかを知るようになります。

あなたは今日の聖句を通して神様のあなたへの思いをどう感じられますか。

11月

November

十一月一日　ご臨在に気づく

話し合ったり、論じ合ったりしているうちに、イエスご自身が近づいて、彼らとともに道を歩いておられた。しかしふたりの目はさえぎられていて、イエスだとはわからなかった。
（ルカ二四・一五、一六）

今日の箇所に出てくるふたりは、主を取られたことに対する絶望で頭がいっぱいで、主に気づきませんでした。

現代の忙しい管理・競争社会は、私たちの知と意志だけをフル稼働させ臨戦態勢にし、感性や霊的感性（神様を仰ぎ求める心）を麻痺させ、隣人への優しい心を失わせる社会です。

その中に生きるキリスト者も例外ではありません。下手すると、私たちも自分中心にものを考え、神の御手の中に生かされていることを忘れてしまいます。

そのような考え方、世界観・価値観に無意識のうちに染まってしまい、それで行動し、自分とともにおられる主に気づかない可能性があるとすれば、それら恐ろしいことです。

しかし、主につながろうと、臨戦モードから礼拝モードに切り替えようとしても、日頃慣れないことは、頭ではわかっても、具体的にどうするのかわかりません。私もそうでした。主の臨在の中いるということは明白な約束（マタイ一八・二〇他）なのに、私はそれに気づかず実感できませんでした。

これには、礼拝の心が真に準備されるまで、「今、主の臨在の前に出て、主の御声を聴くのだ」という意識付けの訓練から始めて、一定の訓練の期間を要しました。それまでは、御言葉をこの世の価値観に染まった感覚で受け取り、御言葉の意味を誤って解釈していたので、その御声が聴こえなかったのです。

しかし、訓練により礼拝の心が準備されるようになると、子どもがいつも親とともにいる幸せのような感覚で神様を感じ、御言葉の真の意味や神様の御声を聴く感覚が次第に戻ってきたのです。

十一月二日　豊かにいのちを持つために

盗人が来るのは、ただ盗んだり、殺したり、滅ぼしたりするだけのためです。わたしが来たのは、羊がいのちを得、またそれを豊かに持つためです。

（ヨハネ一〇・一〇）

私の家にはホトトギスがたくさん生えています。紫色の花も斑点も鳥のホトトギスに似ているので、その名を冠しています。花の時期になったので数日前、妻がそれを二つの花瓶に分けて玄関と食卓の上に置いていました。すると玄関のホトトギスに毛虫がいると言います。見ると黒い身体の全身に白いとげ、独特の姿は紛れもなくルリタテハの幼虫です。蝶（瑠璃子ちゃん）になるまで育てようと玄関で飼っていました。

翌日、今度は食卓の上に毛虫がいます。玄関から七〜八メートルも離れているので別人で、こっちの花瓶にもいたのです。新しい葉を求めてはい出して来たのです。妻は二人を一緒にして毎日新しい葉を与えています。一匹は今日、蛹になるため葉裏にぶら下がりました。

いろいろ思い巡らしているうちに毛虫から教えられました。妻は良い毛虫飼いです。毛虫はいのちを得、それを豊かに得るために新鮮な食草を求めていたのです。羊も良い羊飼いとともにいる時は豊かに牧草にありつけます。

永遠のいのちに与《あずか》っていることは問題ないとしても、教会の全員が主のいのちを日々、豊かに持つことができるように指導できているだろうか、自分自身が豊かに主のいのちに与っているだろうかと吟味させられました。そうしなければ毛虫や羊が食草や牧草を求めて迷い出し、盗人にやられるように、幼い魂も迷い出てしまいます。教会の各人がいのちを豊かに持つことができていればそこに主は臨在し、豊かな牧草があります。

あなたはいのちを豊かに育まれていますか。そうでないなら、その秘訣は何でしょう？

十一月三日　キリストにある救い

というのは、私たちをご自身の栄光と徳によってお召しになった方を私たちが知ったことによって、主イエスの、神としての御力は、いのちと敬虔に関するすべてのことを私たちに与えるからです。

（Ⅱペテロ一・三）

一番弟子としてイエス様と地上で三年あまり生活をともにし、主が十字架に架かられた後には復活の主と出会い、後のことを託され、イエス様の御霊とともにその生涯を送ったペテロが晩年に、キリストにある救いを簡潔に「いのち」と「敬虔」という二つの言葉で表しています。そして次の四節で、「世にある欲のもたらす滅びを免れ」と「神のご性質にあずかる」という二つの言葉で言い換えています。つまり、「永遠のいのち」と「聖化」です。

「永遠のいのち」とはイエス様を受け入れる決心をした時に生まれたイエス・キリストにある新しいいのちです。また、「聖化」とはそれまでの古い人がこの新しいいのちを入れておくことができずに脱皮しながら、イエス様の似姿に変えられていくことです。

話は変わりますが、中国で、行きすぎた自由化による人心の荒廃に対して人々の間に魂の飢え渇きが起こり、政府もこれに手を焼き、いったん捨て去った儒教を推奨するという路線に切り替えたそうです（毎日新聞、二〇一三年十月二十八日号）。もちろんこれは良いことで、上に挙げた救いの二つの要素の後者に類することですが、悲しいかな、永遠のいのちがありません。

永遠のいのちは主を受け入れた時に生まれます。私たちがいただいたこの新しいいのちを放置しておけば、主にあるいのちなので死ぬことはありませんが育ちません。古い肉の人が無意識に脱皮しないでがんばっているのです。いただいた御霊を知らないか、経験していないか、御霊に従順でないか、いずれかです。さて私たちはどうなのでしょう？

十一月四日　この地上の生涯の彼方に

しかし、事実、彼らは、さらにすぐれた故郷、すなわち天の故郷にあこがれていたのです。それゆえ、神は彼らの神と呼ばれることを恥となさいませんでした。事実、神は彼らのために都を用意しておられました。（ヘブル一一・一六）

人間にとって「死」は、話題にしたり、考えたりしたくないタブー（禁句）です。年配の人や病気の人の前では、なおさらそうです。現今のように自殺《じさつ》幇助《ほうじょ》やネット心中があったとしても、それは最後の逃げ道として彼らが選ばざるを得なかった事情があるのであって、好き好んでそうしたわけではありません。人は生き続けたいと願っています。

信仰の偉人たちはどのようにして死の向こうに生ける望みを見出し得たのでしょうか。その望みが絵に描いた餅でなく、現実の困難の中で生きる力を与えたのでしょうか。

彼らの信仰は、自由や楽しさの中の信仰ではなく、生死や生活がかかった中での信仰だったのです。その中で神様からの励ましを受け、実際的な助けを体験した信仰だったのです。

ですから、彼らの神は漠然とした日本的な神でも、人間が定義した観念的な神でもなく、私たちを見守り、具体的に手を差し伸べて働く、実感できる神だったのです。

今の時代にはそのような神は体験できないのでしょうか。断じてそんなことはありません。私たちが御言葉により神様を知り、自分の真の姿とこの世界の現実を知り、自分と神様との関係、その間を取り持つキリストを知り、この方と人格的な交わりを持てば、霊の目をもって神様の助けや励ましの御手、警告や導きの御手を見ることができるようになります。その人は神様とその恵みを体験して、神の御国の地上部分を実感できるようになり、この地上の生涯の彼方の御国を望み見て、どんな困難にも打ち勝つ力と望みをもって生きる人になります。

十一月五日　実が残るために

「わたしがあなたを選び、あなたがたを任命したのです。それは、あなたがたが行って実を結び、そのあなたがたの実が残るためです。」

（ヨハネ一五・一六）

冒頭のあなたがたとは誰でしょうか。弟子たちです。どのような人たちだったでしょう？　無学な、ただの人たちだったのです。御言葉を宣べ伝えるのに、主は一晩祈って、あえて素人を選ばれました。どうしてでしょう？　御言葉の専門家ならたくさんいたはずです。しかし、彼らは御言葉を知ってはいても、御言葉に生かされていなかったからです。

主は弟子たちに御言葉を学問的に教えるのでなく、御言葉の中にある神の国が、人の日常生活やその人生にも及び、その人自身を造り変える性質のものであるということを体験させることによって、神の御言葉、神の国を伝えようとされました。

それは、弟子たちもそのような仕方で御言葉を宣べ伝えるためでした。むろん、御言葉が生きて働くのは聖霊の豊かな臨在の中で、であり、それは礼拝そのものです。聖日礼拝だけではなく、日常生活の中でも主を拝する礼拝のことです。

確かに、弟子たちは無骨な男たちの集団でした。しかし、彼らは望みと生きがいを持つ集団に変えられたのです。福音を宣べ伝える情熱、確信、失われた魂への愛が彼らの心を捕らえたのです。弟子たちに接する人の心に福音の種が芽を出し、豊かな実を結び、その人も同じように福音を宣べ伝える人に造り変えられたのです。このような実が次々に稔り、その一粒の麦が、主のように死んで何倍もの実を結ぶ、そのようなサイクルを形成したのです。

主はこのような実を結び、このサイクルを形成するようにと弟子たちを選ばれたのです。

御霊によって主とつながれば、私たちも実を結びます。どうすれば主とつながれるのでしょう？

十一月六日　自分の罪が見えない

「この三人の中でだれが、強盗に襲われた者の隣人になったと思いますか。」彼は言った。「その人にあわれみをかけてやった人です。」すするとイエスは言われた。「あなたも行って同じようにしなさい。」　（ルカ一〇・三六、三七）

イエス様の言葉は善い行いの勧めなのでしょうか？　それとも……？

人間は、本当の自分が見えないものです。たとえば、私たちは食べ物のことで不平を鳴らしますが、アフリカの人々の極貧を知ると、自分たちがどんなに恵まれているかがわかります。つまり、ある基準に照らして初めて、本当の自分が見えるのです。

神様は律法という基準を与え、自分がどんなに罪深いかをわかるようにしてくださいました。しかし、それには少し不備がありました。律法を形だけ守ってそれで自分は正しいと思う人々がいたからです。そのような人々は福音の必要を感じることはありません。よしや、福音によって救われてもその喜びがわからないでしょう。罪の自覚が乏しいからです。

イエス様はご自分を試そうとして質問した律法学者が、罪の自覚がないのを見抜いて、上のような言葉をかけられました。その言葉は勧めの言葉なのでしょうか？

勧めの言葉というより、自分を考えさせる言葉なのです。それを行おうとする時、律法の本質である、「自分と同じように隣人を愛する」ことができない罪人《つみびと》の自分に気づき、神様に助けを求める心を喚起する、それがイエス様の意図だったのです。

想像をたくましくして、後日談を想像してみましょう。もし、今日の聖句の「彼」が罪を自覚してイエス様に助けを求め、救いを得たなら、きっとその恵みに感動し、同じような律法学者に福音を語り広めるに違いありません。

あなたは、後日談の彼と同じでしょうか。それとも以前の彼のようでしょうか？

十一月七日　神を神、人を人とも思わぬ

しかし、人々は彼に聞こうとしなかった。そこで、その人は自分のそばめをつかんで、外の彼らのところへ出した。（士師一九・二五）

このような本に書くにはあまりにも憚《はばか》られる、おぞましく恥ずかしい事件です。士師記を読まれたことのない方は、あらためて士師記の本文をお読みください。士師記の時代は律法ではなく、自分の目に正しいと見えることを行っていた時代です。ギブアの人々は男色という、律法が禁じていることを平気で行っていました。しかも性的な集団暴行でした。

今日は、そのこともですが、レビ人の行為（右の聖句）について考えたいのです。レビ人とは神に仕える人です。妻以外にそばめを持つこと自体が律法違反ですが、自分には必要だったと見え、実家に帰ったそのそばめを取り返しにいきました。帰りに泊めてもらった家での出来事でした。

外にいるギブア人たちから、「その旅人（レビ人のこと）を出せ」と言われた時に、自分の身を守るために、そのそばめを戸の外に出したのです。彼女を心から愛していたのではなかったとわかります。

人は衣食足りて礼節を知りますが、切羽詰まった時には、礼節ではなく自分を守ります。

ここまで聞くと、儒教的道徳に守られ、衣食足りている私たちは、他人事と思ってしまいます。これで終われば、御言葉が私たちの「関節と骨髄の分かれ目をも刺し通」す（ヘブル四・一二）ことはなく、読んで終わりでしょう。

しかし、今日は時間を取って、素直な礼拝の心で御前に出て、自分だったらそのように切羽詰まった時、どう振る舞うだろうかと考えてみたのです。きっと、古い自分と新しい自分との厳しい戦いが起こるだろうなと考えさせられたのです。

あらためて、自分の人間的な力ではできない！と、古い自分の罪の深さを思い知らされ、そのような者が赦されている恵みを感謝しました

十一月八日　人生の賭け

確かに、神は、私たちひとりひとりから遠く離れてはおられません。私たちは、神の中に生き、動き、また存在しているのです。

（使徒一七・二七、二八）

科学が飛躍的に進歩した現代ですが、それでも、人が自分たちの住んでいる地球や太陽系、さらには宇宙の全体像を見渡すことはとてもできません。

聖書はすべての人は神に造られ、神の御手の中に動き、生かされていると語っています。人は神の存在は何となく想像できますが、その方が現在と将来の自分にとってどういう関係にある方なのか、までは考えていません。

パスカルの原理で知られ、哲学者でもあったブレーズ・パスカルは、その著書『パンセ』の中で友人に問います。「神がいるか、いないか、君はどちらに賭ける?」と。

「いや、どちらかを選べということ自体が間違っている。正しいのは賭けないことだ。」

「そうかもしれない。しかし、賭けなければならない。君はすでに船に乗り込んでいるのだから。すでにこの世に生きている以上、この勝負から降りることはできないのだ。賭けないこと自体が、結果的に一つの選択となるからだ。

賭け金は自分の人生なんだ。『神はいる』というほうに賭けたとしよう。勝てば君は永遠の命と無限に続く喜びを得ることになる。今の人生も意味のあるものになるだろう。賭けに負けた（神はいない）としても、失うものは何もない。

逆に、『神はいない』というほうに賭けたとしよう。その場合、たとえ賭けに勝った（神はいない）としても、君の儲けはこの世の幸福だけだ。死後は無と見なすわけだから、そこで得るものは何もない。逆に負けた（神がいる）時には、損失はあまりに大きい。来世の幸福をすべて失うことになるから。」

さあ、あなたはどちらに賭けられますか?

十一月九日　知性、感性、意志、霊性

立って、父のところに行って、こう言おう。「お父さん。私は天に対して罪を犯し、またあなたの前に罪を犯しました。」

（ルカ一五・一八）

「山路を登りながら、こう考えた。智に働けば角が立つ。情に棹《さお》させば流される。意地を通せば窮屈だ……。」

これは夏目漱石の『草枕』の冒頭です。

彼は人間の心に知、情、意の三つの分野があり、日頃意識しない夫婦、親子、会社での人間関係にとって三つの分野それぞれに、コントロールが難しいことを喝破しました。

漱石は人と人の関係だけでなく、神との関係についても、『こころ』という作品の中でテーマにしています。彼が英国留学の時に聖書を読んだであろうことは想像に難くありません。

漱石は「霊性」という言葉こそ使っていませんが、神に対する人間の関係を意識して書いたのではないでしょうか。すなわち、罪が人に対してだけでなく神に対するものでもあることを。

霊性とは神の働きかけに呼応する人間の霊的な感覚です。日頃はそんなことは考えもしませんが、親戚や知人の死を経験すると、この感覚が呼び覚まされ自分のこととして神を意識します。しかし、しばらくすると、再びせわしない日常生活に戻り、忘れてしまうというのが一般的ではないでしょうか？

現代社会は効率一辺倒の社会ですので、感性や霊性は邪魔もの扱いにされ、芸術家は別として、現代人は知性と意志だけの左脳人間になっています。

しかし、本来、人間は感性と霊性をも必要としており、神の恵みを感じ取り、喜び感謝し、神をあがめる霊性こそ、なくてはならないものです。私たちすべての人間がいつか、この神の前に立たなければならない存在であるがゆえに！　あらためて救いのありがたみがわかります。

十一月十日　救いの恵みの理解の度合

その栄光と徳によって、尊い、すばらしい約束が私たちに与えられました。それは、あなたがたが、その約束のゆえに、世にある欲のもたらす滅びを免れ、神のご性質にあずかる者となるためです。

（Ⅱペテロ一・四）

前節（三節）に続いて、キリストを信じる者に与えられるすばらしい約束として、滅びを免れる「永遠のいのち」と神のご性質にあずかる「聖化」をペテロは挙げています。

それは、ペテロ自身が実感していることでした。鶏が鳴く前に三度も主を否み、また、歳を経て自分の罪深さを知るにつけ、主の十字架上での犠牲により罪が赦され永遠のいのちに与《あずか》っていることのすばらしさをよくわかるようになったのでしょう。若い頃の人格がその個性を生かされながら、主に似る者へと変えられているペテロを手紙の中に読み取ることができます。

永遠のいのちは信じるだけで与えられるので、当初はそのすばらしさを実感できません。自分が罪人《つみびと》であるという認識が乏しいのでしょう。警察の厄介にはなってないとか、皆もそうしているではないかという意識がそうさせているのです。

罪とは人と神に対する罪です。家族の人格を傷つけていて気づかないとか、他人のことや神のことなど考える暇はないとか。そのこと自体が罪なのに……。（詳しくは十戒・出エジプト二〇章）。

自分が罪人であるという認識は、御言葉（聖書の基準）に従おうとする中で御霊によって示されます。ですから、御言葉の実践により、自分が罪人であるという認識が深くなれば深くなるほど、赦されている恵みのすばらしさ、ありがたさがわかってきます。

ですから若い人に勧めます。恵みの信仰を「自分はあるがままでいいのだ」と、安易に受け取ることをせず、従順に御言葉に従い、福音書の中の主に似る者をめざしてほしいのです。

十一月十一日　人間の心の動機

私は使徒の中では最も小さい者であって、使徒と呼ばれる価値のない者です。なぜなら、私は神の教会を迫害したからです。ところが、神の恵みによって、私は今の私になりました。

（Ⅰコリント一五・九、一〇）

私たちは、毎日の生活や人生に何らかの願いや目標を持って生きています。もちろん、欲がなく、人に調子を合わせて生きている人もいます。それでも、その人はそのように相手に合わせることによって幸せと感じる環境を造り出そうと無意識のうちに願っているのです。

私たちを自分の願いや目標に向かって駆り立てているエネルギーは何なのでしょうか？　それは押し付けられて与えられるものでもありません。深い自分自身の意欲や動機を伴っていないからです。押し付けられたものは、かえっていやになり、むしろ逆方向へのエネルギーとなって反発となり、その人を反対方向に走らせるものです。少年時代の反抗期にそのようにした経験を思い出されるでしょう。

恨みや怨念、劣等感、見返してやるという思い、これらはその人が深く傷ついた感情体験が強いエネルギーとなります。恐ろしいことですが、殺人の、ある部分はこれに基づいています。

しかし、その人が様々のことを経験して人格的に大人になり、そのエネルギーが昇華され、良い方向に働けば、すばらしい実を結ばせます。明治維新はそのような青年たちにより成し遂げられました。もちろん、その裏に西欧の列強の鵜の目鷹の目の意図が絡んでいたのでしょうけれども。

世界中で大きなことを成し遂げた人は、その多くが何か特別の才能を生まれつき持っていたというよりむしろ、そのような深い情緒的な体験がその人のうちで大きなエネルギーとなり、それがその人を造り上げたのです。パウロの場合がそうでした。私たちはどうでしょう？

十一月十二日　白いキャンバス

神は、みこころのままに、あなたがたのうちに働いて志を立てさせ、事を行わせてくださるのです。

（ピリピ二・一三）

私たち、神を信じる者の人生は、神と人との共同作業です。たとえて言えば、白いキャンバスに向かって、神様と二人で絵を描くのです。しかも神様が主体性を私たちに持たせ、志を立てさせ、人生の節目節目で助けを与え、完成に導いてくださるのです。

ただし、主導権は誰にあるのでしょうか。キリスト者とは、イエス・キリストを救い主と信じた者ですが、それだけでは不十分です。イエス・キリストを主としてこの方に従う者でもあります。ですから、主権は主であるイエス様にあります。この方が私たちを主役に抜擢《ばってき》されます。私たちはうれしくなってその役を演じるのです。オットット！　二人で絵を描くのでした。

でも、それも同じです。私たちのキャンバスはしばしば世俗的な色に塗られていて、とても白いキャンバスではありません。信じた時、あるいは気づいた時そのキャンバスを未練なく捨て、神様からの白いキャンバスに向かうのです。人生の節目節目の選択、たとえば進学、就職、結婚、教会の選択等々。その時、白いキャンバスを持って主の前に出るかそれとも都合のいい色にあらかじめ塗っておくか、これが、あなたや私のクリスチャン人生を決めます。

神様と話し合いながら白いキャンバスに、その選択・決断したものが彩りを添えながら、人生のすばらしい絵が段々と出来上がってきます。神様はつつましい方ですから、主体性は私たちに持たせられます。絵が、世俗色に包まれてくるか、神様色に染まってくるかは、その都度、神様と話し合ったかどうかによります。若い方々は心すべきでしょう。人生の折り返し点を過ぎた人でも、白いキャンバスを持って出るなら、すばらしい絵にさせてくださるでしょう。

十一月十三日　人生設計の再検討

世の富を用いる者は用いすぎないようにしなさい。この世の有様は過ぎ去るからです。

（Ⅰコリント七・三一）

秋の紅葉が市中でもきれいです。このところの忙しい毎日に、それを見ることも忘れて、自宅と職場の間を行ったり来たりの毎日でした。

妻に促されて自宅付近の街路樹のけやきや、職場付近のかえで（?）の街路樹の紅葉を、あらためてその目で見て、本当にきれいだと思いました。忙しいことは心を亡ぼすことなのだなとも。

毎朝と夕刻、それを見ながら紅葉の進み具合に一本一本、違いがあることに気がつきました。あるものはまだ青々としています。しかし、いくらがんばっても、いつかはその葉もさっと紅葉して散っていくでしょう。時間の問題です。

そして、私の聖書日課の右の一節が目にとまりました。同時に、『方丈記』（鴨長明）や『奥の細道』（松尾芭蕉）の言葉も思い出しました。高校生の頃に習った時には、そんなこともあるのかな、くらいにしか思わなかったのに……。

この世とその有様は過ぎ去ります。しかし、私たちにはその向こうにもっと素晴らしい世界があります。あらためてそれを思い、心から感謝しました。

けれども、パウロがこの七章で語っていることは、そうだから、あなたはどう考え、どう生きるべきか、よく考えなさいということです。パウロは三章でも、キリストという土台の上に金、銀、宝石、木、草、わらで、どのような建物を建てるのか注意しなさいと語っています。

私は御言葉を思い巡らしながら、他の聖書個所やいにしえの賢人の言葉、様々のことを考えました。残された人生をどのように設計し直そうかな、と。

若い人に勧めます。春夏秋冬それぞれに人生のあり方があります。それをよく考えるように、と。

皆さんはいかがでしょう?

十一月十四日　賛美の持つ力

真夜中ごろ、パウロとシラスが神に祈りつつ讃美の歌を歌っていると、他の囚人たちも聞き入っていた。

（使徒一六・二五）

囚人たちは、今日の御言葉の直後に起こった地震で獄舎の土台が揺れ動き、扉が全部開いて、皆の鎖が解けてしまったにもかかわらず、逃げることを忘れていました。

賛美には人を主のご臨在のもとに連れて行く力があります。言い方を変えると、賛美の中に住まい給う主（詩篇二二篇）を賛美のうちにお迎えする心が備えられるのです。そして、そのご臨在には人を癒し慰め、素直にさせ、御言葉の真理に従わせる力があります。

人がかたくなな心のままでいると、空中の権威を持つ支配者として今も不従順の子らの中に働いていている霊（エペソ二・二）に引きまわされ、神様の霊に呼応する、信じた時に私たちに与えられている御霊を悲しませ、主のご臨在の中に導かれることがありません。

一方、賛美によってご臨在の中にあるいつくしみと愛に触れられ、その霊が引き出されると、周囲への怒りの気持ちを和らげられ、赦す気持ちを起こさせます。自分の非を教えられ、御言葉の真理に対して素直にさせるからです。

このようにして、賛美には人を変える力がありますが、それは、上に書いたような瞬時的なものもありますが、賛美しながらその賛美の中の歌詞（御言葉）に感動し、慰められ、諭される部分があります。どの部分かは人によって違います。おそらくその人の必要や境遇の違い、あるいは信仰の成長の違いもあるからでしょう。

そのような感動の経験がくり返され、続けられると次第に御言葉の真理に従う思いを与えられ、励まされながら、人は主に似る者へと変えられていきます。

十一月十五日　動かない人生の土台

だれも、すでに据えられている土台のほかに、ほかの物を据えることはできないからです。その土台とはイエス・キリストです。

（Ⅰコリント三・一一）

以下のようなイソップの寓話があります。

ロバを売りに行く親子がロバを引いていると、村人たちが笑いました。

「おばかさんだねぇ、ロバに乗っていけばいいのに。」そう言われ、あわてたお父さんは息子をロバに乗せました。するとお父さんの友だちがやって来て、「おい、おい、子どもを乗せるなんて、甘やかしてはいけないよ！」

また、あわてておお父さんは子どもを下ろし、今度は自分が乗りました。すると他の人に、「自分は楽して、小さい子どもを歩かせるなんて、ひどい父親だ」と言われます。

またまた、あわててお父さんは、今度は二人でロバに乗りました。途中で司祭に会うと、「二人で乗るなんて、ひどい親子だ。ロバは弱っているじゃないか！」と言われ、どうしていいかわかりません。困ってしまったお父さんに司祭は言いました。

「ロバを担いで行くんだな。」

二人はロバの足を棒にくくり付け、二人で担いで行きました。ところが橋の上まで来たところ、ロバが苦しくて暴れ出し、棒が折れてロバは川に流されて行ってしまいました。親子は大切なロバをなくし、しょんぼり帰って行きましたとさ。

情報化時代のただ中で、人は自分の確固とした価値観（物事を考え、行い、生きて行く判断基準～土台）に基づく自分の意見を持っていなければ、膨大な情報や多様な人の意見に振り回されてしまいます。

パウロは、唯一の土台は何であると言ったでしょうか。

あなたはこの土台の上にどのような建物を建てておられますか。

十一月十六日　プライドを捨てる勇気

キリストは神の御姿である方なのに、神のあり方を捨てられないとは考えず、ご自分を無にして、仕える者の姿をとり、人間と同じようになられました。

（ピリピ二・六、七）

人は寛容で温かい社会や家庭で育つと、それを当然のように受け入れ、ひがみ根性や変なプライドなく、優しく鷹揚《おうよう》に育ちます。しかし、日本のように子育ての時期に忙しくて、そうも言っていられない家庭、温かさを失った社会、競争主義、減点主義の教育の中で育つと、それをかいくぐっていける一握りの子どもたちは別として、多くの子どもたちは落ち込んだり、ひがんだり、「俺だって……」という鬱屈したプライドを持って育ちます。

偽装しなければやっていけない社会で、人は余裕を持てず、ぎりぎりの線でがんばっています。がんばるのをやめた人は悪に走り、それができない人は落ちこぼれていきます。愚痴を言いたくても聞いてくれない、人のために優しくとはとても言えない、自分だけで精いっぱいの社会、それが今の社会の現実です。

それは子どもとて同じです。バラ色ではない灰色の社会を見ながら、自分もそうだとはわからずにこれらの価値観を受け入れて育っていきます。私たちもそうだったのです。

感謝を忘れた世界で人のために何かしても、それを感謝され顕彰《けんしょう》されることがなければ、プライドが邪魔してもう二度としないと思ってしまいます。これは多くのキリスト者にも当てはまります。人のために自分が損したり、人から認められなかったりすることを厭う価値観がまだこびりついているのです。

私たちはイエス様のように、自分のプライドを捨て、人のため、神様のためにはどんなことでもする、言わば「便利屋」にはなれないのでしょうか？

あなたや私が神の国の便利屋になるのを妨げているものは何でしょう？

十一月十七日　時代のニーズに答える

すべて、疲れた人、重荷を負っている人は、わたしのところに来なさい。わたしがあなたがたを休ませてあげます。（マタイ一一・二八）

東京ディズニーランド（ＴＤＬ）成功の秘訣はリピーター（再来者）が多いことだそうです。では、なぜもう一度ＴＤＬにやって来るのでしょう？

それは、初めて来た時の感動が忘れられないからです。では、どのような経験をしたのでしょう？　それは、誰でもＴＤＬでは最高級のもてなしを受けるからです。そこでは人は王様、女王様気分になれるからです。それが忘れられず、もう一度そこに足を運ぶというのです。成功の秘訣はこれなのです。

人は皆、意識してはいなくても、自分が人間としての尊厳を尊ばれることを望んでいます。そして、そのように遇される時、人は大きな満足を得るのです。

でも、それは日本国憲法も保障している当然のことではないかと言われるかもしれません。しかし、今、それがないがしろにされています。日本は成長社会を通り越し、成熟社会に突入しています。そこではいつも最高のもの、洗練されたものが当然の姿なのです。そうでないものは不完全として否定され、完全さを要求されます。

小さい頃から自分の意志でなく、教育を強制され、学校でも互いに競争を強いられ、出来が悪いと否定され、職場では上司から出来栄えをけなされ、より良い仕事を要求されます。このような否定的扱いをされる中で人は尊厳を傷つけられ、自分では意識はしなくても上のような欲求を持っているのです。

イエス様はそれに答えようとされます。その弟子たちの集合である教会を通してです。本物の福音と本物の愛に生きる弟子たちは教会にはいなくなったのでしょうか？

教会とは第三者でなく、私たち一人ひとりのことです。あなたや私はどうでしょう？

十一月十八日　キリストにある自由

キリストは、自由を得させるために、私たちを解放してくださいました。ですから、あなたがたは、しっかり立って、またと奴隷のくびきを負わせられないようにしなさい。

（ガラテヤ五・一）

昨日は成熟社会（完全を求め、人に要求し、自分も要求され、自分を責め、人からも責められる高度完成型社会）に突入している日本社会で、人が無意識のうちに刷り込まれて持っている、悲観的・否定的な世界観、その中で尊厳が蹂躙されていると述べました。

今の日本では子どもまでもが将来について悲観的・否定的な気持ちしか持つことができません。彼らが背伸びして息が切れそうになり、意欲を失うのは半ば当然のことかもしれません。

完璧を求める律法の世界で生きてきたユダヤ人やユダヤ主義の人たちも同様でした。それは律法的で、互いを牽制《けんせい》し合う社会でした。それを無意識のうちに引きずっているガラテヤの人たちに、パウロは神様のみこころの本質（律法による束縛でなくキリストの十字架の福音による自由）を見失ってはならないと警告したのです。

聖書に言わせれば、悲観的・否定的世界観は単なる一つの人間的な見方にしかすぎません。

聖書（神様のみこころ、ご計画を表している）を全体として見ると律法から福音へという全体像が見えてきます。神の世界は人間の力を超えた雲の上の世界です。そこはいつも晴れています。それを、この世の中を支配している雲の下の人間的な価値観によっていささかも曇らされてはなりません。

私たちの神と、この方によってもたらされたキリスト者の自由は、人間的な有限の力によって制限を受けることはありません。

あなたの神の国は、雲の上ですか、それとも雲の下ですか？

十一月十九日　目を上げて畑を見なさい

すでに、刈る者は報酬を受け、永遠のいのちに入れられる実を集めています。それは蒔く者と刈る者がともに喜ぶためです。

（ヨハネ四・三六）

すぐ前の三五節で、ある弟子たちは「刈り入れ時が来るまでにまだ四か月ある」と言っていました。しかし、主は「目を上げて畑を見なさい。色づいて、刈り入れるばかりになっています」と言われました。同じものを見ても、見方によってこうも違うのです。主はそのことを知っておられました。ですから、「注意深く見てごらんなさい」と言われたのです。

目を上げて畑を見、刈り入れるばかりになっている畑を見た者は、言われなくても魂の刈り入れに出て行くでしょう。そして魂の刈り入れをする喜びを経験するのです。

とはいっても、目が開かれた弟子はすでに刈り入れに入っていますが、後から参入した弟子たちの目はまだ開かれていないかもしれません。しかし、拱《きょう》手傍観《しゅぼうかん》して待っているのでなく行動し、先輩と一緒に刈り入れをするのです。謙虚に、その目をもって現場を経験するうちに霊的に目が開かれ、刈り入れの時がわかります。その時は機が熟しているのでその人を誘えば教会に導くことができます。

牧師は、その人が罪人《つみびと》としての自己認識があるかどうか、キリストの贖いを受け入れるか、今後キリストを主としてついて行くか等を確認し、信仰の決心の祈りを導き、彼が神の国の民となったことを宣言し、皆とともに喜びます。

御言葉の種を蒔くのは私たちですが、人の心を開き、御言葉の種をその心に植えつけ、育てられるのは聖霊ご自身であり、そのような場を造り上げ、刈り取るのは私たちです。訓練により刈り取る時期とその術を知っている人が刈り取ります。

自分の周りの色づいた畑を見分ける力はどうすれば養えるのでしょう?

十一月二十日　慣れが感謝を忘れさせ！

いつも喜んでいなさい。絶えず祈りなさい。すべての事について、感謝しなさい。これが、キリスト・イエスにあって神があなたがたに望んでおられることです。

（Iテサロニケ五・一六～一八）

日本人ほど感謝を忘れている民族はないかもしれません。大人から子どもに至るまで、現状に感謝できないどころか、もっと欲しがり、不満のはけ口を食べ物やレジャー、賭博、酒、パチンコ等々、果ては、いじめや無差別殺人に求めています。

感謝がないということは現状に不足があると考えるからでしょう。しかし、日本ほど物質的に恵まれた国はないでしょう。文化的にも恵まれています。政治は別として教育や安全、医療、流通や交通手段、食糧事情どれをとってもある一定水準は確保していると思われます。それ以上を求めるのなら、それは贅沢としか言いようがありません。

これは外国に行ってみるとわかります。私の従姉妹は米国で、用心していたのに二回も拳銃で脅され財布を取られたそうです。郵便集配夫は拳銃を片手に郵便物を集めています。ある国では、子どもたちが空港や駅で旅行客の荷物を運んで日銭を稼ぎます。ある国では可哀想にも赤ちゃんが、痩せた身体でおっぱいの出ないお母さんの乳房を含んでいます。

自分の恵まれた状況が見えないのです。これほど霊的に盲目な民はないでしょう。

問題は、私たちもこの日本の、上に述べたような霊的風土の中で、もっと欲しいために自分の現状に不満をかこち、一攫千金を夢見たりするようなこの世の価値観に陥りはしまいか、ということです。それでは、神の民がその国の価値観を忘れ、それに生きていないということになります。

贅沢に慣れ、感謝を忘れたどこかの民のようであってはならないでしょう。

十一月二十一日　神の愛∨親の愛∨子の愛

私たちが神の子どもと呼ばれるために、――事実、いま私たちは神の子どもです――御父はどんなにすばらしい愛を与えてくださったことでしょう。

（Ⅰヨハネ三・一）

「親思う心に勝る親心けふのおとずれ何と聞くらむ」という吉田松陰、二十九歳の辞世の句があります。親の愛を考えもせず突っ走って来た自分の人生を振り返り、自分の死の知らせを聞いた時、親はどれほど悲しむことだろうと親の愛を思い測って松陰が詠んだものだそうです。

明治維新を成し遂げた人々に強い影響を与えた松陰でも、人生途上の彼の考えの中に親の愛はなかったのです。最期の時に立ち止まって考えてみた時、そのことに思い当ったのです。

筆者自身も親になってみて初めて親の愛がわかり、親と同じように親を愛しているだろうか、親の愛に答えてきただろうかと身につまされます。ですから、親の子を思う愛と子の親を思う愛を数学的な不等号で表すと、上の表題のようになるでしょう。

これは、天地万物を創造された父なる神と被造物である我々との関係にも当てはまります。子どもの苦しみは、それ以上に親にとっての苦しみです。子どもの喜びや悲しみ、苦しみの胸中をすぐ見抜き、「話してごらん！」と問いかけるように、神様も、私たちの思い、人知れぬ悲しみ、苦しみを知っておられ、御許《みもと》に来るようにと招いておられます。

その証拠に、ご自分の愛する御子を私たちの罪の代価として十字架につけられました。自分のひとり子が十字架上で苦しむその姿を、神はどのような気持ちで見ておられたのでしょうか。

今も神様のほうから私たちがその愛に気づくようにと、扉を開け両手を広げて待っておられます。私たちは最期の時ではなく、今、立ち止まり、私たちを親の愛に勝って愛するこの方の許に行くべきではないでしょうか。

十一月二十二日　主の語りかけに応答する

そして、「ペテロ。さあ、ほふって食べなさい」と言う声を聞きました。しかし私は、「主よ。それはできません。私はまだ一度も、きよくない物や汚れた物を食べたことがありません」と言いました。すると、もう一度天から声がして、「神がきよめた物を、きよくないと言ってはならない」というお答えがありました。

（使徒一一・七～九）

人は人間関係の中に生きています。その関係は親子や夫婦の関係、職場や学校での関係等々、様々の人間関係を持っています。その中で、一方が語りかけると、他方はそれに言葉や態度で応答します。意識してはいないものの、このように互いの語りかけに応答する人間関係の中で明日への生きる力を与えられ、人は生き、生かされています。

聖書を読むと、人と人との関係以外に、人と神との関係もあるのに気づかされます。

けれども、大抵の人はそれを自分とは縁遠い他人事と考えています。神の姿や声を肉の眼や耳で見たり、聞いたりすることは一般的にはないからです。

しかし、人間には人と人との交わり以外に、人間の存在を超える方（神）との人格的交わりに対する飢え渇きがあり、この方なしに魂の飢え渇きを満たすことができません。

神様はそのことをご存じなので、聖書や身の回りの出来事を通して私たちにご自分の気持ちやお考え、すなわち、慰めの言葉や勧めの言葉、将来のご計画等々を語りかけ、それに対する返事（応答）を待っておられます。なぜなら、神様はご自分がお造りになった人間を愛し、互いに交わりを持とうと願っておられるからです。

あなたは、超自然的なことではなくても、聖書や身の回りの出来事から、神様の語りかけをどのように聴き取り、どのように自分に適用し、どのように応答しておられますか？

十一月二十三日　私たちの救いの系譜

まことに、あなたがたに告げます。多くの預言者や義人たちが、あなたがたの見ているものを見たいと、切に願ったのに見られず、あなたがたの聞いていることを聞きたいと、切に願ったのに聞けなかったのです。

（マタイ一三・一七）

福音は、言わば神が縦横の糸を使って織られた織物です。その中心に全人類を救いに導くキリストの十字架の図柄があります。私たちは運よくこのキリストの福音に与《あずか》っています。ではそれを支えている縦糸とも言うべき、救いの系譜（歴史）についてはどうなのでしょう。聖書は、救いは永遠の昔から計画されていたと説いています（エペソ一・四）。

失楽園後も神は人を愛しておられましたが、アダムはそれを振り切って「神からの自由」を求めて罪の世界に旅立って行きました。（私もあなたもその罪人《つみびと》アダムの子孫です。）

救いの系譜をそれとわかる形でたどることができるのは、アブラハムへの神の語りかけからです。（創世一二章他）それはアブラハムとその子孫により世界中の国民が祝福を受けるという約束でした。その約束はイサク、ヤコブと引き継がれ、その子、ユダの家系から救い主キリストが生まれます（マタイ一・一〜一七）。

ヤコブからキリストに至るまでに、エジプトの四百三十年、荒野の四十年、カナンへの定着、王国の成立、神殿の建設、王国の分裂と偶像礼拝、預言者の警告、神の懲らしめバビロン捕囚、悔い改めと神殿再建、ローマの支配による平穏な世界へ。これらはキリスト誕生のための舞台装置でした。すべてのことがキリストと十字架に収斂《しゅうれん》していきます。旧約時代の預言者や義人もそれを見たいと願ったのです。

主はこのすぐ後で種まきの譬えを通して警告し、福音を軽視してはならないことを教えられました。

私たちはどうでしょうか？

十一月二十四日　すわ、チャンス！　その時

ヨルダン川のこちら側、西のほうにいたエモリ人のすべての王たちと、海辺にいるカナン人のすべての王たちとは、主がイスラエル人の前でヨルダン川の水をからし、ついに彼らが渡って来たことを聞いて、イスラエル人のために彼らの心がしなえ、彼らのうちに、もはや勇気がなくなってしまった。そのとき、主はヨシュアに仰せられた。「火打石の小刀を作り、もう一度イスラエル人に割礼をせよ。」

（ヨシュア五・一、二）

無事ヨルダンを渡ったイスラエルにとって、エモリ人やカナン人の王たちの心がしなえ、戦意を失っていたことは、チャンスと思われました。

私たちも日常生活の中で「すわ、チャンス！」と思われることに出くわす時があります。

その時、神はイスラエルに待ったをかけられました。なぜでしょう？　イスラエルは荒野を旅して、はや四十年、世代が変わり、生き残ったのはカレブとヨシュアの二人だけでした。他の民は割礼を受けていませんでした。割礼とは、男の隠し所の先端の包皮を主の前に切り取るミニストリーです。律法は生後七日目に割礼を施すように規定しており、イエス様もこれを受けられました（ルカ二・二一）。

比喩的には、割礼を受けるということは主の前に隠し事を露わにすることです。これで自分の真の姿が露わにされ、人は主の前に謙虚になります。それまで意識していなかった無割礼の時のいろいろな傲慢に気づき、人の前にも謙虚になります。それまでは、誰にも言えない秘密を隠し、そのことを意識していなかったので、体面を保ち、時には自分誇らせていたのです。それでは上からの御力を帯びることはありません。ですから、神は待ったをかけられたのです。割礼を受けよ！　と。

さて、私たちはチャンスに飛びつく私たちでしょうか？　それとも……。

十一月二十五日　福音以前の関係作り

むしろ、心の中でキリストを主としてあがめなさい。そして、あなたがたのうちにある希望について説明を求める人には、だれにでもいつでも弁明できる用意をしていなさい。ただし、優しく、慎み恐れて、また、正しい良心をもって弁明しなさい。そうすれば、キリストにあるあなたがたの正しい生き方をののしる人たちが、あなたがたをそしったことで恥じ入るでしょう。

（Ⅰペテロ三・一五、一六）

自分が与えられた福音を、まだ知らない人々に証しすることは、先に救われた者の務めです。けれども、信じた当初は熱意をもって手当たり次第に証ししていたのに、周囲が見えてくるとそうもいかないことに気づきます。すべての人が救いを求め、福音に心を開いているとはかぎらないからです。「人を見て法を説く」べきことは、福音にも当てはまるのです。そこで彼は、はたと立ち止り、一歩引いてしまいます。しかし、それで終わっては早計です。

主は私たちに、すべての国民を弟子とするように命じられ（マタイ二八・一九）、パウロも、時が良くても悪くても御言葉を宣べ伝えるようにテモテに命じました（Ⅱテモテ四・二）。

こう書いてくると、私たちはそれができない自分に戸惑いますが、実は、福音を人に訴えかけ、信じるようになさるのは、私たちのうちにおられるキリストの御霊です。

意外に多くの人が、顔や言葉に出さなくても、心のうちに魂の渇きや寂しさを抱えています。仮に福音を語らなくても、私たちのうちにおられるキリストの御霊が働かれるなら、キリストの愛といつくしみが私たちを通してその人に流れていきます。

私たちが上の御言葉のようにして語るなら、主は私たちを通して働かれます。大切なことは福音以前の周囲の人との関係作り、そのための私たち自身の主との関係作りです。

十一月二十六日　主を畏れる

神はこの助産婦たちによくしてくださった。それで、イスラエルの民はふえ、非常に強くなった。助産婦たちは神を恐れたので、神は彼女たちの家を栄えさせた。

（出エジプト一・二〇、二一）

信仰の基本は主を畏れることにあります。「恐れる」を「畏れる」としているのは、そのほうがわかりやすいからです。神を聖書に書かれているとおり、天地万物の主として敬い畏れるということです。この現実の世界で、神様は派手にご自分を現さず、隠しておられます。ですから、キリスト者ですら、いや、私もしばしば神を畏れずに歩んでいます。

しかし、神を畏れることは信仰の基本です。その人は主にあって成長し、祝福されます。なぜでしょうか？　彼は主を畏れるので、主の前にへりくだり、心から主をあがめます。これは礼拝そのものです。この礼拝の中で、人は主に出会い、慰めを受け、真理を悟らされ、悔い改めて新しい道を選び取り、新たな力とビジョンを与えられるからです。真の礼拝が求められるゆえんです。真の礼拝の中で、初心者も神を畏れることを学び取っていきます。

逆に、主への畏れと御前にへりくだることがなければ、礼拝は形式に堕し、そこに導かれる初心者も、主を畏れない周囲の言動に倣《なら》って成長していきます。このようにして自分の子どもや信仰の後輩を育てているとすれば、恐ろしいことです。

ですから、伝道という前に、このような真に主を礼拝するグループを造れば、それを受け皿にして、新しく信じた人たちはそこで、御言葉によって育っていきます。

ディボーションもその延長線上にあります。聖霊のご臨在の前に出て、御言葉から、慰めや悟り、勧め、時には罪の指摘や警告を受け、小グループの中でそれを分かち合います。

私たちが目指すべきは、このような教会です。

十一月二十七日　Q&A・分かち合いとは？

みことばを教えられる人は、教える人とすべての良いものを分け合いなさい。

（ガラテヤ六・六）

分かち合いとは、主にあって経験した主の恵みの体験を証しすることです。主のご臨在をまざまざと体験した時には強いインパクトとなり、生き生きした証しになります。その中で、それを聞いた人は神様のみこころやご性質を教えられ、慰め励まされ癒されます。また、自分の、みこころに沿わない言動や考えに気づかせられ、主に促され、造り変えられるのです。

Q　どのような体験でしょうか？

A　①主にあって経験した体験ならどんな体験でも結構です。具体的には……②慰めの体験、罪を指摘された体験、示された勧めを実践して恵まれた体験等々。

③つらい悩みでも結構です。皆に分かち合い、祈ってもらいます。

※仮につらい体験でも神の子たちの体験に、主が関与されてないはずがありません。ですから、私の体験が偶然の出来事ではなく、そのすべてに主が関与されているという信仰をもって、皆で御霊の助けへのアンテナを張り広げ、ご臨在の前に出て祈るなら慰められ、もしかして神様の恵みの答えを見出し、感謝して御名をあがめるでしょう。

Q　具体的にはどのように分かち合うのですか？

A　次のように、三段階あるいは四段階に分けて分かち合うとわかりやすくなります。

①それ以前の私の状況や霊的な状態はこうでした。②すると主は御言葉や出来事でこのように語ってくださいました。③それで示されたことにこのように感謝し、または悔い改め、実践しました。④すると、主はこのように恵みをもって答えてくださいました。

十一月二十八日　私は鳥になりたい

キリストは神の御姿である方なのに、神のあり方を捨てられないとは考えず、ご自分を無にして、仕える者の姿をとり、人間と同じようになられました。……それゆえ神は、この方を高く上げて、すべての名にまさる名をお与えになりました。それは……父なる神がほめたたえられるためです。

（ピリピ二・六～一一）

世界七不思議の一つに数えられるナスカの地上絵（写真）のうちの一つです。よくご覧ください、鳥の絵です。長さ一二〇メートル、幅六〇メートルの地上に描かれたハチドリの姿です。あまりに大きいので、地上ではその全体像がわかりにくく、上空から撮った写真でその全体像が見えてきます。

これは私たちの物の見方にも当てはまります。自分中心に物を考えていると、近視眼的になり、大切な目標を見失ってしまいますが、鳥のように高みから俯瞰する（見下ろす）と真の姿が見えて来ます。

南アフリカ初の黒人大統領となったネルソン・マンデラは、ある時、若い将来のリーダーにこう語ったそうです。優れたリーダーとは大きな目標を決して見失わず、非難や攻撃に心乱されることなく、最終的目標を勝ち取ることこそ大切なのだと理解できている人物である、と。

この典型的な姿こそ、キリストの中に認められます。主は様々の苦難と試みの中で、非難や挑発に応じることなく、与えられた最終的な使命と目標を目指し、従順に十字架の道を進まれました。弟子である私たちは、師匠である主に倣《なら》う者ではないでしょうか？

あなたに与えられた使命とは何なのでしょう？

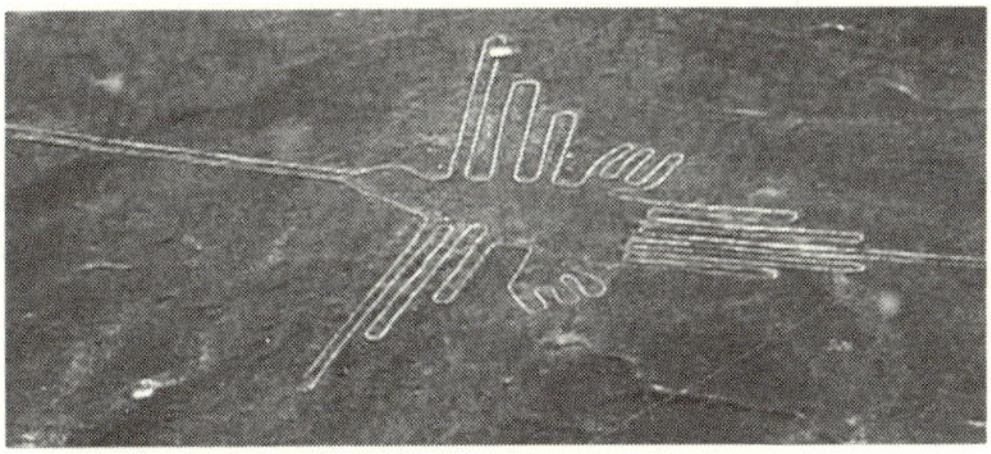

十一月二十九日　足るを知る

「あなたの隣人の家を欲しがってはならない。……すべてあなたの隣人のものを、欲しがってはならない。」

（出エジプト二〇・一七）

これはモーセを通して与えられた神からの十の戒め、「十戒」の、最後の第十戒です。

交通法規がなければ、人は思い思いの方法で運転して事故を起こし、結局、互いが傷ついてしまいます。神は人間関係で互いが傷つかないように十戒を与えられました。私たちは、十戒の中に、右の戒めがあったことを知っていたでしょうか？

「隣の芝生は青い」と言うように、私たちは他人のものが立派に見えるものです。しかし、他人のものを欲しがってはならない、これは神が私たちに語っておられる大切な原則です。神が言われるのは、自分に与えられたもので満足しなさい、ということです。もちろん、努力して隣人と同等のものを手に入れることを禁止しているわけではありません。

隣人のものを欲しがると、次にどういうことが起きてくるか想像できます。一つは、争いや妬みが生じることです。これでは互いが傷つき、人間関係で一番あってはならないことです。もう一つは、欲しいものに際限がなくなること、つまり、むさぼりの罪です。

私たちはしばしば、自分に与えられているすばらしいものを見落として他人のものを羨み、自分の良いものを用いることを忘れています。神様は私たちを「十把ひとからげ」でなく、一人ひとり、「十人十色」に造られました。

それは私たちそれぞれに良いものが与えられているということです。私たちそれぞれが自分の良いものに目を向け、それを喜び、それを磨き、それを持ち寄って互いに補い合うこと、それが神様の願っておられることではないでしょうか。

あなたの持つ良いものは何でしょうか。他人に聞いてみればよくわかるものです。

十一月三十日　あるがままと聖化との間

ペテロは、遠くからイエスのあとをつけながら、大祭司の庭の中まで入って行った。そして、役人たちといっしょにすわって、火にあたっていた。

（マルコ一四・五四）

私たちが自分の罪を償おうと、いかにがんばっても、それは人間の力を遥かに超えています。このことがわかり、ありのままの姿で私たちを受け入れてくださる神の愛とキリストの贖い（身代わりの死）を信じ受け入れれば誰でも救われます。それが福音です。ですから、私たちは救いを受けるためには何もがんばる必要はありません。

これは信じた後も真理です。神は力以上のことを私たちに要求されることはありません。信仰生活は、ありのままの姿で神の前に歩めばよいのです。

しかし、多くのキリスト者が罪に対する自責の念からか、あるいはみ旨に沿いたい立派な思いからか、身の丈以上に背伸びした信仰生活を歩もうとします。そして、成功して優越感に浸り、あるいは失敗して疲れてしまうキリスト者になっています。私自身も昔はそうでした。

一時、流行語にもなった、「がんばらなくってよい」という言葉はその意味では真理です。しかし、「がんばらなくってよい」信仰生活が反対方向に振れすぎると、目標を忘れて成長しない、乳飲み子のままのキリスト者をたくさん造ってしまいます。

ではどうすればよいのでしょう？　他の弟子たちのように逃げないで（マルコ一四・五〇）、ペテロのようにイエス様のあとについて行くことです。それはイエス様との関係を保つことです。それは逃げないで主に従っていくことでもありますから、ペテロのように自分の罪や弱さと向き合うことになるかもしれません。しかし、それがあなたを深い悔いと祈りに導き、あなたを新しいあなたに造り変えることになるのです、イエス様の愛の中で……。

12月

December

十二月一日　ワンポイント・ディボーション

――主の御告げ――わたしがあなたがたに絶えず、しきりに語りかけたのに、あなたがたは聞こうともせず、わたしが呼んだのに、答えもしなかった。

（エレミヤ七・一三）

ディボーションは、聖書の御言葉を介してなされる神様と私たちのやり取りです。それによって私たちが神様と良い関係のうちに成長し、幸せな人となり、神に感謝し、御名をほめたたえるためです。今日の聖句のイスラエルは格好の反面教師です。

神様は私たちに応答を期待しておられます。神様が御言葉によって語りかけ、私たちが答えるのです。聞きっぱなしで応答しないとすれば、それはどこかの民と同じです。

聖書の読み方（御言葉の聞き方）は、ある程度の知識と訓練を必要とします。忙しくて一日の初めに、聖書日課に従って十五分～三十分も、とても時間が取れない、という方のために、三分間でできる、ワンポイント・ディボーションをご紹介します。

聖書日課を主のご臨在の前で読みます。一分前後です。次にメモを用意してもう一度読み、

①ひらめいたこと（真理、教訓など）〈電球のマークをつけて〉

②ジーンときたこと（慰め、励ましなど）〈ハートのマークをつけて〉

③グサッときたこと（罪の指摘など）〈剣のマークをつけて〉

④わからなかったこと（疑問点など）〈はてなのマークをつけて〉

どれかメモしてポケットに入れ、それでおしまい。三分です。そのメモを時々取り出し思い巡らしてください。きっと感動して主を賛美し、諭されて罪を思い止まり、行動を促され親切な行いに具体化します。その恵みをわかち合いましょう。

以上は国際キリスト福音教会の先生方の講義から教えていただき、一部改編したものです。

十二月二日　聞く耳を持つ

「『……耳のある者は御霊が諸教会に言われることを聞きなさい。』」

（黙示録二・二九）

多くの動物には耳があります。音を聞き取るためです。草原のシカやシマウマがするように、耳を前後に自在に動かし、自分に必要な情報を聞き取ります。自分の弱さを知っているので、草を食《は》みながらも、敵が近付くかすかな音に気づき、早めに敵から逃げてしまいます。

もちろん、人間にも耳は備わっており、自分に必要な情報を聞き取ろうとします。ここで言われている「聞く」という言葉は比喩的な意味です。忠告や警告を聞き取るということです。

悲しいかな、動物と違って人間には、自分はそんなに弱くはないというプライドがあります。それが邪魔して、本当に必要な情報を逃してしまいます。

たとえば、がんや生活習慣病などは自覚症状がありません。自分はこんなに元気だから健康であると思いこみ、医師の言葉を軽く聞き流します。医師は知識と経験から、長期的スパンで人間の健康を見ています。ですから、このままでは、いつかこうなるということが手に取るようにわかるのです。

ですから、事が起こる前に必要な注意や警告の情報を提供するのですが、中年の人、健康に自信のある人に、聞く耳を持たない人が多いのです。

上の聖句で、主は霊的ないのちについて警告しておられます。小アジアの七つの教会に宛て、主は警告や賞賛の言葉を述べておられます。七つの教会がそれぞれに問題を抱えています。

つぶさに見ると、それは私たち一人ひとりの「気づかない」問題であることがわかります。それを主は警告しておられるのです。主に対する畏れと感謝を持っている人にはそうでないかもしれませんが、プライドのある自信家ほど注意して聞かなければなりません。主は私たちの良きも悪しきも、将来も知り尽くしておられるのですから。

十二月三日　互いに愛し合う

わたしの戒めを保ち、それを守る人は、わたしを愛する人です。わたしを愛する人はわたしの父に愛され、わたしもその人を愛し、わたし自身を彼に現します。（ヨハネ一四・二一）

キリスト者は主の弟子ですから、主の戒めを守ります。戒めとは何でしょう？　主が言われた、「あなたがたが、互いに愛し合うこと」（ヨハネ一三・三四、一五・一二、一七）です。

そのような弟子は父に愛され、主ご自身に出会うという大きな約束を受けています。人を愛すれば相手からも愛が返ってきて癒され、優しい気持ちになり霊的な感性が戻って来ます。その霊的な感覚によって初めて、主の声を霊的な耳で聴き取ることができます。

でも、この戒めを私たちはどう受け止めているでしょうか？　「それは理想であって、現実にはできないよ」と心の中で思ったりしていないでしょうか。これは真剣に考えなければならない私たちの課題です。「主の」弟子に対する戒めですから。

ではこの戒めを守ることが、なぜできないのでしょうか。それは、主を見るのではなく人（兄弟姉妹）を見るからです。人は不完全ですから時が経つうちに裏切られ、失望し、その人への愛はなくなり、こうして人への愛はだんだん冷えていきます。

自分を重んじてくれたり、感謝してくれたりする人は愛し、そうでない人や裏切った人は愛することはしない、ということであれば、この世の愛と同じです。では、この不完全な人間に対する主の愛は冷えていったでしょうか。

そうではありません。罪深い私たちを愛された主に感謝し、主の無条件の愛を宿せばできないことはありません。祈りながら、愛せない相手を無条件の愛で愛するという主の戒めを実行するなら、相手からも愛が返ってきて癒され、霊的感性が回復されます。その人は主に出会うでしょう。

十二月四日　性格は変わるのか？

私たちは、この望みによって救われているのです。

（ローマ八・二四）

「性格」とは何でしょう？　それは、その人の気持ちや言動を特徴づける傾向と言うことができます。性格は変わらないと言いますが本当にそうなのでしょうか。人間は、「どうせ！」という悲観的に歩む人から、「きっと！」と思って続ける積極的・楽観的な人まで、どうしてこんなにも違うのでしょう。

私たちの言動は気持ちや気質等の情緒的な面に強く支配されています。悲観的な気持ちの人には前者のような言動が、楽観的な気持ちの人には後者のような言動が現れます。

では、私たちの言動の基となっているその気持ちを支えているものは何でしょうか。それは私たちが抱いている価値観（世界観、人生観）です。今日の聖句でパウロが言うようにその価値観が望みを抱かせるすばらしいものであれば、その人は、たとえつらい毎日であっても生き生きと生きるでしょう。その人の気持ちが自分の人生観に支えられているからです。逆の場合は、逆の結果となるでしょう。

それではその価値観とは何でしょうか。その人が見聞きし、実際に体験してこうだと思っている人生や世界、あるいは物事の大系に関するその人の考え方、信条です。ですから、その人の持っている価値観が変われば、気持ちが変わり、その人の言動も変わり、その人の性格傾向つまり、性格そのものも変わるはずです。キリスト者はこの世の価値観ではなく福音、つまり、望みを抱かせて人を生かす神の国の価値観を受け入れた者です。

肝心なのはその価値観の真価をどれほど知り、体験して確かめ、どれほど強くその価値観に生かされているかです。ここに、キリスト者の生きていく人生があります。

あなたがこのような価値観に生かされるために、どうすればよいでしょう。

十二月五日　イメージ力

私の福音に言うとおり、ダビデの子孫として生まれ、死者の中からよみがえったイエス・キリストを、いつも思っていなさい。

（Ⅱテモテ二・八）

老人力とか、鈍感力とかいう言葉が流行りました。たとえば、質問力とは試験問題を作る能力ではなく、自分で答えを考え出す能力を身につけさせるために、指導者がどんな質問をすればいいかを考え出す能力です。これらは物事の違った面にも光を当ててみようという提案でした。

「イメージ力」、これもその一つです。ある物を見たり聞いたりしても、それをその置かれている／いた環境にまで広げて想像し、その将来への可能性にまでイメージできる能力です。子どもは絵本を読んであげると、その想像力により簡単にその物語の中に入り込みます。

一方、忙しい私たちは雑事に追われて「そんな暇はない」とイメージすることなど疎かにしている事柄です。けれども、これが意外に私たちのアイデアを豊かにし、自分自身の幸せな明日につながり、家庭の幸福や社会の福祉や進歩につながります。

イメージ力とは具体的には、対象となる物にイメージを膨らませ、今の現実の見えない部分を見ることのできる能力です。たとえば、ニュートンはリンゴが落ちるのを見て、目に見えない引力の世界を見ることができ、万有引力の法則を発見しました。

これは信仰の世界にも当てはまります。私たちの一番の問題は、「信仰は信仰、現実は現実だよ！」とうそぶいて、御言葉が私たちの日常生活の中に根づくことがありません。

もし私たちのイメージ力を豊かにし、この世の現実の問題にもこの力を働かせ、主のご臨在のもとに持っていくなら、きっと主は御霊によって私たちの既成の考えを打ち砕き、思ってもみない解決法を見させてくださるに違いありません。それが信仰です。

十二月六日　御言葉にとどまる訓練

そこでイエスは、その信じたユダヤ人たちに言われた。「もしあなたがたが、わたしのことばにとどまるなら、あなたがたはほんとうにわたしの弟子です。」

（ヨハネ八・三一）

イエス様は、私たちがイエス様の本当の弟子になってほしいと願っておられます。

しかし、多くのキリスト者は、弟子という言葉を聞くと、私みたいな者はとてもイエス様の弟子にはなれないと尻ごみします。イエス・キリストの高弟を連想するからでしょう。

職人さんも、弟子入りしてすぐ一足飛びに優秀な弟子になるわけではありません。訓練を続けているうちに、少しずつ上達していくのです。鍵は、師匠についていこうという思いです。弟子となったからには、何でも師匠の言われるとおりにしようという思いさえあれば、わからないこと、つらいことでも、言われたとおりにしながらついていけます。

私たちにとっても、一番大切な訓練は上に述べたような、主の言葉にとどまる訓練です。当時と今と違うのは、師匠が目に見える形ではともにいてくださらない点です。

ですから、つい自分が弟子入りしたことを忘れ、師匠（主）がともにおられることを忘れます。けれども、主は御霊によって私たちの内におられ（Iコリント三・一六）、ともに集まっている所にもおられるのです（マタイ一八・二〇）。そして、礼拝の心が準備されるなら、御言葉や出来事、人の言葉を通して、御霊によって語ってくださいます。

ですから、なすべき訓練は、ともにいてくださるこの主につながろうと、主をいつも意識する「礼拝の心」の訓練です。これさえできれば、あとは主につながり、御言葉にとどまっている私たちを主の本当の弟子、主に似た姿に造り変えてくださいます。

この、主につながる訓練こそ意識付けと訓練を要する一番大切な霊的感覚の訓練です

十二月七日　恵みを感謝して受ける

割礼を受けるすべての人に、私は再びあかしします。その人は律法の全体を行う義務があります。律法によって義と認められようとしているあなたがたは、キリストから離れ、恵みから落ちてしまったのです。（ガラテヤ五・三、四）

日本人は贈り物を差し出されると最初は辞退しますが、やっぱり受け取り、後で何をお返しししようかと思案します。欧米人はどうでしょう？　その場で「まあ、うれしい」と、素直に感謝と喜びを表します。お返しを考えることはありません。それは全く別の機会になります。

「それは文化の違いだよ」と、わけ知り顔の声が聞こえてきそうですが、これは日本人のキリスト者にとって重要な事柄を含んでいます。つまり、この違いが、日本人キリスト者に福音が正しく伝わり、また、その人が次の人に伝えるという点で障害になっているのです。

お返しを考えるのは、他人の恩義を素直に受けない、無意識のプライドの裏返しです。では、福音についてはどうでしょう。その時も同じ思いが働き、とても返せない罪の償いを少しは返せると勘違いし、人間的な努力をするのです。これでは罪の重さが全くわかっていないし、とても償えない罪の解決に、神様の助けを求めていないことになります。

これでは、自分の罪の重さとそれをイエス様の十字架の贖いによって帳消しにしてもらったことの重さが伝わっていないし、他の人にも伝えようがありません。自分自身が頭の中でしかわかっていないので、喜びや感謝の気持ちもその程度にしか伝わりません。さらに、人や神様の世話にならないことがあたかも立派であるかのように伝わってしまいます。

「人からの厚意を感謝して受ける」ことをキリスト者は練習しなければならないでしょう。そうすれば、神様の恵みも素直に感謝して喜べるようになるに違いありません。

十二月八日　人の心の扉を開く

テアテラ市の紫布の商人で、神を敬う、ルデアという女が聞いていたが、主は彼女の心を開いて、パウロの語る事に心を留めるようにされた。

（使徒一六・一四）

あなたが自分の心を開くことのできる相手は誰でしょう？　どんな所、どんな時でしょうか？

先日、野球の神様とも言われた川上哲治氏の葬儀の時に、親交のあった人たちがインタビューを受けていました。東北楽天を日本一に導いた星野仙一監督は、「川上さんはシャイで、口数は少なかったけれども、こちらが心を許すと、色んなことを話してくださり、それが今に役に立っている」という意味のことを話しておられました。さすが星野監督と思いました。

というのは、現代社会は下手に心を許すと逆手に取られたり、だまされたりする社会です。ですから、人は誰にも言えない多くの秘密や弱さを抱えて生きており、それらを隠して体面やプライドを保っています。そしてそれが習慣化しています。けれども、人間は心を許し合える相手、温かい心の触れ合える人格的な交流を必要としている動物なのです。

神様に対して心を開くのは神様のなさることです（聖句）。しかし、それを導くのはキリスト者の使命です。パウロは復活の主に出会い、今まで自分を支えていた「キリスト者狩り」の使命感、律法の専門家としてのプライド、それらすべてを打ち砕かれました。そして、今までの誇りを塵芥《ちりあくた》と思うようになり、罪人《つみびと》の頭である自分を赦す福音を誇るようになりました。そのパウロの証しと姿はルデアの心を開かせました。

もし、私たちが自分の秘密や弱さや罪を隠している自分を神様の前に披瀝《ひれき》し、赦しと解決を与えられ、福音を誇れるようになるなら、私たちも困っている人に対して心を開き、その人が主に心を開く手伝いができるようになります。あなたはいかがですか？

十二月九日　オリエンテーション力

この恵みを、神は私たちの上にあふれさせ、あらゆる知恵と思慮深さをもって、みこころの奥義を私たちに知らせてくださいました。それは、この方にあって神があらかじめお立てになったみむねによることであり、時がついに満ちて、実現します。いっさいのものがキリストにあって、天にあるもの地にあるものがこの方にあって、一つに集められるのです。この方にあって私たちは御国を受け継ぐ者ともなりました。

（エペソ一・八～一一）

オリエンテーションとは、自分がいる場所が自分でわかっていることです。これは人間にとって極めて大切なことで、これがわかっていないとどちらに進めばいいかわからず途方にくれ、不安になります。当てずっぽうに進むと、とんでもない所にたどり着きます。

ＧＰＳ機能を使えば、自分が今どこにいるかがすぐわかり、迷子になった時にはケータイのＧＰＳを使えば一発でそれがわかります。

全知全能の神様はご自分のＧＰＳ機能を使い、霊的な意味で私たち一人ひとりが今、どこにいるかをよく知っておられます。悲しいかな人間は、自分がどこから来て今どこにおり、どこに向かっているのか全く知りません。救われた私たちは神様を知り、神がご自分のみ旨を示しておられる聖書を知ったので、今自分がどこにおり、どこに向かっているかを知っています。

「知っています」と言いましたが、時々オリエンテーションを失い、慌てたり、悲しんだりするキリスト者をしばしば見かけます。どういうことなのでしょう。それは、まだこのオリエンテーションが十分に（知識だけでなく、心情やそれに基づく行動や体験にまで）わかっていないのではないでしょうか。

あなたは、今、どこにいて、どこに向かっておられますか？

十二月十日　あなたはキリストの手紙

私たちの推薦状はあなたがたです。それは私たちの心にしるされていて、すべての人に知られ、また読まれているのです。

（Ⅱコリント三・二）

キリスト者は、キリストの手紙です（Ⅱコリント三・三）。人に知られないようでも、すべての人に知られ、また読まれています。

高校生の頃、お昼前にお腹がすいて、英雄気取りで授業中に教科書で隠しながら弁当を食べたことが何度もあります。先生には見えないはずだと思っていましたが、自分が教壇に立つ経験をしてみてわかったことは、生徒の全体が一部始終、手に取るように見えているのです。先生は私を見過ごしてくれていたのです。

私たちキリスト者はあらゆる時、あらゆる所で、世の人にしっかり読まれています。私たちが御言葉に従おうとする時、私たちの立ち居振る舞い、言動にキリストの姿が現れます。私たちの何気なくかけた優しい言葉や態度、公正な振る舞い、寛大な態度、きよい志を見た人にはキリストの言葉や意図は必ず伝わっているのです。私たちが意識している以上に……。

だからこそ一層、その手紙が私たち自身で書いた殴り書きの手紙ではなく、キリストご自身が書かれた手紙となることを願うのです。

それは、「墨によってではなく、生ける神の御霊によって書かれ、石の板にではなく、人の心の板に書かれたものであることが明らか」になるためです（同三節）。

神様の御言葉（真の律法）が、主を礼拝する中で私たちの心に働きかけ、キリストの愛のうちに、御霊の促しによって私たちを造り変えていきます。それがキリストの手紙です。

私たちはどの程度、自分の心の板に書こうとしておられる主を意識しているでしょうか？

十二月十一日　イサクの信仰VSヤコブの信仰

「……『わたしは、アブラハムの神、イサクの神、ヤコブの神である』とあります。神は死んだ者の神ではありません。生きている者の神です。」

（マタイ二二・三二）

神様はご自分を、「アブラハムの神、イサクの神、ヤコブの神」と紹介しておられます。彼らは祖父・子・孫の関係です。神様はそれぞれの信仰のあり方を尊んでおられるのでしょう。

イサクの信仰とヤコブの信仰とを比べてみるといろいろな点で違っています。イサクの信仰は神様や両親の愛にすべてを委ねた穏やかな信仰であり、父アブラハムに対する「あなたの愛するひとり子イサクをいけにえとしてささげよ」という神様からの試練に自らいけにえとなり、従容として従ったモリヤの山の出来事（創世二二章）に表されています。

一方、ヤコブの信仰は神様や両親の愛にすべてを委ねきれない思いで故郷を出て行き、波乱万丈の生涯を送りながらも「我《が》」が削られ、信仰の高嶺に一歩ずつ登っていきます。

二人は全く対照的な信仰と生涯を送りました。イサクは長男、その子ヤコブは次男という立場がそうさせたのかもしれません。「放蕩息子の譬え」（ルカ一五章）の主人公とその兄を見る思いです。しかし、父の愛はどちらに対しても全く変わりませんでした。

イサクは父の愛と母の愛を一身に受けて、満ち足りていたのです。それ以上何も必要とせず、そのことを意識すらしていませんでした。もっとあれがほしいとか、そのためにはもっとこうしなければとかいうことを考える感覚は全くなかったのです。

一方、ヤコブは、父の愛や神様の恵みをどうすれば自分も得ることができるのか、そのためにはどうすれば良いかという感覚を無意識のうちに身につけていったのです。

私たちは双方から学ぶべきものがあります。あなたはイサクから？　それともヤコブから？

十二月十二日　指示待ち人間

そこでイエスは、その信じたユダヤ人たちに言われた。「もしあなたがたが、わたしのことばにとどまるなら、あなたがたはほんとうにわたしの弟子です。そして、あなたがたは真理を知り、真理はあなたがたを自由にします。」

（ヨハネ八・三一、三二）

企業などで、「指示待ち人間」という言葉があります。上司から指示を受けるまで何も考えず、主体的にものを考えて行動しようとしない社員のことです。いえ、あなたのことではありません。筆者自身も自戒の意味を込めながら書いています。

「指示待ち人間」と言われれば、神様に忠実なキリスト者も違った意味で指示待ち人間かもしれません。自分の考えで勝手に行動しないで、神様の指示を聞いてから行動するからです。主のみこころがわからない時は行動しないで待ち、みこころを尋ね求める祈りをします。

その祈りもせず、無為に待っているだけなら、「指示待ち人間」のそしりを免れません。では、神様に賞賛される、真の意味の指示待ち人間とは、どのような人なのでしょうか？

彼は常に神の御声を聴こうという謙虚な心の姿勢を崩しません。ですから、いつも、神（御霊）の御声を聴き逃すまいと、神様が自分の日常生活にどのように語り、お働きになるか、御言葉と日常生活との接点に目を注いでいます。決断を要する計画や人間関係、お金や時間の使い方、自分の賜物の用い方等々、日常の中で、すでに指示してくださっている御言葉に従って判断し、行動します。そのような人は必ずや主の祝福を受けます（箴言一六・三）。

一方、そのような人は、自分の日常生活の中に神様の慰めの御声も聴くことができ、癒される体験をします。また、相手を神様が出会わせてくださったとわかり、神様の愛によって接し、相手を癒し、自分も癒されます。何と主体的で自由でしょうか！

十二月十三日　御子は神の言葉

神は、むかし父祖たちに、預言者たちを通して、多くの部分に分け、また、いろいろな方法で語られましたが、この終わりの時には、御子によって、私たちに語られました。

（ヘブル一・一、二）

私たちは、聖書に書かれている歴史や出来事、イエス様の言葉、使徒たちの手紙などを通して、神が私たちに語っておられる事柄をたくさん知っています。さらには聖書の研究によって、いろいろな考古学的、言語学的、歴史学的、あるいは人類学的な事実が明らかになってきました。それは私たちの聖書理解に多大な貢献をしてきたことは事実です。

けれども、聖書の言葉やその周辺の事実が単なる知識として私たちの頭にとどまっているだけなら、何の役にも立ちません。それが、私たちの世界観、人生観に影響を与え、私たち自身の心（情緒）の有りようや生き方に喜びと力を与えるものでなければ、意味がありません。神はまさしくそのことを願って聖書を私たちにお与えになったわけですから……。

ですから、まず、聖書を通して神が私たちに語りかけておられるという理解、つまり、神様と私とのコミュニケーションの手段が聖書であるという理解が必要です。そして、その聖書の中心がイエス・キリストというお方であることをだんだん知るようになります。

とすると、神様と私たちとのコミュニケーションの手段がイエス・キリストということになります。もちろん、そのとおり、上の聖書の言葉のとおりです。ですから、この方がどのような方かを理解することが、神様が自分に何を語っておられるかを理解することになります。

この方は世の救い主ですが、それがあなたの救い主であるとわかった時に、神様があなたをどれほど愛して、ご自分の御子キリストをこの世に遣わされたのかがわかってきます。

十二月十四日　人は愛に渇いている

人の望むものは、人の変わらぬ愛である。
（箴言一九・二二）

三千年も前にソロモンが喝破したように、人が人からの変わらぬ愛を望んでいるという事実は、人間にとって今も昔も変わらない、永遠不変の真理です。

現代のように多くの人が疎外感を感じる社会では、「人は愛を望んでいる」と表現するよりも、「人は愛に渇いている」と表現したほうがよいのかもしれません。「えっ、ピンとこないけど、どういうこと？」と言う方がおられるかもしれません。

疎外感を感じないと言っている私たちでも、意識下で愛に渇いているのです。人は忙しく、自分のことで精いっぱいですから、互いに愛を分かち合う余裕がありません。つい事務的になり、相手よりも自分のことを優先してしまいます。これでは互いが愛を感じ、愛に満足するはずがありません。

ですから、現代人は「ビタミン愛欠乏症」を患っていると表現してよいかもしれません。しかし、自覚症はありません。それを感じる意識や感性に蓋をしているからです。

けれども、人は、相手の優しい言葉や態度に接すると、愛の欠乏症であった自分に気づかされます。筆者は健診や循環器のごく普通の人の相手をすることがありますが、日頃は口数が少ない人でもこちらが腰を据えて水を向けると、この方はこんなに問題を抱えていたのかと驚くほど滔々《とうとう》と語られます。そして、最後には今日はここに来てよかった、と言われます。日頃は相手にして聞いてくれる人がいなくて寂しいのです。また、私自身でも、人からそのように本気で優しく接せられるとうれしくなり、愛を感じ取り、癒されます。

伝道をもっと熱心にとよく言われますが、案外こんな所に解決の糸口があるのかもしれません。神様と親しく交わり、御霊に満たされ愛をもらえばそれができると思います。

十二月十五日　フィードバックを受ける

それから彼らは、アジヤでみことばを語ることを聖霊によって禁じられたので、フルギヤ・ガラテヤ地方を通った。こうしてムシヤに面した所に来たとき、ビテニヤのほうに行こうとしたが、イエスの御霊がそれをお許しにならなかった。

（使徒一六・六、七）

フィードバックという言葉は本来、電子回路の出力の一部が入力側に戻り、出力を増大または減少すること（広辞苑）です。これは転じて、「メーカーが消費者の声をフィードバックして商品の値段、デザイン等に反映させる」等と使われています。

他方、これは人間の行動原理にも働いています。つまり、自分の言動に周囲がどう反応したかを察知し、表現を和らげて言い直したり、行動を中止したり、逆に喝采を受けて図に乗ったり……。

以上のことはこの世のことですが、神は信じる者の行動に、御霊と御言葉によってフィードバックを与えてくださっています。神の前に出る礼拝やディボーションの時間がそれです。日常生活に戻っても神は御霊によって働き、他人の言動や出来事によって私たちの思いや行動を導いてくださいます。私たちはそのことを知り、積極的にフィードバックを受け、私たちが変わって行く必要があります。それが信仰の成長です。そうでなければ、フィードバックの意味がありません。

もちろん、神様の御言葉と御霊によるフィードバックには厳しいものといつくしみに溢れたものがあることは論を俟《ま》ちません。私たちにその意識やつもりがあるかどうかです。

この、「フィードバックを受ける（入力する）⇩情緒や行動が変わる（出力する）」というサイクルが知識でなく、習慣になれば次第に神の国価値観が聖書からの知識でなく、経験を通した一種の感覚になります。皆さんのサイクルはどうですか。感覚はいかがですか？

十二月十六日　主を喜ぶことはあなたの力

主を喜ぶことはあなたがたの力です。

（ネヘミヤ八・一〇、口語訳）

人が困難の中を生き抜くには力が必要です。しかし、力はあっても、厳しい、延々と続く困難の中を生き抜くには忍耐が必要です。忍耐が持続するためには、望みがなくてはなりません。望みがその人に力と忍耐とを与えるには、その望みを真の生ける望みとして信じる信仰が必要です。私たちが生きていくのに必要な望み、心の拠り所はいったい何なのでしょうか？

ネヘミヤの時代、ユダヤ人はバビロン捕囚を経験し、さらにペルシャに隷従し、国（国土と国民の安心した暮らしを支える国政）を失っていました。その逆境の中で彼らを支えた望み、心の拠り所はいったい何だったのでしょうか？

ユダヤ民族は、天地万物を創造された神を信じていました。正確に言えば、その神との信頼関係の中に生きていました。ですから、その神は何か漠然とした神ではなく、森羅万象のうちにご自分の力を現し、人格を持ち、ご自分がどのような者であるかを知らせようと、ユダヤ民族の祖父アブラハムに語りかけ、ユダヤ民族とご自分との関係の中で、その愛といつくしみを現された神でした。ユダヤ人の心の拠り所、望みと喜び、その力は神との関係の歴史の中で築かれた親子のような信頼関係だったのです。これが、ユダヤ人の数千年の過酷な歴史を、望みを持って結束させ、今日まで支えたのです。

では、今日、私たちが、その力を自分のものとするにはどうすればいいのでしょうか？

それは、ユダヤ人を通してその愛といつくしみを表し、その子孫から私たちに救い主イエスを与えてくださったこの神を信じ、信仰をもって主から示される道を踏み出し、その中で主の助けを経験しながら、主との関係を確かめ、信頼関係を築き上げていくほかありません。

十二月十七日　御言葉に従う者

「行って、シロアム（訳して言えば、遣わされた者）の池で洗いなさい。」そこで、彼は行って、洗った。すると、見えるようになって、帰って行った。

（ヨハネ九・七）

弟子とは、十二使徒だけではなく、私たちを含め主の言葉に従う者です（ヨハネ八・三二、使徒六・一）。弟子は師の言葉に従います。主はどのようにして教え、弟子を訓練されるのでしょうか。御言葉の勧めと聖霊の促しとにより行動させることによってです。

御言葉は、感性に働きかけ私たちを慰める言葉だけではありません。知性に働きかけ私たちの価値観の変革を促す、神様のご性質、真理、教訓もあり、意志に働きかけ私たちに行動を促す、警告、命令、倣《なら》うべき模範、勧め等もあることがわかります。

冒頭の御言葉には、御言葉に従った時、見えるようになったとあります。

私たちが、主が語られた真理や勧めをわかっただけで満足しないで、それに従う時、主は祝福してくださり、新たな世界を見せてくださいます。実地訓練です。その時、肩を押し、導き・教え、実践する力を与えて助けてくださるのが御霊です。御霊に導かれれば、御言葉が弟子の頭の中ではなく日常生活の中に生きて現れてきます。

私たちが抱えている問題に対して主の御言葉を聴こうと祈りと礼拝の心で聖霊のご臨在の前に出るなら、ふさわしい御言葉を与え、意味を悟らせ、それをどう行うかの具体的な智恵、実践の時の助け等々を与えてくださいます。それを行えば新たなものが見えてきます。

師の言葉を行わなければ訓練にもならず、霊的な世界が開かれることもなく、御国の前進もありません。私たちは師の御言葉に従順かどうか、自問してみなければなりません。

あなたはどんなところが従順で、どんなところが不従順でしょう。吟味してみてください。

十二月十八日　御国のイメージ

何も思い煩わないで、あらゆる場合に、感謝をもってささげる祈りと願いによって、あなたがたの願い事を神に知っていただきなさい。そうすれば、人のすべての考えにまさる神の平安が、あなたがたの心と思いをキリスト・イエスにあって守ってくれます。（ピリピ四・六、七）

「悲しみ尽きざる浮世にありても、日々主と歩めば御国の心地す。ハレルヤ！　罪　咎、消されしわが身は、いずくにありても御国の心地す」とは、ある聖歌の一節です。

私たちの現実はどうでしょうか。現実の嵐に翻弄され、袋小路という吹き溜まりに閉じ込められ、自分を見失ってしまう日々はないでしょうか。

どうすれば患難の中でいつも御国やイエス様に目を注ぐことができるのでしょうか。聖書の学びによってそれができるようになるのでしょうか。

この問いへの答えはイエスでもあり、ノーでもあります。もし、知的教理にのみ焦点を当てた学びなら、それは人を誇らせることはあっても上の賛美のような、主にある真の平安を与えることはできないでしょう。その人にとって、主や御国は頭の中の知的イメージにしかすぎません。その点ではノーです。

一方、主を体験することや感性や霊的感性に焦点を当てた学びなら、その体験の中で主がどういう方であるかを体験し、その全能、主権、愛に身を任せることがどんなにすばらしいことであるか、つまり御国を実感（体験的イメージ）としてわかってきます。その点では、イエスです。

右の二つを白と黒に明白に分けることはできないとしても、後者に重点を置いて学ぶことは大切です。それは、日常のどのような場面でも主を礼拝し、御声を聞き慰められ、御声に従い主とともに働いて恵みに与《あずか》るという日々の習慣をなるべく早期に確立するための学び（訓練）です。それはディボーションを基礎とした学び（訓練）にほかなりません。

十二月十九日　主体的VS受け身の信仰

兄弟たちは、すぐさま、夜のうちにパウロとシラスをベレヤへ送りだした。ふたりはそこに着くと、ユダヤ人の会堂に入って行った。ここのユダヤ人は、テサロニケにいる者たちよりも良い人たちで、非常に熱心にみことばを聞き、はたしてそのとおりかどうかと毎日聖書を調べた。

（使徒一七・一〇、一一）

日本人は周囲に合わせて行動する民族、つまり、互いに相手の心を察し合い、和を重んじる民族であると言われます。裏返せば、主体性や個性に乏しい民族であるとも言えます。それは日本の伝統的な精神風土の中で育まれてきた、自分でも意識していない特性です。下手すると、主体的に考えることのない消極的で受け身の人間に知らないうちに形造られてしまいます。

そのようなことが私たちの信仰生活にも起こるとすれば問題です。日曜日が来たので教会に出かけ、賛美を促されて「賛美歌を歌い」（神様を賛美するというよりも）、説教の時間になると受け身で説教を聞き、時間がきたので終わって帰るというのであれば、まさしくそのことが起こっています。週一回の、二時間程度の時間に、受け身でいてどれほどの恵みを受け取れるというのでしょうか。

また、自ら聖書を開き神様の慰めや警告の言葉を聴き、それを日常生活に当てはめて実践しようとするのでなければ、信仰や神様は私たちの生き方の中心ではなくて、せいぜい教養と同じような、付随的なものになり下がってしまいます。

冒頭の聖句に出てくるベレヤの人たちは、聞かされる福音のメッセージを、はたしてそのとおりかどうかと、毎日、旧約聖書を丹念に調べたのです。そのため、彼らのうちの多くの者が信仰にはいったと書かれています（一二節）。

主体的な信仰は人を次に進ませ、恵みに与《あずか》らせます。あなたの信仰はいかがですか？

十二月二十日　人につまずく

幸いなことよ。主に信頼し、高ぶる者や、偽りに陥る者たちのほうに向かなかった、その人は。
（詩篇四〇・四）

日本の真のキリスト教人口は七十万前後と推定されています。ただし、最近のギャラップ調査では調査法によるのかもしれませんが、もう少し多いと報告しています。どちらが正しいとも言えません、礼拝に集っている人数はおそらく、さらにその数分の一と考えられます。

礼拝に出席しない人を責めているのではありません。一生懸命働いても日曜日に毎回出席できない人もあり、病気や老齢のために已《や》むに已まれず出席できない人もあるからです。

私たちは、出席しない人を裁くことはできません。裁きは神に属することであり、神に対する越権行為です。むしろ自分のこととして考える必要があります。あなたや私を今の教会に導き、救いに与《あずか》らせてくださったのは神です。だとすれば、私たちに対するその教会での神のご計画があるはずです。それは何だろうかと祈り求めるのは私たちの責任です。

一方、人につまずいて教会に来なくなる人も枚挙に暇がありません。牧師や信徒に愛の配慮が欠けていたのかもしれません。それを理由に来なくなる側にも問題があるのかもしれません。というのは、今日の聖句でダビデは、ここで人と人との関係に基づいた人生と、神に結び付いた人生を対比しながら、自分の波乱万丈の人生の結論として、後者の幸せを詠ったのです。

私たちの信仰が、鼻から息をする人間に基づいているなら、いつか、つまずきます。なぜなら、キリスト以外には完全な人間などいないからです。ですから、私たちが人とではなく、キリストご自身と深くつながっていればつまずくことなどありません。

あなたは何のために教会に集っておられますか。誰とつながっておられますか？

十二月二十一日　愛されている幸せ

私たちが神の子どもと呼ばれるために、――事実、いま私たちは神の子どもです――御父はどんなにすばらしい愛を与えてくださったことでしょう。

（Iヨハネ三・一）

聖書を通して神様がおっしゃることは一行に要約されます。それは、「神様が私たちを自分の子どもとして愛しておられる」ということです。聖書の中の珠玉の一節、ヨハネの福音書三章一六節には、神様は御子キリストを十字架につけるほどに私たちを愛されたと書かれています。

しかし、その神様の愛をそのまま素直に受け取れず、「神様に愛されて幸せ！」と素直には言えない自分がいます。私も以前はそうでした。それはなぜなのでしょう？

私たちは経験の動物です。手痛い経験は脳の中の深部に意識・無意識の記憶として刻み込まれ、同様な経験をすると、強い嫌悪感や恐れを伴って回避するように心や身体が反応します。その反応を意識的にコントロールすることはなかなかできません。

私たちは、幾度も人間世界で手痛い経験をしてきたので他人を信じることができず、人間不信に翻弄され、「神様から愛されている事実」にも気づきません。まして神のそのような犠牲的な愛を頭で聞いても信じられず、感覚的にピンとこないのです。

しかし、そのような人間的な経験によって信じ、感じることを妨げられている神の愛も、その神様に出会いその愛にじかに触れるなら、信じることができるようになります。

神様に出会うとは「礼拝の中で主の臨在に触れる」ことです。その中で素直にされて初めて、自分の不遜の罪がわかり、それを赦す神の愛がわかります。霊的な感覚が戻ってきて、私たちは神様の愛を感じ、霊的な目が開け神の国を垣間見て幸せな気持ちになれるのです。この礼拝を日常生活の中に持ち込むことがディボーションです。

十二月二十二日　千里の道も……聖書通読

神は、むかし先祖たちに、預言者たちを通して、多くの部分に分け、また、いろいろな方法で語られましたが、この終わりの時には、御子によって、私たちに語られました。

（ヘブル一・一、二）

聖書通読とは、聖書を初めから終わりまで通して読むことです。細かな点に捕らわれず、聖書全体を通して流れている神様の愛の意図を感じ取るのです。それは、天地創造から今日に至るまでの人間の歴史の中に流れている神様の忍耐強い愛の語りかけであるということがわかってきます。これは、のど元すぎれば忘れてしまう人間の罪深さにより何度も裏切られ、イエス・キリストという神様の切り札が必要となってくるのです。これで神の人間救済のご計画の全体像が見えてきます。たまたま、右の聖句はそのことを一言で表現しています。その全体像がわかれば、御言葉の中のある一節の全体像の中での意味合いがもっとよくわかります。

日頃、私たちは今日《こんにち》の相対的な価値基準の中で生きています。ですから、他人もやっていることだから、と自分の罪を軽視しがちですが、神の善悪の基準を見て、初めて自分の罪深さに驚き恐れ、それを主の十字架の身代わりの死のゆえに赦された神の愛をあらためて知り、感謝できるのです。

それだけではありません。聖書通読によりイエス・キリストを含めその中の登場人物の生きていた世界、その時代がもっと鮮明に見えるようになり、その状況を想像しながら読むと、登場人物がさらに生き生きと身近になってきます。また、聖書の一節だけ見て神様は恐ろしいと感じていた人も、全体を読むと、いかに神様がいつくしみ深い方かがわかってきます。

言い尽くせませんが、せめて聖書日課だけでも欠かさず続けると数年で通読できます。千里の道も一歩から、あなたの聖書通読はいかがですか？

十二月二十三日　救い主の位置づけ?

また、やぎと子牛との血によってではなく、ご自分の血によって、ただ一度、まことの聖所に入り、永遠の贖いを成し遂げられたのです。

（ヘブル九・一二）

人は人間関係の中に生まれ出てきます。赤ちゃんは目が見えるようになると教えられたわけでもないのに、声や笑顔で反応します。幼い子どもでも相手してくれる人は誰かを本能的に知っています。人は良い関係とコミュニケーションを求めています。

人間関係は癒される温かい関係ばかりでなく、きつい人間関係もあります。その中で戦いや苦しみを通して人間というものについて教えられ、さらに人間の存在を越えた方と自分との関係に目が開かれていきます。しかし、人は漠然としかこの方を知りません。それを啓示しているのは聖書です。その方は万物の創造主で、人間を造り、霊を与えられた私たちの父です。いわば私たちの親です。

その親のもとから自由を求めて罪の世界に逃げてきたのがアダムで、私たちはそのアダムの子孫です。アダムは親が誰かをを知っていましたが、人はだんだんこの方を知らなくなってしまいました。

私たちは生まれつき自分がどれほどこの方に対して罪深いかを知りません。人はこの方を畏れるどころか、敬うこともしません。罪が私たちと神との関係を妨げています。神は私たちを、本来なら永遠の裁きに定めるところを、ご自分の御子を罪のいけにえとして準備し、この世に生まれさせられました。救い主イエス・キリストです。

この方は十字架であなたの罪を贖い、神にとりなしてくださいました。この方を信じる者は神との関係が回復され、神の子どもとされ、永遠のいのちを与えられるのです。そうされたのは、親としての愛を忘れない神の私たちへの憐れみ、いつくしみです。

あなたは、自分の身代わりに自らを犠牲とされたキリストを心のどこに置いておられますか?

十二月二十四日　ご降誕を喜ぶ霊的感受性

さて、この土地に、羊飼いたちが、野宿で夜番をしながら羊の群れを見守っていた。すると、主の使いが彼らのところに来て、主の栄光が回りを照らしたので、彼らはひどく恐れた。御使いは彼らに言った。「恐れることはありません。今、私はこの民全体のためのすばらしい喜びを知らせに来たのです。きょうダビデの町で、あなたがたのために、救い主がお生まれになりました。この方こそ主キリストです。」

（ルカ二・八〜一一）

右の聖句の主とは、イスラエルの神ヤハウェのこと、キリストとは油注がれた王の意味です。

神の御子イエス様はダビデ王の家系にお生まれになりました。ダビデからキリストまでの千年の間に様々なことが起こりました。ダビデの後に、偶像を礼拝する王が次々に起こり、民も同様に偶像礼拝に陥りました。神はやむなく民をバビロンの支配下に置かれます。いわゆるバビロン捕囚です。さらに時代は下り、彼らはローマの異邦人の支配下に置かれます。いやが上にも救い主待望の声は大きくなっていました。

ちょうどその頃、イエス様は救い主としてお生まれになりました。すばらしい出来事です。

では、御使いの知らせは、どうして皇帝アウグストや領主ヘロデ、あるいはユダヤ教の大祭司にではなく、貧しい羊飼いに知らされたのでしょうか？

救い主の誕生を喜び、神をほめたたえる人は他にいなかったのです。王や祭司長たちはその知らせを聞いて敵愾心《てきがいしん》を燃やすことはあっても、それを喜ぶ霊的感覚を失っていました。権利や面子に絡む人間関係に踊らされ霊的感受性が鈍っていたのです。

私たちは今夜、身内や仲間、会社での煩わしい人間関係や忙しい仕事など日常のすべてのことを忘れて、羊飼いのような素直な心で御子のご降誕を神様に感謝しながら祝いましょう。

十二月二十五日　生け贄《いにえ》の小羊

その翌日、ヨハネは自分のほうにイエスが来られるのを見て言った。「見よ、世の罪を取り除く神の小羊。」

（ヨハネ一・二九）

洗礼者ヨハネは、イエス様を見てヨハネの二人の弟子たちの前で、「世の罪を取り除く神の小羊」と叫びました。この二人は後に十二弟子のうちの二人になるのですが、ヨハネの言った意味がわからなかったのではないでしょうか。十二弟子たちも、イエス様こそ神が備えられた犠牲の小羊であると悟るのは、実際にイエス様が十字架の上でほふられ、よみがえり、聖霊降臨が成就した後のことでした。ヨハネはその前に、預言したのです。イエス様が世の罪を取り除く生け贄の小羊であると。

昨今のマスコミを賑わしているニュースは、年々エスカレートしていると感じるのは私だけでしょうか。いとも簡単にいのちを奪い、女性に乱暴し、白々しい偽装がまかりとおっています。

「三だけ主義」（今だけ、金だけ、自分だけ）という言葉があります。これこそ人間をよく表している言葉です。神や他人は眼中になく、自分さえよければよいという態度です。我々人間が神に罪を犯したアダムの子孫であることを物語っています。私もあなたもその例外ではありません。

そのような私たちを救おうと、神は御子キリストを神の子羊としてお遣わしになりました。旧約聖書の時代には罪人《つみびと》に代わって羊や牛が犠牲となり、罪が赦され、義とされました。

ちなみに、「義」という漢字は羊の下に我と書き、犠牲の「犠」は牛へんに義、「牲」は牛へんに生と書きます。神の御子は私たちを義とし、いのちを与えるため、生け贄の小羊として来られました。

神は罪人のあなたを断罪する代わりに御子を十字架の死に定め、あなたを赦されたのです。

あなたは自分のこととしてこれを知り、信じ、実感し、心から感謝しておられますか？

十二月二十六日　常識を吟味する

あなたがたは、信仰に立っているかどうか、自分自身をためし、また吟味しなさい。

（Ⅱコリント一三・五）

私たちには、何も考えず無意識に行動する自分と、よく考えて行動する自分とがあります。前者、つまり、私たちの無意識の言動は、自分がこの世で経験して得た常識や考えに基づいていています。あるものは信仰的立場から外れた、この世の常識かもしれません。あるものは信仰に立った、この世にも通用する常識かもしれません。私たちは無意識に行動しているのでそれが信仰に立っているかどうか、考えていないのです。つまり、私たちの無意識の言動の背景には、この世の価値観とキリスト教的価値観が一緒くたになっているのです。前者は自分や人の得（徳）にならず、神に栄光を帰すものでもなく、一方、後者は自分や人の徳を高め、神の栄光が現されるような価値観なのです。パウロは、それを吟味するようにと勧めています。

自分の常識が吟味されるのはどのような時でしょうか。キリスト者同士の交わりの時です。人はそれぞれ経験が違うので、自分と違う常識を持っていると、「おや！」と思うのです。

どうすればパウロの勧めに耳を傾けることができるのでしょうか。それは、「人は人、自分は自分」と割り切ってしまわないで、ベレヤの人々（使徒一七・一一）のように御言葉に照らし合わせてみることです。

交わりの相手はこの世の人たちだけでなく聖書の中の人物も含まれます。その時、御言葉の中で、人はその中の人物と神様とのやり取りの中に神様と出会い、交わり、自分の常識と違った価値観に触れ、その常識を「人の幸、神の栄光」という価値観に修正されていきます。

常識を上のようなキリスト教的価値観に修正された人は無意識にもそれに従うのです。

十二月二十七日　人の心に火をつける

そこでふたりは話し合った。「道々お話しになっている間も、聖書を説明してくださった間も、私たちの心はうちに燃えていたではないか。」

（ルカ二四・三二）

真の教育は知識や技術を教えることでなく、人の心に火をつけることだと言われます。

福音宣教こそ、そうです。知識や技術で人が根本的に変わることはありません。福音によって人は生まれ変わります。福音宣教とは、イエス・キリストという方、そのいのち、その世界観をそれに歩む自分の生き様とともに相手に伝えることです。

イエス様の遺言は、「全世界に出て行って福音を宣べ伝え、人を信仰に導き、主の弟子に育てなさい」ということに尽きます（マタイ二八・一九、二〇）。真の弟子とは、当時の弟子たちと同じように、主によって火をつけられた人です。

十二弟子たちはその遺言どおり、御霊によってその心に火をつけられ、全世界に出て行って隣人に御言葉を宣べ伝え、人の心に火をつけ、順次、次の人の心に火をつけ、福音は今日まで伝わってきています。ある人は激しく燃え盛《さか》る火をもって、ある人は静かに燃え続ける火をもって、けれども、確実に次の人に火を焚《た》きつけ、火を点じてきました。

しかし、信徒の集まりであっても、主を閉め出す、この世的な雰囲気の中では、この火は勢いと輝きを失ってしまいます。その時、私たちは人の心に火をつけることができません。

真の意味で人の心に火をつけ、それを燃え続けさせられるのは、聖霊ご自身です。この火は、一人の人の中でも燃え続けますが、上の聖句やマタイ一八章二〇節の聖句のように、主がおられる交わりの中で、その火は再び燃え上がり、新たにそこに導かれた人に点火されます。

あなたが次の人の心に火をつけるのは、誰に？　また、どうすればよいのでしょう？

十二月二十八日　継続は力なり！

わたしはぶどうの木で、あなたがたは枝です。人がわたしにとどまり、わたしもその人の中にとどまっているなら、そういう人は多くの実を結びます。わたしを離れては、あなたがたは何もすることができないからです。

（ヨハネ一五・五）

私たちが、心の宝や秘密が脅かされる不安や、富や権利を得ようという貪欲、すなわち、この世と同じ価値観に捕らわれている間は、私たちの心が造り変えられることは困難です。

しかし、開かれた礼拝の心で御前に出る時、私たちの心はご臨在に触れ、瞬時に御言葉に従う素直な心にされます。そして、神の国のすばらしさを悟り、慰められます。信じてみこころを行う時、神様はともに働き、恵みを体験させてくださり、慰め励まされます（図1）。

枝がぶどうの木にとどまるなら、その養分に与《あずか》り、日々恵みを受けます。これを続けるなら、その人は次第に神の国の価値観に従って生きるように造り変えられていきます（図2）。

聖日礼拝は別の意味で重要ですが、上のような日々の礼拝の時を持ち、それを続けることはさらに重要です。

まさに「継続は力なり」です。

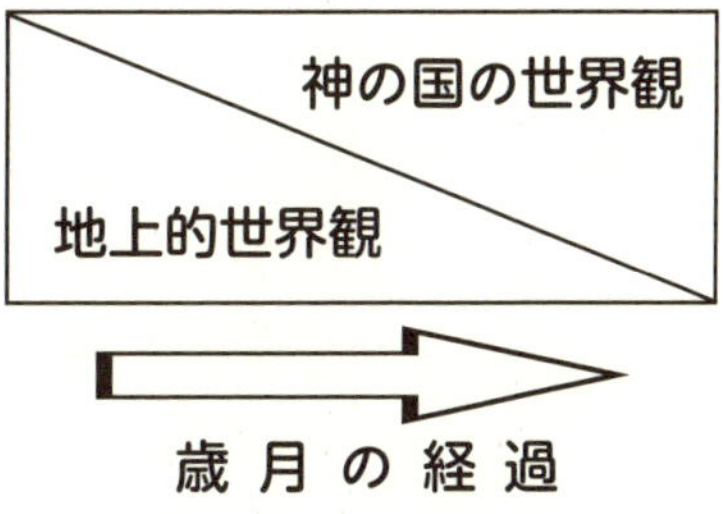

図２　生き方の転換（継続的な実践と成長）

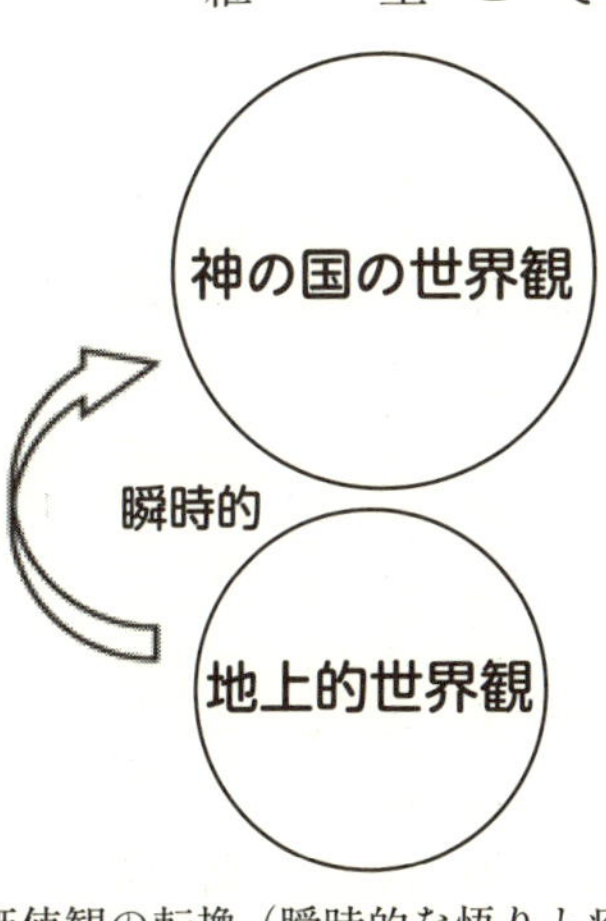

図１　価値観の転換（瞬時的な悟りと癒し）

十二月二十九日　主は私の羊飼い

たとい、死の陰の谷を歩くことがあっても、私はわざわいを恐れません。あなたが私とともにおられますから。あなたのむちとあなたの杖、それが私の慰めです。（詩篇二三・四）

詩人には豊かな感性があります。知恵を巡らせではなく、多少の知的推敲《すいこう》はあっても、詩人の感性の発露がそのまま詩として綴られていきます。それが右のダビデの詩篇です。

ダビデが若い頃、いのちがけで羊を飼う少年であったことは周知のとおり（Ⅰサムエル一七・三四）です。その後、彼は数々の試練の中で神様の選び、守りといつくしみを経験し、自分の若い頃の羊飼いの経験とダブらせ、神様をそのような羊飼いに譬えています。

私は若い頃この詩篇に出会った時、田園的なすばらしい詩篇だとは思っても、私の心に霊的な感性をよみがえらせて主の御前に導き、主への感謝と礼拝に導く詩篇ではありませんでした。

しかし、大学病院で辣腕《らつわん》の上司や自己中心的な同僚たちに揉まれ、数々のつらい経験をし、この詩篇が自分の経験とダブって映るようになりました。

さらに、以前は「むち」を日本人的な考えで神様からの試練と考えていましたが、妻が言うように神様が敵を追い払ってくださるむちだとわかり、羊飼いに譬えられる神様に対する見方が変わり、したがってこの詩篇に対する印象も変わってきました。信仰において感性の大切さがわかるようになり、以来、この詩篇は私の一番好きな詩篇となりました。

日頃、怒りに駆られて臨戦モード、打ち負かされて敗戦モードになっていても、この詩篇を想い浮かべるだけで礼拝モードになり慰めと感謝の気持ちが心の底から湧き上がってきます。

あなたはこの詩篇をどのように感じられますか。どこが自分の気持ちと重なりますか？

十二月三十日　異文化共存

私たちが主イエスの恵みによって救われたことを私たちは信じますが、あの人たちもそうなのです。

（使徒一五・一一）

日本の人口は二一世紀に入り増加のスピードが鈍化し、二〇〇五年以来減少に転じています。労働人口も次第に減少し、足りない労働人口を東南アジア諸国の移民に仰ぐことになり、実際そのことがすでに起こっています。

これは、米国、フランス、オランダその他の諸国でもすでに経験済みで、多民族共生、異文化共存の問題は、ボーダーレス化が進むこの時代に、日本でも避けられない問題となっており。これは日本人が歴史上初めて経験する大きな問題です。

これは教会ではすでに経験していました。つまり、すでに神の国の価値観に生きているユダヤ人キリスト者の中に、信じて間もない異邦人キリスト者が加わってくることになったのです。その際、その人たちに神の国の価値観と生き方を少しずつ学んでもらうことになります。指導するにあたって、一番大切なのは信頼関係です。そのためには、いわゆる異文化の人たちを一気に自分たちの文化に引き入れようとするのでなく、その人たちの持っている文化への理解と歩み寄り、「神のみこころを問う」姿勢が必要であると主は示しておられます。

なぜなら、これが正しいキリスト教文化だと思っていることがすべて正しいとは限らないからです。ですから、異文化キリスト者同士の共生ということが問題になったエルサレム会議に際して、ペテロは自分の間違いを主に諭された使徒の働き一〇章の経験を引用して皆に説明したのです。

これは今の時代にも真理です。男性と女性、年配と若者とは違った文化の中に生きていると言えます。また、キリスト者にも福音派の伝統で育った人もいれば、聖霊派の伝統で育った人もいます。広い神の視点から見ることの大切さを教えられます。

十二月三十一日　一年毎の棚卸し

しかし神は彼に言われた。「愚か者。おまえのたましいは、今夜おまえから取り去られる。そうしたら、おまえが用意した物は、いったいだれのものになるのか。」（ルカ一二・二〇）

私たちの地上の人生には終わりがあります。その時、人は神の前に人生の総決算をしなければなりません。しかし、多くの人は自分と関係ないと無意識に思っています。元気に今の生活に没頭していて確かにそうかもしれません。

年の節目に人生の棚卸しは誰にでも必要です。大切にしているもの、つまり年間のスケジュール、行事や習慣、スポーツや趣味、この世との関わり、人間関係、それら一つ一つを見直して、取捨選択していくのです。一年毎に棚卸しをすれば、その集積が私たちの人生の総決算につながっていきます。そう考えると、年毎の人生の棚卸しは決して軽視できない、大切なものであると言うことができます。

その時、基準になるのは、この世の価値観ではなく神の国の価値観です。人生の四季に応じて、自分の大切にしているものが、今、本当に必要なものであるかどうかを永遠の観点から見直し、残すものは残し、処分すべきものは処分していきます。

ただし、よくよく考えないと、私たちは世捨て人になり、この世の人たちとの接点を失ってしまいます。私たちは神の国の価値観に生きていても、周囲の人と同じようにこの地上の空気を吸い、交わりを持ち、同じ制限の中に生きています。何のためにこの世に置かれているのでしょうか？

キリストが受肉して神ご自身や神の国の価値観を示してくださったように、私たちも「小キリスト」となり、福音と神の国のすばらしさを、まだそれを知らない隣人に示すためです。そうであれば、先に書いた、この世の人々と接点を持てる行事や習慣、スポーツや趣味等々もその観点から棚卸しに際して、残すべきものもあることに気づきます。

あとがき

週報の裏に十年ほど書いてきたものを、妻などからまとめたら使いやすいのでは？と言われていました。福岡ライフセンターの森本さんにお話ししたところ、いのちのことば社の長沢さんにさっそく連絡してくださいました。長沢さんは昨年の年末年始のお忙しい中、すぐにご返事くださり、その後、私自身の白内障の手術などで、のびのびとなりましたが、ようやく出版の運びとなりました。

今の時代は戦後のキリスト教が入ってきた時代と違い、キリスト者の心のあり方も厳しくなってきたように思います。この厳しい時代を生き抜いていくためには主からの癒しと生きた力が必要です。

それには、いつもイエス様とつながり、御言葉を慕い求める習慣（静思の時、ディボーション、祈りの時、アシュラム、これらはほぼ同じ意味ですが）が必要で、心が礼拝モードとなり、御霊のご臨在に触れ、神様からの語りかけとして聞けるかどうか、それを自分に適用できるかどうかが鍵です。

大半はこれらのくり返しです。しかし、大切なことは反復練習によって初めて身につくものです。その大切なことを一頁に盛り切れないので切り口を変えて書いているつもりです。

私たちが生きたキリスト者として整えられ、人が救われ、その人が次の人を引き寄せるというサイクルが出来上がれば最高です。それには人材教育のプログラムや舞台装置が組織される必要があります。具体的には、ディボーションが永続するために分かち合いの場がどうしても必要です。数人で週一回、家庭に集まり、あるいは牧師にお願いして小グループの交わりの場を編成するのが一案です。基本的なことだけ抑えて、くつろいだ自由な雰囲気で分かち合うことがポイントです。小グループの参考書はいろいろありますが、『健康なスモールグループが教会を育てる』（スティーブ・グレイデン著、パーパス・ドリブン・ジャパン、二〇一三年）は推薦できます。

その際、牧師が出席されると、皆の心が一歩引いてしまいかねません。牧師は話し上手ではあっても、聞き上手ではないので、席を外されたほうがよいと思います。牧師はむしろ別の日にリーダーたちと小グループを作り、右の本をテキストとした、リーダーのための訓練をされると良いと思います。牧師は、自分ではその意識はなくとも教えたがる（私も牧師ですが）ので、これらのことは大変重要です。

執筆にあたり今までいろいろな先生方に教えていただき、感謝いたします。先生方には常識的なことばかりですが、それを一日一想という形で信徒の皆さんにおわかちしたいと思いました。

校正のやり取りでは、いのちのことば社の長沢編集長をはじめ米本さんには感謝いたします。

聖書の本文は新改訳聖書、一部口語訳聖書を利用させていただきました。

二〇一五年　十一月

折田泰彦

天声塵語
一日一想

2016年 1 月 1 日　発行

著　者　折田泰彦
印刷製本　モリモト印刷株式会社
発　行　いのちのことば社
〒164-0001 東京都中野区中野2-1-5
電話 03-5341-6922（編集）
03-5341-6920（営業）
FAX03-5341-6921
e-mail:support@wlpm.or.jp
http://www.wlpm.or.jp/

ISBN 978-4-264-03457-5